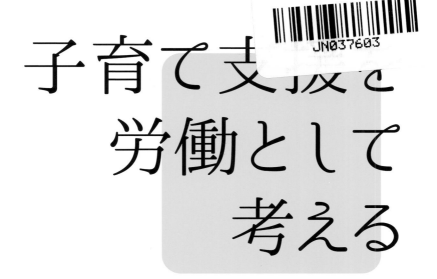

子育て支援を労働として考える

CareWork

economy of care, socialization of care, social support,
civil society, love & money, childcare,
childrearing, motherhood

相馬直子・松木洋人［編著］
Soma Naoko+Matsuki Hiroto

勁草書房

目　次

序　章　「子育て支援労働」とは何か

相馬直子・松木洋人

1. なぜ「子育て支援労働」を問うのか

　保育という伝統的なケアワークは，「保育労働」として問題化され，保育研究や保育運動論においてその低賃金や働き方の問題が指摘されてきた．一方，少子化対策以降に制度化されてきた，一時保育やひろば事業といった「地域子育て支援」については，そもそもケアワークとして社会的に認識されておらず，働き方や処遇改善の問題は指摘されてこなかった．2015 年 4 月からの「子ども・子育て支援新制度」においても，地域の子育てを支えるものとして，保育と地域子育て支援とが包含されている．アンペイドワークの延長線上にあるとみなされ，市民性・当事者性が強調されてきた地域子育て支援の問題を，労働という社会経済的な視点から社会的に提起することが大切であると考える．

　本書では，第一に，保育労働と地域子育て支援労働を総称する「子育て支援労働」という概念を打ち立て，社会経済的視点から支援従事者の労働と身分保障の問題を考える．子どもの発達保障と家族を，質の高い支援で支え，子ども・子育てにやさしい豊かな地域社会をつくるには，そこに従事する子育て支援者の働き方やディセント・ワーク（働きがいのある人間らしい仕事）実現への課題を考えていくことが欠かせないと考えるからである．

　第二に，地域の一時保育やひろば事業などを担う「地域子育て支援労働」に従事する方々を対象にした「子育て支援者の活動形態や働き方に関する調査」のデータをもとに，特にいままで可視化されてこなかった子育て支援をめぐる労働実態を明らかにする．この調査は NPO やワーカーズ・コレクティブ（働

図序-1　本書の射程と概念

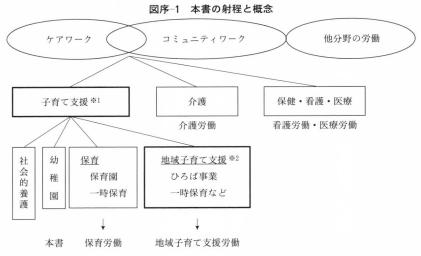

を「車の両輪」としてとらえ，特に，今まで可視化されてこなかった
（＝労働などの社会経済的な議論が無い），地域子育て支援に焦点

注：1　なお，本書で用いる「子育て支援」は，家庭が子育ての第一義的責任を担うべきであり
　　　その家庭を周囲が支援するという意味ではない．むしろ，家庭のみならず多くの主体が子
　　　どもの成長を支えるという多元的子育て（multiple parenting）の意味で用いる．
　　2　地域子育て支援の担い手として，非営利法人（NPO）・ワーカーズコレクティブ
　　　（WC）・生協・行政の直営・民間が挙げられる．中でも本書が焦点とするのは，NPO など
　　　の非営利セクターである．場所としては，保育所・児童館・公民館・拠点などが含まれる．

く人たちの協同組合）[1]や生協など，日本の子育て支援を牽引してきた非営利セクターの協力を得て実施された．常勤・非常勤・ボランティアと多様な人々が，地域子育て支援労働に関わっている．その多様性や地域差をデータから示すとともに，子育て支援者の業務の種類や時間と経済的対価の実態を分析し，ディセント・ワーク（働きがいのある人間らしい仕事）実現への課題を示す．

　本書は，「子育て支援労働」を，「保育労働」と「地域子育て支援労働」という車の両輪としてとらえたうえで，労働という社会経済的な議論がほとんどなされてこなかった「地域子育て支援」について社会経済的に実証分析を試みるはじめての学術書である．福祉の市場化が進行し，市民性や当事者性を重視する活動領域が薄くなっている面もあるが，「子育て支援労働」に従事する人々のディセント・ワークという視点は，質の高い子育て支援と子育てにやさしい地域社会の構築にとって欠かせないものであり，「待機児童解消」論とともに

重要な論点だと考える[2].

2. 子育て支援・保育・地域子育て支援：本書の概念定義

1）後発ケアワークとしての子育て支援労働

　『厚生白書』に「子育て支援」という用語が登場した 1989 年から 30 年以上が経過した．「子育て支援」という行政用語となる以前から，地域社会では様々な支援の実践が蓄積されており，保育制度も含めると，日本の子育て支援の歴史は，当然ながら 30 年どころではないだろう．いずれにせよ，1990 年代以降の少子化対策という文脈もあいまって，「子育て支援」という言葉自体の社会的認知は進んできた．そして，この間，子育て支援の関連事業の種類も増え，その供給量も拡大してきた．一時保育，つどいの広場，子育て支援センター，産前産後サポートなど地域の特性を生かした子育て支援事業が展開している．いわゆる，子育て支援の複合化・多様化が進行している．

　こうした子育て支援の制度化のなかで，子育て支援の様々な「仕事」が形成され，国の事業ともなってきた．例えば，地域子育て支援の中核事業であるひろば事業が展開されたのが 2000 年，国の事業になったのが 2001 年であり，すでに 20 年近くが経過していることになる．

　ただ，子育て支援の制度化と言っても，その様相は，介護分野と比較しても次の二点において異なる．第一に，介護分野では介護保険制度の形成もあり，「介護労働」という概念が使われるが，子育て支援分野では，「子育て支援活動」「子育て支援事業」とはいっても，「子育て支援労働」といった概念化はなされてこなかった．第二に，子育て支援をめぐる様々な支援職や支援事業を，専門職として制度化していく動きも，現場でこそ議論や資格化の実践があり，2015 年度から子育て支援員の研修が全国でスタートし，全国各地でこの研修事業が展開されているものの，その社会的な認知度は高いとは言えない．

　そして，子育て支援に関わる人々（子育て支援者）の無償・有償の活動・労働実態・処遇に関する研究も乏しいのが現状である．実際，子育て支援の現場からも，次のような指摘がなされている．すなわち，NPO 法人びーのびーの

代表奥山千鶴子氏は，2007年2月「子育て支援に関わる人の身分保障がない
ことも問題である．（略）子育て支援の場所をきちんとした働くための場所に
していくことが必要である．そのためのシステム作りをして欲しい」と言及し
ており3，子育て支援者の処遇やディセント・ワークに関する研究が求められ
ている4．

　本書における「子育て支援労働」とは，「子育て支援というケアワーク」を
広く意味し，図序-1に示したように，保育と地域子育て支援を車の両輪とと
らえている．子育て支援の下位概念として保育を据えることに対しては批判も
予想されるが，この点については井上清美による第3章でも詳しく論じている．
とはいえ，本書のねらいは，子育て支援・保育の概念をめぐる論争ではない．
介護分野では「介護労働」という概念があるが，子育て分野では「子育て支援
労働」と言われてこなかったのはなぜなのかという問いが本書における問題意
識の根本にあり，この根本的な問いを明示化するために，「子育て支援労働」
という概念を提示した．介護労働とは，子育て支援にとって，先発ケアワーク
とでもいうべきものだ．社会保険制度として制度化し，介護労働安定センター
という組織があり，「介護労働実態調査」として実施・報告されている．一方，
子育て分野は，子ども・子育て新制度という新しい制度体系で再編されている
が，「子育て支援労働」という概念化は現状なされておらず，いわば後発ケア
ワークとでもいえよう．

　ただ，ここで強調したいのは，本書で前提と考えている次の点である．子育
て支援が生み出す価値や資本はそもそも多様であり，本書では次の二つの側面
から議論する．一方で，第4章での中村亮介による労働経済学的な分析では人
的資本（human capital）や報酬や労働時間に着目し，第5章での中村由香の分
析では業務の種類や無償労働時間の関連が検討される．他方で第7章での橋本
りえの分析は，社会関係資本（social capital）ややりがいをはじめとする，貨
幣ではとらえられない側面に注目する．つまり，子育て支援労働という概念化
によって，報酬を伴うような有償労働からの分析（労働経済学的分析）と，逆
に無償労働からの分析と，貨幣的評価だけに回収されない子育て支援労働の豊
穣さが浮かびあがるだろう．活動・事業・労働の境界が不明瞭であるからこそ，
その特性をふまえた，労働実態の分析が重要となるのである．

2）子育て支援労働の実態調査の欠如

2011 年〜2012 年当時，子育て支援労働の調査票設計にあたり，「国や地方公共団体においては，ひろばの運営の安定化と基盤の確保のために，財政的な支援の拡充を強く望む」（渡辺 2006: 99）という指摘はあるものの，子育て支援労働の先行研究が見当たらなかった．よって，介護労働分野の先行研究（2010 年3 月「たすけあいワーカーズにおける介護労働の実態調査」ACT）を参考に，子育て支援者の就労状況や意識をたずねる調査票 A と，労働時間調査票（調査票B）を設計した．また，子育て支援者は豊富な社会関係資本（social capital）を有している方々が多いという仮説から，子育て支援とともに地域活動の従事も把握するため「かけもちシート」という調査票をあわせて設計した（巻末参照）．現在は，三菱リサーチ＆コンサルティング株式会社（2018）が事業者単位の重要なデータである．

労働ではなく事業に関する包括的な実態調査としては，厚生労働省の委託調査である『次世代育成支援のための実態調査——結果報告書』（2010 年 3 月）が挙げられる．全国の認可保育所，認可外保育施設，病児・病後児保育事業，一時預かり事業，地域子育て支援拠点事業，放課後児童クラブ，児童館，ファミリー・サポートセンター（＋相互援助活動），訪問型保育事業，地方自治体を調査対象にした全国調査である．本調査は実施内容，実施場所，実施時間，規模，利用者数，利用料金の設定，無償ボランティアの受け入れ状況等を詳細に尋ねており，貴重なデータを提供している．他には，新たな子育て支援の取組みを，新たな職能とみなした上で，周産期の母子支援，児童虐待防止，食育の実践，早期発達支援を挙げ，地域でのネットワーク化や専門職の連携について解説した山下由紀恵・三島みどり・名和田清子編（2009）が挙げられる．

こうした貴重な調査研究がある一方で，子育て支援者の労働実態について，当時は先行研究から把握することができなかった．ここではその理由を，先行研究を整理しながら考えたい．

第一に，子育て支援に関わる政策や支援論では，どの程度子育ての社会化が進行してきたか（進行してこなかったのか）という視点で，「子育ての社会化」や「子育て支援」を理念的に捉える議論が中心であったのではないだろうか．

一方で，「子育ての社会化」「子育て支援」という理念で括られる制度・施策の
もつ，その社会・経済・政治的（政策的）な機能や帰結を問う視点が既存の研
究では弱かったのではないかと考える（相馬 2011；松木 2013；相馬・堀 2016；
尾曲 2016）．

　第二に，子育て支援者の「資源」に関する研究は，ミクロな能力やメゾなネ
ットワークに着目した議論が多い．すなわち，子育て支援者のミクロな能力を
「コンピテンシー」概念としてとらえ，質の高い子育て支援を生み出すための
コンピテンシー論がある（子育て支援者コンピテンシー研究会 2009）．また，地
域というメゾレベルで子育て支援者がどのようなネットワークを生み出すのか
という研究が挙げられる（e.g. 中谷編 2013）．他方で，労働や賃金といった社
会経済的な資源を問題化する社会学的・経済学的な研究が欠如していた．

　第三に，子育て支援者の社会経済的条件を問うアクター，すなわち，当事者，
労働組合，研究者の問題である．実際，子育て支援の現場から，「子育て支援
に関わる人の身分保障がないことも問題である．（略）子育て支援の場所をき
ちんとした働くための場所にしていくことが必要である．そのためのシステム
作りをして欲しい」の指摘も重ねられてきたが，「共通資格」のような集合的
利害を束ねる象徴がこれまでなく，研究も不足した状況があいまっている．

　第四に，「子育て支援」概念は，親支援と子ども支援とどちらに重きを置く
かでも議論の焦点が変わってくるのであり，「子育て支援」とは何か，誰の
「子育て」を誰によって「支援」するのかをめぐり意味内容が確定しにくい点
も，「労働」ととらえられにくい一因だと考える．

　いずれにせよ，統計が整備されていない子育て支援労働という問題は，まず
は実態調査が行われる必要がある．そこで，生協総合研究所「子育て期女性の
エンパワメント研究会」の活動の一環として，「子育て支援者の活動形態や働
き方に関する調査」を実施することによって（調査票は巻末を参照），子育て支
援労働の実態調査研究に着手した．

3. 子ども・子育て支援新制度における「子育て支援」 「保育」「地域子育て支援」

　そもそも，子育て支援は多様な事業から構成されるが，本書は「子ども・子育て支援新制度」のどの部分に着目したのかを簡潔に説明しておきたい．

　2015年4月から「子ども・子育て支援新制度」（以下，新制度と略）が全国でスタートした．この新制度とは，2014年8月に成立した「子ども・子育て支援法」，「認定こども園法の一部改正」，「子ども・子育て支援法及び認定こども園法の一部改正法の施行に伴う関係法律の整備等に関する法律」の子ども・子育て関連3法に基づく制度のことを指す．さかのぼれば，2012年3月4日に「子ども・子育て新システムの基本制度」等が少子化社会対策会議において決定され，その後，子ども・子育て関連三法が成立，「子ども・子育て支援事業」として法制度上でも体系化された．「子ども・子育て支援新制度」の内容は多岐にわたるが，政府によるポイントは以下のように説明されている．本書は，以下の3の部分に焦点をあてたものである．

1. 認定こども園，幼稚園，保育所を通じた共通の給付（「施設型給付」）及び小規模保育等への給付（「地域型保育給付」）の創設……地域型保育給付は，都市部における待機児童解消とともに，子どもの数が減少傾向にある地域における保育機能の確保に対応．

2. 認定こども園制度の改善（幼保連携型認定こども園の改善等）……幼保連携型認定こども園について，認可・指導監督を一本化し，学校及び児童福祉施設としての法的に位置づける．認定こども園の財政措置を「施設型給付」に一本化．

3. 地域の実情に応じた子ども・子育て支援（利用者支援，地域子育て支援拠点，放課後児童クラブなどの「地域子ども・子育て支援事業」）の充実……教育・保育施設を利用する子どもの家庭だけでなく，在宅の子育て家庭を含むすべての家庭及び子どもを対象とする事業として，市町村が地域の実情に応じて実施．

4. 基礎自治体（市町村）が実施主体：市町村は地域のニーズに基づき計画を策定，給付・事業を実施．国・都道府県は実施主体の市町村を重層的に支える．

5. 社会全体による費用負担：消費税率の引き上げによる，国及び地方の恒久財源の確保を前提（幼児教育・保育・子育て支援の質・量の拡充を図るためには，消費税率の引き上げにより確保する 0.7 兆円程度を含めて 1 兆円超程度の追加財源が必要）．

6. 政府の推進体制：制度ごとにバラバラな政府の推進体制を整備（内閣府に子ども・子育て本部を設置）．

7. 子ども・子育て会議の設置：有識者，地方公共団体，事業主代表・労働者代表，子育て当事者，子育て支援当事者等（子ども・子育て支援に関する事業に従事する者）が，子育て支援の政策プロセスなどに参画・関与することができる仕組みとして，国に子ども・子育て会議を設置．市町村等の合議制機関（地方版子ども・子育て会議）の設置努力義務に．

では，子ども・子育て支援法において，「子ども・子育て支援」「地域子育て支援」はどう定義されただろうか？　まず「子ども・子育て支援」とは，全ての子どもの健やかな成長のために適切な環境が等しく確保されるよう，国もしくは地方公共団体又は地域における子育ての支援を行う者が実施する子ども及び子どもの保護者に対する支援をいう（第七条）．そして「地域子育て支援」については，「地域子育て支援拠点事業」の定義を参考にすると，「乳児又は幼児及びその保護者が相互の交流を行う場所を開設し，子育てについての相談，情報の提供，助言その他の援助を行う事業」だと定義された．

そもそも，子ども・子育て支援法は，急速な少子化の進行並びに家庭及び地域を取り巻く環境の変化に鑑み，児童福祉法その他の子どもに関する法律による施策と相まって，子ども・子育て支援給付その他の子ども及び子どもを養育している者に必要な支援を行い，もって一人一人の子どもが健やかに成長することができる社会の実現に寄与することを目的としている（第一条）．基本理念については，「子ども・子育て支援は，父母その他の保護者が子育てについての第一義的責任を有するという基本的認識の下に，家庭，学校，地域，職域

その他の社会のあらゆる分野における全ての構成員が，各々の役割を果たすとともに，相互に協力して行われなければならない」（第二条）としている．下夷美幸はこの点について，新制度は本来すべての子どもに良質な生育環境を保障する考え方（「社会の子ども」という発想）から検討されたにもかかわらず，根拠法においては育児の社会化に歯止めをかけるかのように家族規範の強化がはかられていると指摘する（下夷 2015: 53）．

4．既存の研究と本研究の課題

1）地域社会・非営利セクターのケア研究から

　地域社会におけるケアをめぐる非営利セクターへの着目は，1980年代後半から矢澤澄子や国広陽子らによって先駆的に調査研究が積み重ねられてきた．代表的には，横浜を中心としたフィールド調査にもとづく一連の調査研究の蓄積があげられる（矢澤編 1993, 1999；矢澤他 2003）．横浜調査の成果を丹念にまとめた矢澤他（2003）の鍵概念は「シティズンシップ」であり，「女たちを主体とする市民運動を通じたエンパワメント」や「市民化」，さらには「政治的主体化」の可能性を模索している．国広（2001）は「主婦の政治的主体化」に着目する．ジェンダー化された地域社会の主婦が諸活動を通じて，主婦自らのアイデンティティが，主婦から生活者へ，そして市民へと揺らいでいる様相を描き，主婦による社会運動としての可能性を検討している．さらに「主婦の主体化」と「新しい社会運動」という視点からの研究として，佐藤慶幸らによる早稲田調査を挙げることができる．この研究プロジェクトでは，新しい社会運動としての生活者運動に着目する．女性が協同組合活動に生活者として従事する意義を論じている（佐藤 1988, 1995）．しかし，この意義を強調するあまり，ジェンダー視点からの批判的考察は，矢澤らの調査研究や天野正子（1996）と比べて，弱いといわざるをえない．

　非営利セクターのケアをジェンダー視点から考察した上野千鶴子（2008）は，相互行為・関係としてのケアの社会学を体系化する中で，ワーカーズ・コレクティブをはじめとする福祉NPOの現状を，アンペイドワークでもペイドワー

クでもない，「半ペイドワーク」（労働と活動の間）と論じた．ワーカーズ・コレクティブはペイドワークだが，十分なペイドワークではない，ハンパなペイドワークという意味で，半ペイドワークという意味である．生協はペイドワーク，半ペイドワーク，アンペイドワークの3重構造であり，この生協の3重構造化という新しい局面に対し，新しい機構改革，新しい組織論が求められており，生協組織の中でワーカーズ・コレクティブをどう位置づけるか問題提起を行っている（上野・行岡 2003: 207–208）．また近本聡子（2007）は，非営利セクター等の子育て支援を，事業性と事業主体の自発性（当事者性）の二軸から整理し，「A．発展型（事業性を確保しており，当事者性が高い）」「B．制度型（事業性を確保しているが，当事者性が低い）」「C．不活性型（事業性も確保せず，当事者性も低い）」「D．インキュベーション型（略してインキュベ型＝事業性を確保していないが，当事者性が高い）」という4類型を抽出した[5]．

　加えて「ひろば事業」の研究結果によれば，ひろばに参加する親がエンパワーされていくという効果が確認され，問題対応型支援ではなく，エンパワー促進型／予防型の支援の「ひろば」の意義と効果が指摘されてきた（福川 2009: 6）．また，住民主体の地域子育て支援やネットワークの意義も多く指摘されてきた（杉山 2005；原田 2006；中谷編 2013）．大豆生田啓友（2016）も横浜市港北区びーのびーのを例に，「当時，子育て真っ最中の母親たちの団体に，大きな拠点を市が受託するというのは画期的で」「こうした当事者性を尊重し，行政が市民的活動をバックアップする動きは全国へと広がって行った」（大豆生田 2016: 6）と指摘し，市民的活動の画期性を強調している[6]．では，子育て支援者自身はこの地域子育て支援をめぐる当事者性を，社会経済的にどう評価して「子育て支援労働」なるものとして意味づけているのだろうか？　そして行政は，子育て支援という労働をどう社会経済的にとらえて，制度化していったのだろうか？　本書が問うのはこれらの点である．

2）保育労働と介護労働研究との比較から

　さらに，子育て支援労働は，保育労働（萩原 2011）や介護労働（森川 2015）の議論と比較して考えると，その共通点や特徴が浮かび上がる．

　萩原久美子（2011）は福島県川俣町の事例からローカルなケア供給体制を検

討し，インフォーマルな無償ケア労働が，パブリック／フォーマルな公的保育サービスへと転化した後，伝統的な女性に依拠したプライベート／インフォーマルなケア提供こそが「公的」なるものの不備を補完するというフレームワークの形成を論じている．一生続けられる，一定程度の地位のある職業としていったん押し上げられた保育士という職業（フォーマルな有償ケア労働）が，安定した雇用から遠ざけられた経緯と実態を事例から丁寧に論じ，ローカルなケア供給体制内部では，有償／無償のケア労働をいっそう女性内部の交換，連結へと方向づけていったことを論じている．保育労働の現場では，正規・非正規というケアの担い手の序列化が構造化され，ナショナルなレベルでの政策方針のもとで，保育ボランティア，ファミリーサポートのように必ずしも資格を有しない担い手の必要性が強調された．それがローカルなレベルにおいて，自治体の政策方針としても「選択」されていった．その結果，地域では「自発的」無償／有償の女性ボランティアの拡大策がとられ，改めて家族，地域がケア供給体制の主要な資源であるという形で十分な経済的評価，町からの公的な支援もないままに，ケアが差し戻されていった（萩原 2011: 68-69）．

　他方，介護労働の領域において森川美絵（2015）は，第一に介護保険制度が，介護を労働化するにあたり「主婦化した経済評価」をすべりこませたこと，第二に疑似市場に適合的な標準化されたサービス提供システムを構築するにあたり，「地域に埋め込まれた資源として，その人の地域生活の継続を支える関係性を引き受けながら介護を担うこと」への価値を切り捨ててきたことを析出する（森川 2015: 304）．介護保険制度というサービス供給の疑似市場という供給枠組みと，社会保険の仕組みによる報酬設定という枠組みのなかで，介護は「市場取引に親和的な範囲・内容を備える特殊資源＝商品」として意味づけされた．そして，介護を担う事に対し，その担い手や受け手の生活に対する想像力と切り離された次元で，単位化された作業行為への価値付与がなされ，一定範囲内の作業行為に限定した価値の承認が行われた（森川 2015: 302）．

　経済的自立や安定的雇用とは遠い，主婦化した経済評価をすべりこませたという点で，介護と保育・子育て支援労働は共通している．ただし，異なるのはその経路（経緯）である．保育労働はいったんフォーマルな有償ケア労働があって，それがインフォーマルに差し戻されたという経緯がある一方で，そもそ

も地域子育て支援領域にはフォーマルな有償ケア労働の前段がない．子育て支援労働という新しい有償ケア労働が形成され，「主婦化した経済評価」のもと，十分な経済的評価や自治体からの公的支援が手薄である．あくまで，地域での「自発的」無償／有償の女性ボランティアの拡大策の中で，女性や地域（女性の隠喩的にも使われる）がローカルなケア供給体制へと動員されていった．

　では，ローカルなケア供給体制の中で，子育て支援者はどのように働き，子育て支援者自身がその労働をどのように意味づけ，評価しているのか．本書では各章を重ねることでこの問いにせまっていく．

5.　本書の構成

　本書は，子育て支援を労働として捉えるための視点を提示する第Ⅰ部（第1章から第3章），そして，「子育て支援者の活動形態や働き方に関する調査」などのデータを用いて「地域子育て支援労働」の実態について論じる第Ⅱ部（第4章から第8章）によって構成される．以下，各章による議論を概観しておく．

　第1章（相馬直子）は，現在のように，「保育」と「地域子育て支援」を車の両輪とするものとして「子育て支援」という領域の源泉について論じる．続いて，第2章（近本聡子）では，特に「地域子育て支援」が労働として成立するプロセスが，当初からの当事者性とその後の制度化への動きとのせめぎ合いのプロセスとして論じられる．さらに，第3章（井上清美）では，このようなプロセスのなかで，地域子育て支援労働が保育労働とは異なる独自の専門性を培ってきたことが主張される．これら3つの章によって，地域子育て支援が背負っている歴史的文脈を確認するとともに，当事者性や専門性など，第Ⅱ部でそれを労働として分析するうえでの注目点が明らかにされる．

　その労働としての分析が開始される第4章（中村亮介）は，労働経済学的な視点から，労働時間や払われている賃金の概況を明らかにするとともに，それらを左右する要因を検討している．また，第5章（中村由香）は，どのような業務に就いている労働者が無償労働に従事しやすいのかを分析する．これら2つの章は，いずれも「子育て支援者の活動形態や働き方に関する調査」にもとづいて，地域子育て支援の現場が，長時間労働と無償労働に依存しており，労

働者の様々な意味での専門性が評価されていないという現状が浮かび上がらせている．本書による問題提起の根幹となる部分である．

　　第6章（堀聡子・尾曲美香）は，第5章から引き続いて，業務の種類に注目する．「子育てひろば」という「現場」における親子の交流以外の業務を「非現場ワーク」と名づけて，特定のNPO法人の事例研究にもとづいて，地域子育て支援の制度化に伴うその増大と変容が論じられている．第7章（橋本りえ）では，「子育て支援者の活動形態や働き方に関する調査」のデータを用いて，子育て支援が地域社会のなかでどのような価値を生み出すかが検討される．そこで明らかになるのは，子育て支援がそれに携わる者に成長実感をもたらすとともに，地域社会に変革を引き起こすものと捉えられているということである．第8章（松木洋人）は，3つのワーカーズ・コレクティブで働くワーカーへのインタビュー調査にもとづいて，子育て支援労働に携わる人々にとって，経済的報酬と働くことの意味がどのような関係にあるのかを比較検討している．これら3つの章では，地域子育て支援という領域が，子育ての当事者による市民活動として立ち上げられてきたことの意味と，その後，さらなる事業の展開や制度化に伴って，フォーマルな組織としての側面，労働としての側面を色濃くしていくうえで直面してきた課題を扱っている．第9章（相馬直子）は，1990年代以降の「地域子育て支援労働」の制度化とその性質について論じ，ディセント・ワーク実現へ向けた地域ケア経済圏の展望と方向性を考える．最後に終章では，本書による達成を整理したうえで，「子育て支援労働」の研究がさらに展開していくうえで重要と考えられるポイントを提示する．

　　繰り返しになるが，本書は地域子育て支援の営みを労働として捉えたうえで分析しようとする最初の学術書である．この序章に続く各章の議論が，地域子育て支援についての読者の見方を多少なりとも変えて，地域子育て支援が労働として論じられるきっかけになることを心から願っている．

　注
1　ワーカーズ・コレクティブ（働く人の協同組合）の特徴は，①出資する，②全員が経営者として雇われずに働く，③地域のニースに応える非営利事業，である．
2　本研究の成果は，『生協総研レポート』66号（「ケア労働を通してみた女性のエン

パワメント」，2011年），生協総合研究所『生協総研レポート』80号（「エンパワメントにつながる子育て支援労働を考える——子育て支援者の活動形態や働き方に関する調査最終報告書，2016年」で，また，2016年には，社会政策学会『社会政策』8巻2号の小特集「子育て支援労働と女性のエンパワメント」でも公刊されてきた.

3　内閣府ホームページ（http://www8.cao.go.jp/shoushi/shoushika/research/cyousa18/taikou/2_4.html）より引用. 2015年3月1日アクセス.

4　奥山千鶴子氏らの研究グループが，2013年3月「子育て支援コーディネーターの役割と位置づけ」という調査研究報告書をまとめており，そこでも適切な処遇と身分保障について，次のように言及されている.

「平成27年度から施行予定の新しい子ども・子育て支援制度においては，子育て家庭の「身近な場所」においてコーディネーターの設置が求められています. もちろん，これだけのこの業務を実施するためには，適切な処遇と身分保障が欠かせないことを踏まえ，まずは調査研究を先行して行いました. 情報提供事業，相談事業のこれまでの実践成果に加えて，それぞれのご家庭に寄り添った支援をコーディネートする「子育て支援コーディネーター」が是非地域子育て支援拠点に位置づけられるよう働きかけていきたいと思っています.」

（NPO法人子育てひろば全国連絡協議会ホームページ（https://kosodatehiroba.com/109coordinator.html）より引用. 2015年3月1日アクセス. 下線は筆者）

5　他の調査研究として生協総合研究所『生協総研レポート』59号（「子育てひろばの効果測定」，2009年）があげられる. この調査研究は，東京都，埼玉県，千葉県などの首都圏と，福井県，福岡市などの地方を交え，27カ所のひろばとそのひろばに参加する1,433名の親に対する質問紙調査を行った.

6　他の重要な研究として，橋本（2015）は地域を基盤とした子育て支援の構成要素として，ニーズや状況の明確化，母親の力の醸成，母親のサポート体制の形成，当事者の活動と地域参画の支持，ネットワークの形成と活用を挙げる.

参考文献

天野正子（1996）『「生活者」とはだれか——自立的市民像の系譜』中公新書.

近本聡子（2007）「子育て期の協同：非営利・協同のネットワークによる子育て支援」大沢真理編『生活の協同——排除を超えてともに生きる社会へ』日本評論社，143-172.

福川須美（2009）「子育てひろばの効果に関する調査研究の試み」『生協総研レポート』59: 4-6.

萩原久美子（2011）「『公的』セクターと女性——ローカルなケア供給体制の変動への接近，福島県北の保育政策（1950年代～2000年代）を事例に」『日本労働社会学会年報』22: 43-72.

原田正文（2006）『子育ての変貌と次世代育成支援——兵庫レポートにみる子育て現場と子ども虐待予防』名古屋大学出版会.

橋本真紀（2015）『地域を基盤とした子育て支援の専門的機能』ミネルヴァ書房.

子育て支援者コンピテンシー研究会（2009）『育つ・つながる子育て支援——具体的な技術・態度を身につける32のリスト』チャイルド社.

国広陽子（2001）『主婦とジェンダー』尚学社.

松木洋人（2013）『子育て支援の社会学――社会化のジレンマと家族の変容』新泉社.

三菱リサーチ＆コンサルティング株式会社（2018）『平成 29 年度子ども・子育て支援
　　推進調査研究事業 地域子育て支援拠点事業の経営状況等に関する調査報告書』

森川美絵（2015）『介護はいかにして「労働」となったのか――制度としての承認と
　　評価のメカニズム』ミネルヴァ書房.

中谷奈津子編（2013）『住民主体の地域子育て支援――全国調査にみる「子育てネッ
　　トワーク」』明石書店.

尾曲美香（2016）「子育て支援者の労働実態と経済的保障」『社会政策』8（2）: 81-91.

大豆生田啓友（2016）「地方発の保育・子育て支援の新たな可能性――新制度時代の
　　協働デザイン」『発達』146: 2-7.

佐藤慶幸（1988）「生活者の論理と生活クラブ生協――アソシエーション論の立場」
　　佐藤慶幸編『女性たちの生活ネットワーク――生活クラブに集う人々』文眞堂，1-
　　29.

佐藤慶幸（1995）「主婦概念を超える女性たち」佐藤慶幸・天野正子・那須壽編『女
　　性たちの生活者運動――生活クラブを支える人びと』マルジュ社，157-174.

生協総合研究所編（2009）『生協総研レポート――子育てひろばの効果測定』59.

下夷美幸（2015）「ケア政策における家族の位置」『家族社会学研究』27（1）: 49-60.

相馬直子（2011）「『子育ての社会化』論の系譜と本研究プロジェクトの目的」『生協
　　総研レポート』66: 1-16.

相馬直子・堀聡子（2016）「子育て支援労働をつうじた女性の主体化」『社会政策』8
　　（2）: 50-67.

杉山千佳（2005）『子育て支援でシャカイが変わる』日本評論社.

上野千鶴子（2008）「福祉多元社会における協セクターの役割」上野千鶴子・中西正
　　司編『ニーズ中心の福祉社会へ――当事者主権の次世代福祉戦略』医学書院，126-
　　153.

上野千鶴子・行岡良治（2003）『論争　アンペイドワークをめぐって』太田出版.

渡辺顕一郎編（2006）『地域で子育て――地域全体で子育て家庭を支えるために』川
　　島書店.

山下由紀恵・三島みどり・名和田清子編（2009）『子育て支援の新たな職能を学ぶ』
　　ミネルヴァ書房.

矢澤澄子（1993）「女性の考えるまちづくり」矢澤澄子編『都市と女性の社会学――
　　性役割の揺らぎを超えて』サイエンス社，179-215.

矢澤澄子（1999）「女たちの市民運動とエンパワーメント――ローカルからグローバ
　　ルへ」『講座社会学 14　ジェンダー』東京大学出版会，249-289.

矢澤澄子・国広陽子・天童睦子（2003）『都市環境と子育て――少子化・ジェンダ
　　ー・シティズンシップ』勁草書房.

第 I 部
制度的・歴史的文脈から
子育て支援労働を考える

第1章　地域子育て支援労働の源泉
——1990年代初頭まで

相馬直子

1.　問題の所在

　地域子育て支援というケアワーク——地域子育て支援労働——は，いつ，どのように，形成されてきたのだろうか？これは，（1）地域子育て支援は，いつ，どのようにして生まれてきたのか？（2）それが経済的な対価をともなう仕事に，いつ，どのようになっていったのか（ならなかったのか）？（3）それはどういう性質の労働なのか，について考えていくことでもある．本章では主に上記（1）の論点を扱い，（2）（3）の論点は本書全体と第9章で考えていく．

1）　子育て支援とは何か

　そもそも「子育て支援」とは何か．本書全体では，保育と地域子育て支援とを束ねる言葉として，「子育て支援」と使っている．ただし，先行研究では色々な使われ方がなされており，「子ども支援」「親支援」「親子支援」など，支援の目的や対象の強調点が論者によって異なる．また，子育て支援を狭義と広義に分ける研究（萩原 2008）もある．以下では，この狭義・広義の子育て支援論を土台に本書の着眼点を示そう．

　まず狭義の「子育て支援」とは，自治体が民間と連携しながら，主として在宅で乳幼児の育児にあたる専業主婦とその子どもを対象にした子育て支援センター，つどいのひろばなど地域の子育て支援拠点での活動である．一方，広義の「子育て支援」とは，多様な実施主体が育つ，育てるという行為に関連したことがらや現象に，何らかの対応を行うことである．たとえば，社会保障によ

る子育て支援，地域の子育て支援，企業の子育て支援，NPOの子育て支援，世代間の子育て支援，官民連携の子育て支援といった言葉がこれにあたる．広義の「子育て支援」でみると，理想と現実のギャップが浮かびあがる．すなわち，多様な実施主体が，核となる方向性や理念のもとに様々な「子育て支援」を組み合わせて，社会全体の「子育て支援」体制になるのが理想である．しかし現実には，個々の支援が個人をばらばらにして捉え，子どもをもつ人の葛藤を深め，その葛藤のなかに子どもも巻き込まれている（萩原 2008: 20-22）．なお，本書は広義の中でも，保育と地域子育て支援を中心に「子育て支援」ととらえた上で，実証分析は狭義の部分を論じるものである．

　さらに現代の「子育て支援」は，少子化対策と子育ての社会化という2つの観点を含み，ジレンマを抱えている．つまり，子育て支援が政策として登場したことで，少子化対策という観点と，育児は家庭で母親が行うものではなく，社会的な支援を必要とする営みだという「育児の社会化」の観点が生まれた．ただし，少子化という社会存続での視点で「子育て支援」をとらえるか，子どもの権利保障や親の責任遂行と権利保障という観点からとらえるか，両者の観点はいつもせめぎあい，ジレンマを内包している（萩原 2008: 23-27）．

2)　平成の行政用語「子育て支援」

　まず行政用語としての「子育て支援」は，平成生まれの行政用語であるといえる．平成元年度版（1989年）『厚生白書――長寿社会における子ども・家庭・地域』ではじめて登場する．本格的な高齢社会の到来とともに，1988年の出生率が1.66と低下していた頃，「介護をしている家庭」と「子育て家庭」と両方の支援が地域のなかで必要だという文脈で，「子育て支援」は政策の言葉として語られるようになった．やや長いが，白書で初めて子育て支援が登場した部分を見てみよう．

　　　子どもの養育や老人の介護に関する家庭機能の弱体化がみられるが，（略）子どもについては子育て家庭の支援を，老人については介護をしている家庭に対する支援として，在宅福祉サービスの充実を進めていく必要がある．（厚生省 1990: 26-7）

近年，女性特に有配偶女性の職場進出が進み，女性の就労と出産・子育ての両立が大きな課題となってきている．どのような家庭に対してもその形態に応じ必要な子育て支援を行なうという観点から，母親が働いている家庭については，就労と出産・子育ての両立支援の一層の充実を図っていくことが必要である．（厚生省 1990: 26-7）

　ここだけ読むと，想定されている「子育て支援」とは，共働きの家庭への保育サービスや仕事と家庭の両立支援に思えるが，そうではない．続いて子育てへの経済的支援，総合的な子育て相談体制の整備，健康面への支援という幅広い「支援」が提起されている（厚生省 1990: 26-33）．

　特に「子育て支援」については，「家庭支援と新たな地域づくりが求められる」という論旨で，最も強調されているのが，「地域の役割」である．同書の「地域づくり事例集」には「①地域の人々，②施設などの地域における育児や福祉サービスの資源，③行政の3者が共通の問題意識を持ち，それが一つの取組みとして実現」（厚生省 1990: 33）した取組みが掲載されている．たとえば，保育所を核とした老人と子どもとの多世代交流事業や母親向けの支援，障がいをもつ子どものいる親同士の自主育児グループ活動，子どもの自由な遊びを保障する冒険遊び場など，子ども・親・老人を地域でつなぐ幅広い活動の紹介がある．

　つまり，地域づくりの実現のために，保育サービスや在宅老人などに対する福祉サービスとともに，子どもと老人の交流や地域の親たちのネットワークづくり，老人の生きがい対策の充実といった，「子どもが健やかに生まれ育ち，老人が安心して生きがいを持って暮らせるような地域づくり」（厚生省 1990: 33）の必要性のなかで，「子育て支援」が語られるようになったのである．

3)　地域で生きる主体から考える意義

　子育て支援が平成の行政用語として登場した時期は，地域の関係が希薄化し，一層の都市化も進み，人口の高齢化と少子化が問題になりはじめた頃である．では，1980年代前は，兄弟数も多く，親族ネットワークや地域のつながりもあり，子育ては兄弟や親族や地域の「支え合い」のなかで，営まれてきたのだ

ろうか？

　否である．振りかえれば，日本では高度経済成長期に「企業中心社会」（大沢 1993）のもとで，性別役割分業の家族像と規範がひろがっていき，男性は稼ぎ主，女性は家庭責任を果たすのが当然視されていく．専業主婦を優遇する配偶者控除や第三号被保険者制度など「男性稼ぎ主型」の政策が確立したのは1980年代である．高度経済成長期には女性の職場進出が進む一方で，子どもをもつ女性が仕事を続けていく上で大切な保育・育児休業制度も整備されていなかった．

　これに対して，育つ，育てることが困難な社会のありようを変えようという取組みは，ずっと続けられてきた．萩原久美子（2008）が指摘するように，それはたとえば，高度経済成長期の全国における保育運動や企業の育児休職協約の取り決めは，仕事をしながら子育てする女性と子どもの育ちを支えた．また，1960年代からはサラリーマン家庭の専業主婦の育児不安も語られるようになったが，母親による自主保育（共同育児）や地域のサークル活動をはじめとして，地域の子育ての支え合いの大きな流れが全国各地で生まれてきた．戦後のこうした活動の厚みがあるにもかかわらず，1990年以降，少子化という現象に依拠して登場した「子育て支援」の文脈に，おのずとはまり込んでしまっている現状があるとの指摘がある（萩原 2008: 23-24）．本書では，「子育て支援」の文脈の中で個人や団体の行動や連帯の成り立ちと制度化の性質自体を精査していく．

　では，母親による自主保育（共同育児）や地域のサークル活動をはじめとして，地域の子育ての支え合いの大きな流れの源泉はどこにあるのか．以下，戦後の子育てをめぐる制度環境を概観し（2節），全国各地の在宅子育ての支え合いの源泉をさぐる（3節）．

2.　「少子化対策」前夜：1950年〜1980年

　まず，国家による家族への介入と不介入の歴史的経緯から考えよう．そもそも，近代国民国家は家族を社会の「基礎単位」ととらえ，民法・社会保障・社会福祉など様々な制度を通じて，もしくは，教育・啓発・処罰など規範的な統

制を通じて，介入を常に行っている．一方で，家族は「私的領域」としてもみなされ，たとえば家庭内暴力や子どもの貧困などが典型だが，家族がかかえる困難を放置してきた．国家は家族を，社会の基礎単位かつ私的領域と二重に意味づけ，介入と不介入を使い分けている（広井 2018）．

1)　幼保二元化と母親規範

　戦後のベビーブームの中，厚生省は，保育所対象者に「保育に欠けるもの」[1]という選別的な規定をつくった．その後保育所は増加の一途をたどり，特に1950 年～53 年にわたって毎年 1,000 を超える施設がつくられた．公立より私立の増加が著しく，保育所は超満員（1953 年超過率 20%）であった．戦争による国民生活の破壊と，戦後のベビーブーム（1947～50 年）が重なった．厚生省は「保育所のしおり」（1954 年）にて，「保育所には学年も学期もない，保育に欠ける事態が発生したらいつでも入所でき，またその状態が解決したらいつでも退所するのが原則である」（全国私立保育園連盟 1977: 4）と，保育所の機能を説明していた．こうして「保育所」はすべての子どもではなく，家庭で本来提供されるべきものが「欠けた」子どもを対象とした施設として制度的に位置付けられた[1]．そしてこの「保育に欠けた」という規定と「教育」と「保育」の線引きは，現代まで大きな影響力をもって存在し続けることとなる．

　日本は高度成長期をむかえ，「経済的に先進国並みになり福祉においても世界の先進国並みにならなければならない」（富永 2001: 209）という認識が高まる．池田内閣の「国民所得倍増計画」では，「有効需要の喚起・景気変動の調整・各種年金制度の発展にともなう膨大な資金蓄積の点から考えて社会保障のもつ経済効果は看過できない」と明記され，西欧経済先進国のキャッチアップを目標に，福祉はその政策装置と化した（新藤 1996: 60）．

　1960 年代の高度経済成長期は，国家による規範的介入と，社会保障による介入という両面から国家介入が強化・拡大した時代であった（広井 2018）．文部科学省による「家庭教育学級」の復活・拡大，母子保健法の制定（1965 年）などによって性別役割分業型の家族の形成が促進されたと同時に，母子世帯に対する児童扶養手当（1961 年）や障がい児を対象とした特別児童手当制度（1964 年）がつくられた（広井 2018）．

　1973 年の「福祉元年」は，国民皆保険・皆年金の創設とともに，「児童手当創設期」ともいえる．世論の高まりと地方自治体の先行実施に押され，1960年に中央児童福祉審議会にて審議が始まってから 11 年後，1971 年「児童手当法」が公布される[2]．保育所増設についても，高度経済成長を支える婦人労働力の活用の観点から緊急課題となる．第二次ベビーブームにより，保育施設は急増し，保育所は法的裏付けによる公的な補助金を得て，はじめて幼稚園数を上回った．

　この 60 年代後半から 70 年代初頭にかけて，革新自治体では，地域福祉・市民福祉というボトムアップ型の政策実施体制への転換が起こりつつあった．しかしながら厚生省は，旧来の措置制度を中心とした政策実施体制を見直そうとはしなかった．地域レベルでの実験については奨励的補助金を創設するのみだった．「保護」を必要とする特定対象を認定し「措置」することを，社会福祉の基本論理と認識し，施設整備をこの基本論理の充足と補完としてとらえていた（新藤 1996: 63）．

　高度経済成長を支えるために婦人労働力が活用される一方で，子育ては家庭で行うべき事柄との認識は強固であった．1963 年中央児童保育制度特別部会での中間報告「保育問題をこう考える」では，以下のような「保育の 7 原則」が具申されることとなる．「保育所」が家庭に従属するものであり，あくまでも「子育て」の担い手は家庭＝母親であると想定されていた．

　①両親による愛情に満ちた家庭保育
　②母親の保育専任と父親の協力業務
　③保育方法の選択の自由とこどもの母親に保育される権利
　④家庭保育を守るための公的援助
　⑤家庭以外の保育の家庭化
　⑥年令に応じた処遇
　⑦集団保育　　　　　　　　　　　　　　　　（全国私立保育園連盟 1980: 37）

　また，保育所―幼稚園の関係は平行線をたどったまま，「教育―保育の線引き」がより強固になっていく．これは，1963 年 10 月「幼稚園と保育所との関

係についての共同通知」（幼稚園および保育所の調整についての文部省，厚生省間の了解事項について）における当時の文部省・厚生省の認識をみてもよくわかる．国の見解に対して，全国私立保育園連盟，全社協保育協議会などは批判し，幼保一元化を強く要請した（全国私立保育園連盟 1980: 48-59）．

　「子どもの保育は両親の愛情に満ちた家庭で行うべき」「子育ても母親が専任で行うべき」という社会規範が鮮明なこの時期は，新聞の論調をみても，家庭の子育てへの関心が高まるとともに，親への非難が強くなっていく．教育ママや自分の子どもしか愛せない親への指摘が多くなり，母親への風当たりが強くなる[3]．

　1960年代の本格的な経済高度成長期に労働力が不足し始め，労働力の地域間・産業間の大規模な流動化と女性労働力の活用がすすめられた．その結果として生じた家族の急激な変容が，家族問題を噴出させ，家族を政策の全面に登場させた．その政策的対応は，社会保障・社会福祉施策などの拡充と，家族の存在意義とあり方についてのイデオロギー的強化という二方向から進められ，保育政策までが経済成長を支えるために援用された（庄司 1983: 48-49）．国家の家族への社会保障による介入と，規範的な統制を行ってきた（広井 2018）．

2)　高齢化社会を支える児童の健全育成

　その後，1973年の「石油ショック」とそれ以降の低成長期をむかえ，児童福祉の目的に変化が生じる．たとえば，「児童手当」の改正論議を見るとそれが典型的にあらわれている．従来の児童手当のねらいは，経済成長を支える優秀な労働力育成のために，「多子世帯の貧困の救済」「児童養育負担の軽減」という点にあった．しかし今度は，「高齢社会を担い，資源小国日本を支える人材としての児童に期待」という目的へと変化がみられる．1974年と77年の中央児童福祉審議会「今後推進すべき児童福祉対策について」の答申にこの変化が具体的にあらわれている．この答申では「児童手当」の基本的理念として，①児童の人権思想／②児童の養育に対する社会連帯の必要性／③権利としての児童手当受給／④所得制限をしない，という4点を挙げている．象徴的な言葉が「児童手当制度に関する当面の改善策について」（1977年12月中央児童福祉審議会）の前書きにある．「児童手当制度発足後5年が経過した間に，経済不

況や財政悪化を経験したために，制度の縮小廃止論，または拡充論が出ている」としたうえで，児童手当の必要性として，①人口の急速な恒例化による老齢人口の扶養負担を担う児童，②資源小国日本の将来の人口資質の向上，③低下する家庭の養育機能強化，④児童養育世帯と非養育世帯との負担の均衡が示された（大塩 1996: 248）．

　さらに，1980 年 4 月児童手当制度基本問題研究会「最終報告」では，高齢化社会において児童の役割が大切であり，老後の扶養を子どもに頼れなくなっている時期に，児童養育ばかりを家庭の負担にしている現状を改善する対策の必要性が指摘され，「社会的存在としての児童」「社会の子」が強調される．その後の中央児童福祉審議会「児童手当の基本的あり方について」意見具申でも，「児童手当」の意義として，「人口の高齢化による児童の社会的扶養の必要性」「高齢化社会において，社会を発展させて行くために必要」とみなした．「児童手当」の必要性，「子育て支援」の問題が，「すべての子どものために」といいながらも，来るべき高齢化社会を支える子どもの健全育成のためという目的となっている．

　1970 年代は，「保育所」の位置付けに変化が見られる時期である．1971 年 6 月 10 日『「保育」と「教育」はどうあるべきか』（中間報告），10 月 15 日「保育所における幼児教育のあり方について」（意見具申）を中央児童福祉審議会が提出している．保育所と幼稚園の目的と役割に関して見ると，保育所と幼稚園の二元化体制に対して疑義が出されていない．しかし 1976 年 12 月「今後における保育所のあり方（中間報告）」になると微妙に変化する（全国私立保育園連盟 1980）．戦後一貫して中央児童審議会は，家庭における固有の保育機能を強調し，保育所は「家庭での保育に欠ける幼児が通うところ」だと言いつづけてきたが一転して，「次代を担う乳幼児」であるから健全育成が必要である，と認識が微妙に変化する．この時期はちょうど「高齢化社会到来の危機感」があり，児童は公共財（社会のもの）という認識が出てくる．

3)　子育てをめぐる責任主体の曖昧化と市場の侵入：1980 年代

責任主体の曖昧化

　1970 年代後半から財政難の時期に入り，臨調「行革」路線の下で，社会保

障関連の財政支出がおさえられていく．ここでは「自助努力」「相互扶助」「社会連帯」という名のもとで「日本型福祉社会論」が説かれ，「公私の役割をどうするか」という点が課題として幾度も挙げられることになる．当然「保育所」「児童手当」にもこの影響は及ぶ．

　1986 年の福祉関係三審議会（中央社会福祉審議会，中央児童福祉審議会，身体障害者福祉審議会）の合同委員会は，国家による行政処分としての「措置」権限を自治体に移管する方向性を提示した．また，86 年度から 3 ヵ年にわたって大規模な補助・負担率の削減が行われ，国庫負担率が引き下げられ，補助金・負担金の削減分は自治体負担に転嫁された．とはいえ，この「措置」権限の自治体移管は社会福祉行政からの厚生省の全面的撤退ではない．「措置」の基準を政令で定めるとともに，「措置」にかかる費用の精算を通じて，厚生省による行政統制の道を残した（新藤 1996: 70,75）．

　「児童手当」については，前述した中央児童福祉審議会の提案をよそに，財政制度審議会にて「制度発足時にすら時期尚早論があった」「我が国の親子の結びつきを考えると子の養育に対する社会的助成は不要」「国民全般の支持がない」との認識から，大平内閣「新経済社会 7 ヵ年計画」（1979–1985）では「日本型福祉社会論」のもと，予算編成過程において「児童手当」は多子貧困世帯として扱うべきと財政合理化の対象とされる．

　この時期は「日本型家族政策の復古的再現」が再浮上することになる．この発端は，自由民主党政務調査会「家庭基盤の充実に関する対策要綱」（1979 年）である．当時の大平内閣が 1979 年に出した「新経済 7 カ年計画」（1979〜1985 年），そしてその後の中曽根内閣による 1983 年 8 月「1980 年代経済社会の展望と指針」（1983〜1990 年）にも引き継がれるものである．具体的に「家庭基盤の充実に関する対策要綱」では，「国家社会の中核的組織として家庭を位置づけ，ゆとりと風格と連帯感の豊かな家庭こそは，社会の繁栄の柱である」とされた．また，「国家と地方自治体および職域と家庭との『役割分担』を明確にし，中央集権的な全体主義的な国家社会ではなく，多元的な社会体制を理想」とすべきであり，「老親の扶養と子供の保育としつけは，第一義的には家庭の責務であることの自覚が必要」とされた．さらに「日本福祉のあり方として，（イ）国の社会保障　（ロ）国民個々人の自助努力　（ハ）職域内の福祉

（二）家族の相互扶助の4つの要素が相補ないし調和した活力のある総合的福祉とし，日本的福祉社会を実現し，家庭基盤の強化充実をはかって行かなければならない」とされた（全国私立保育園連盟 1980: 130）．

「児童手当」は1981年改正され，1982〜85年の特例措置を経て，所得制限額のさらなる引き下げがなされ，さらには，1981年配偶者法定相続分の引き上げ，1984年「パート減税」同居老親の扶養控除を導入，1985年贈与税配偶者特別控除の導入，1987年所得税の配偶者特別控除の導入や，1985年「児童扶養手当法」でも目的規定が改正され，旧法の「国が，児童福祉の増進を図るために，児童扶養手当の支給」という目的から「母子世帯の生活の安定と自立促進を通じて児童の健全育成を図る」という目的に変更された．つまり「家庭の生活の安定と自立の促進に寄与するために児童扶養手当を支給し，その結果，児童の福祉が増進する」という図式への変更がなされた（山縣 1985: 223）．

この時期，保育・福祉サービスなどにたいする家族の自助責任論から，「市場」の道が準備されてくる．研究者も「市場福祉」論を展開し，利用者と非利用者の間には公費助成において「不公正」があるとして，「児童福祉法」に定められている「保育に欠ける」児童に対する国と自治体の責任を「規制」程度に縮小し，市場メカニズムによって供給される保育」を行うのがよいという主張がなされる[4]．こうした「市場福祉」論に対しては，強い批判もなされた[5]．当時，ベビーホテルの事故がマスコミで大きく取り上げられ，「市場での保育サービス＝ベビーホテル」という強固な図式が構成されていた．

こうした状況は「福祉の私事化」の進展ともいえるが，ここで問題としたいのは，そこで子育ての責任主体が曖昧化してきた点である．「家族は国家の中核的組織」「家族の相互自助」といわれつつも，一方で，「社会の子」「次世代を支える子」という子ども観が見え隠れする．子育ての責任主体が家族なのか社会なのか曖昧にされ空洞化する中で，別の「市場」が発達していく．教育に関する「市場」（習い事市場）や子育て雑誌が勢力を増し，「よりよい子育て」の規範が強化されていく．

習い事市場の発達

習い事市場の発達により早期教育が流行り始めたのもこの頃である．たとえ

ば，七田眞の『0 歳教育の秘密』(1976) も 70 年代後半に発行されており，公文は 1981 年には国内学習者数が 100 万人を超え，その後学習者数は上昇の一途をたどる．ちなみに「受験地獄」が深刻な社会問題となったのもこの時期である．この頃に子育て雑誌[6]が創刊ラッシュとなり，育児雑誌は「頑張るママ」「よりよい母親」という像を創り，発信してきた．専門家が説く育児法を完璧にこなすことが母親像の理想とされた．「1980 年代半ばの子育て法の大転換」(品田 2004) は母が育児専門家に習って「子ども中心」になったのである．

　この「よりよい子育て」と「育児不安」は，いわば，コインの裏表のような関係である．1980 年代に行われた育児不安研究において，若い母親達の育児経験の不足，孤立した核家族での育児，育児責任の重さから生じる悩みやとまどいが浮き彫りになった．育児不安の程度に影響を与える要因は父親の育児に対する理解度や協力度，母親の社会的な人間関係の広さ（ネットワークの幅），働く母親の場合は，夫の理解度・協力度が要因だとあげられた（牧野 1988）．こうして「育児不安」という概念によって潜在化されていた問題が表面化した．同時に，おわりなき「よりよい子育て」への追求は深刻さを増す．これまで構造的に蓄積されていた家庭内（特に専業主婦）の鬱積や疲弊が，「育児不安」概念で問題化された面もあり，主婦の叫び声をあげる道を拓く機能もあった．

3．性別分業型社会の息苦しさから生まれた連帯：～1980 年代

　では，家族の中の女性はどう行動したか．単に介入や不介入の受け身の存在だったのだろうか．この時期に子どもを産み，子育てをしていた女性たちこそが，この男性稼ぎ主型社会・性別役割分業型社会に息苦しさを感じ，社会に飢え，つながりを求めた歴史的事実を見ていく．そして彼女たちが，いまの地域子育て支え合いの基盤をつくり，地域に雇用を生み出す基礎を築いたことの意味を考えていく．多くの人材が育ち，地域活動・事業が発展していった．子育ての困りごとや不便をめぐり，地域社会では女性同士がつながり，ネットワークをひろげていった．地域の数だけ，多様な地域的連帯がある．ここではいくつかの地域事例から，なにがきっかけでどう出会ったのか，どのような資源を使って，最初にどの活動・事業をはじめたのか，という点を中心に考える．そ

の後，どのような活動・事業へと発展させたのか，そこでは行政・企業などとどう組んだのかという点については，第9章で詳述する．また，第2章4節に萌芽的当事者グループについて詳述されており，ここではその前段と制度の関わりを中心に論じる．

1) 自主保育から生まれる：東京都世田谷区，横浜市戸塚区

まず1970年代の地域での預け合いや自主保育の動きからみていこう．世田谷の子育て支援の基礎を築いた，故・矢郷恵子氏は，「まだ公共施設に託児室がなく，子どもがいると学習講座などにも参加できない．子育ては自分一人ではできないのに，母親が自分のことを語る場もなかった．だから，子どもが1歳になるころ，世田谷区の広報誌に『青空の下で子育てしながら，仲間づくりをして見ませんか』と呼びかけを載せ，仲間を募り」[7]，世田谷での自主保育をスタートさせた．世田谷区の羽根木公園を拠点に，1976年に自主保育グループ「自主ようちえんひろば」，1980年に「しんぽれん（新しい保育を考える会）」を設立した．世田谷はプレーパーク発祥の地であり，同氏は「羽根木プレーパーク」の呼びかけ世話人としても参加した．同氏はまた，自身の子育て期に仲間7人と「あんふぁんて」を設立した[8]．「あんふぁんて」は，1975年に新聞の投書欄を通じて集まった女性たちで結成された．新聞紙上で「子持ち女集まれ！」と呼びかけ，子どもの預け合いを提案した．さらに1988年に，ワークショップを使って生活に根ざした商品企画，モノづくりのプロセスに消費者の声を反映することを目指し，「毎日の生活研究所」を設立した．同研究所は，1999年に有限会社化された．さらにKOPA（冒険遊び場と子育て支援研究会）を主宰し，乳幼児の野外遊び活動の拡充をはかっている．2006年度には世田谷区自然体験遊び場事業を受託するなど，乳幼児期に多様な素材と関わって創造的な外遊びをするために，住宅周りの空間や公園を利活用した場づくりと，人育ての支援に力を入れてきた[9]．同氏の活動のベースには，「自分が女性だっていうことを抜きにして，住民運動だとか市民運動だとか語れない」[10] という，女性がどう社会に参加するのか，子どものいる母親が地域や社会にどう参画するのかといったフェミニズム問題，男女共同参画への問題関心が根底にあったと矢郷氏は語る．

　また，高度経済成長期の郊外大規模団地で，自主保育から支え合いの基盤を
つくったのが，松本和子氏を中心とした，横浜市戸塚区の自主運営保育たけの
子会（3 歳児クラス），すぎの子会（4・5 歳児クラス）である[11]．オイルショッ
クの前後，1972 年〜1974 年に横浜市戸塚区の高層分譲住宅ドリームハイツに
約 2,300 世帯，7,800 人の入居がはじまる．駅からも遠く買い物も不便で，子
育て環境をよくするため住民が立ち上がる．

　松本氏の回想によれば，ドリームハイツの近くに幼稚園が 1 つあるだけで，
入園するにも大変だった．住民の 3 人に 1 人が子どもで，幼稚園，保育園も圧
倒的に不足していた．願書をもらうにも徹夜．そこで松本氏は，公園で会った
親たちに声をかけて，掲示板にも呼びかけを貼って，3 歳児グループ「たけの
こ会」を 1974 年に立ち上げた．210 人もの子どもがあつまって，集会所やホ
ールで保育を行い，当時は二部制で行われていた．3 歳児が成長し 4〜5 歳の
クラス「すぎのこ会」を 1975 年に立ち上げる．ドリームハイツ 2 期工事で使
っていた飯場が取り払われると聞き，地主からその土地を借りて林を切り開い
た空き地に，なんと園舎は中古バス（横浜市から 8 万円で買い取り）だった．
1985 年には集会所が園舎になったが，完全民間の無認可幼稚園として運営さ
れた．横浜市の助成を何度も交渉したが叶わなかった．1986 年には 0 歳〜3 歳
児の親子の遊び場「ありんこ」も設立された（西尾 2017 第 3 章）．

　松本氏は「すぎのこ会」が原点，地域の原点，子どもも育ったが親も育った，
と語る．「幼児教室（筆者注：無認可幼稚園）は民主主義の原点といわれていた
が，確かにそうだった」と振り返る．そして，「すべてが初めての手づくり幼
稚園で，明けても暮れても話し合いと実践．保育料のこと，保育者のこと，保
育内容，運動会の目的や種目なども，全部話しあって決めた．そのうち話しあ
いも上手になり，何より聞くことが上手になった．いっしょに実践するなかで
支えることも上手になった」と親が成長した意味を語る．次第に地域に「すぎ
のこ会」出身の子どもたちが目立つようになり，すぎのこ会出身の親がいると
クラスが違うね，と小学校の先生からも言われ，保護者懇談会でもすぎのこ会
出身の親が活躍してリードして周りを変えていくことが多かった．その後松本
氏は保育士の資格も苦労して取得した（西尾 2017 第 3 章）．

　その後，「たけのこ会」「すぎのこ会」「ありんこ」の 3 団体がネットワーク

をくみ，1999年「子育てネットワークゆめ」の設立につながる．そして戸塚区地域子育て支援拠点や広場事業の受託につながっていくこととなる（詳細は第9章で論じる）．

2）　すべての人への学習権保障（公民館）：大阪府貝塚市 [12]

　舞台は関西に移る．貝塚市では1980年代後半から，子育て中の女性同士がつながりを発展させていく．1988年，貝塚市立公民館の35周年記念事業として，記録映画「アリサ」の上映が企画された．その企画を前に，同年10月に地域の子育てに関係するグループの交流会がひらかれ，そこで「貝塚子育てネットワークの会」（以下，貝塚子育てネットと略）が誕生した．同会の初代代表の梅原直子氏は，5歳・4歳・2歳の3人の子どもたちを連れて，同年4月に子育てグループを自主的に発足させていたところだった．親子体操さくらんぼ，ノンタンようちえん，貝塚ファミリー劇場，おむすびころころ，公民館保育ボランティア，れんげそう，めだか，貝塚母親連絡会，そして保育所の保育士，保健師，市役所女性政策担当職員，公民館職員が関わっていた（貝塚子育てネットワークの会編 2009）．

　当初は貝塚子育てネットの運営委員会は代表がなく，職員が会議の進行を進めていた．数か月かけて各団体の活動報告会を開き，活動内容や課題を報告し合った．その中で，貝塚に生まれ育った梅原は，「どうせ貝塚なんて何も変わらない」との考えから，「もしかしたら何かが変わるかもしれない」と思うようになる．活動報告会の手書き原稿を輪転機で印刷し，みんなでまとめの冊子を作り，専業主婦の梅原氏にとっては久しぶりの達成感だったと，回想する．

　その頃，貝塚市では市をあげて女性問題に取り組み，「貝塚市の女性問題を語るつどい」に向けて，市内の女性に関係する団体による実行委員会が生まれた．実行委員の呼びかけが，各地区の婦人会や団体に呼びかけがあり，貝塚子育てネットの代表として梅原氏が実行委員会に出ることになった．貝塚の公民館では，1975年から保育つき講座が開講され，それは社会教育施設としてすべての人への学習権の保障というものであった．子育て中であっても学ぶこと，子育て中だからこそ学ばなければならないことがあるはず．こういう公民館職員の信念によって，職員自らが保育するという形をとりながらはじまっていた．

職員は，講座を終了した人たちによる自主的なグループづくりをサポートし，それらを横につなぐ形で，貝塚子育てネットが誕生した．公民館は貝塚子育てネットを育成団体と位置づけ，貝塚子育てネットが行う事業はすべて公民館との共催事業として，会場や講師謝金を準備したという（貝塚子育てネットワークの会編 2009）．

3)　子育て情報誌からの起業：福岡県 [13]

　子どもを育てる親の立場から，情報発信を行う動きも全国各地で1980年代からみられる．福岡では濱砂圭子氏を中心に，『子づれDE CHA・CHA・CHA！』（1993年創刊）が有名である．

　濱砂氏の回想によれば，はじまりは1990年の出産後，仲間とつくった育児サークル「ポニークラブ」であった．メンバーみんなが育児をしている中で気付いたこと，発見したこと，新聞で気になったものを，持ちより編集したサークルプレスであった．1992年に新聞で，大阪の主婦が作った『パワーアップ情報』が出版されたというニュースに触発され，出版を決意．「ポニークラブ」のメンバーに呼びかけ，作成がスタートした．公民館や生協の会議室で編集会議を重ね，自分たちが子育てで困った体験をもとに組み立て，1993年5月1日，『子づれDE CHA・CHA・CHA！』は創刊された．

　主婦が販路開拓に苦労する反面，反響の大きさに背中を押されて活動が続いていった．濱砂氏の自宅から新しく事務所をつくりあげていき，活動が本格化すると，「ポニークラブ」というサークルでは担えなくなり，有限会社フラウを設立した．会社を設立したと言っても，最初はギリギリの予算で動いており，ほとんどがボランティアスタッフという状況だった．しかし，仕事の質の要求は下げずにプロフェッショナルとして，毎年成長を重ね，主婦がメンバーの中心だったこともあり，子どもの成長や夫の転勤などでメンバーは入れ替わり，創刊時のメンバーは濱砂氏だけとなった．

　最初の創刊のきっかけとなった仙台の伊藤氏らとともに，子育て情報誌をつくる団体のネットワーク「マミーズサミット・ネットワーク」を1995年に結成．現在まで続いている．等身大の子育て中の母親の視点で情報を集め編集し，書店開拓も広告営業も，子どもの手を引いて誕生した創刊号から現在は179号

（幼稚園特集）まで発行されている．育児サークルから有限会社を経て，現在は株式会社へと事業は成長し，「子育て環境改善・女性の生き方応援」をスローガンに，事業化して持続可能性を保ちながら，全国的な子育て情報誌ネットワークづくりとともに，編集・出版のノウハウの伝授に尽力した．

4)　生活クラブ生協・ワーカーズコレクティブの基盤：神奈川県横浜市

　1980 年代，東京都世田谷区で自主保育が広がり，大阪府貝塚市で公民館を中心にネットワークが生まれていたころ，神奈川県では，生活クラブ生協のつながりをベースに活動が広がっていった．

　1982 年，生活クラブ生協のデポーフロア作業の業務委託事業を担うワーカーズ・コレクティブ（以下 W.Co と略）として「W.Co にんじん」が設立される．その後次々と設立した W.Co25 団体（968 人）は，1989 年に協同組合型地域社会づくりを目的に，神奈川 W.Co 連合会を結成した．地域の働き場として暮らしやすいまちづくりをめざし，単体 W.Co がネットワークをつくり課題解決のため共通の場を持つことになった．神奈川 W.Co 連合会による沿革をみると，表 1-1 のように 5 つに整理されている [14]．

5)　地域密着型子育て支援地域事業の誕生：NPO 法人さくらんぼ [16]

　このネットワークを基盤に，いまや経常収益 6 億円，経常費用 5.6 億円と，子育て系 NPO では全国屈指の事業高を生み出す団体が生まれた．1997 年ワーカーズ・コレクティブさくらんぼとして設立され，2002 年 NPO 法人化，2018 年に認定 NPO になった，NPO 法人さくらんぼ（横浜市瀬谷区）である．

　さくらんぼは 1998 年に女性・市民コミュニティバンク（WCA：向田映子理事長）の最初の融資を受けた団体でもある．女性・市民コミュニティバンクとは，「意思あるおカネ」のつながりを続ける．1998 年から出資を募集し，融資を開始した「意思あるおカネ」は多様な社会で有用な事業や個人に融資され，人々を応援し，街を作っている．この「たすけあいのお金」は，これまで延滞も貸倒れも無く返済され，新たな融資先に回る「お金の循環」を作り続けている [17]．さくらんぼは，横浜型保育事業を中心にした保育事業 2 園の運営，月極め，時間外，幼稚園への通園支援など，多様な子育て支援事業を行っているが，

表 1-1　ワーカーズ・コレクティブの誕生

1）ワーカーズ・コレクティブの誕生とワーカーズ・コレクティブ連合会発足（1982 年〜1989 年）
2）「W.Co の価値と原則」15 制定とその合意形成にむけて（1990 年〜1998 年） 全国に W.Co の発足が続き，W.Co の理念を共有化するために制定．「W.Co の価値と原則」を作成していく過程で「アンペードワーク」「コミュニティワーク」「プロとアマチュア」「人間的・社会的・経済的自立」などの新しいキーワード等を導入．1995 年「W.Co の価値と原則」を制定．
3）「参加型福祉」の広まり（1985 年〜1999 年） 【家事介護ワーカーズ・コレクティブの発足と在宅福祉ワーカーズ・コレクティブの拡大】 1995 年「在宅福祉 W.Co 連絡会」の発足．1997 年介護保険法成立．1998 年特定非営利活動促進法（NPO 法）が相次いで成立．家事介護 W.Co が公的介護保険に対応して地域福祉の向上に貢献するとともに本来の目的である「コミュニティオプティマム福祉（たすけあいによる地域福祉最適条件）」活動のより一層の充実をはかることを目的とした．
4）ワーカーズ・コレクティブ法制化運動（1989 年〜1999 年） 1989 年　東京・神奈川・千葉・埼玉の W.Co 連合会，連絡会が参加して「全国市民事業連絡会」を発足，W.Co の社会化に向け法制化の検討が始まる．
5）新しい法人格を取得した非営利・協同の中間組織「特定非営利活動法人　神奈川ワーカーズ・コレクティブ連合会の発足（2004 年）（2006 年　特定非営利活動法人　ワーカーズ・コレクティブ協会に名称変更） W.Co の増加に伴う新規 W.Co 設立支援，フォローアップ，共育，研修の充実，同業種別会議の拡充，連合会の経済的自立と事務局体制の強化，などをめざし発展する．W.Co 運動の広がりから，今後は県や自治体・行政区へ W.Co 運動の認識と理解を高め，非営利・市民事業支援策の提案や，現場から見える問題解決にむけた政策提言など，市民と行政の中間組織としての機能へ．更なる W.Co 運動の推進をめざし神奈川 W.Co 連合会から NPO 法人神奈川 W.Co 連合会の発足に向けた準備が始まる．

出典：NPO 法人ワーカーズ・コレクティブ協会（http://www.wco-kyoukai.org/enkaku.html）より筆者が整理（最終閲覧日：2019 年 10 月 1 日）．

保育園立ち上げ時の疑似私募債の借り替え資金及び運転資金として，350 万円の融資を受けた．つまり，資金面でも生協のネットワークのバックアップを受け，現在の事業の基盤を築いた．

　「どんなことをすれば自分たちがここに存在した証を残せるか」．自分たちの存在を残したいという原動力が活動の源となったと，創業者の伊藤保子氏は当時をこう振り返る．伊藤氏が子育てしていた 1970 年代はとても閉鎖的で，大学を出た 76 年，静岡で働いた後に結婚のため仕事を辞めた．子育中は，「私自身が母親として必要とされているし，自分のアイデンティティはそれなりにあった．でも子どもが成長して小中学校に行くと自分の周りに時間だけが残っ

ていく．そんな世代の私たちが，生活クラブ生協というところで顔を合わせてしまった」と当時を振り返る．「社会とのつながりに飢えていたから，生活クラブで色んな事を学んで，自分の頭でもの考えることがだんだんできるようになって楽しかった．その仲間たちで，子どもたちが小学校高学年になった頃に「自分たちがこの町の一員として住んでいた証を何か残したいね」という話になり，1年間かけて「どんなことをすれば自分たちがここに存在した証を残せるか」と議論を重ねた．当時は伊藤氏らが社会に出て10年くらいたち，男女雇用機会均等法が施行されていたものの，実際には女性は介護や育児で退職する女性も多く，自分たちが子育てしていた10年前と変わっていないのではないか，保育園があれば働いている人の役に立てるのでは，当時横浜市が横浜保育室を始めるため事業実績がなくても応募できると知り，保育園をやろうということになった．

　伊藤氏らがはじめたのは，児童福祉領域の本丸の保育であった．制度化された領域からはじめたがゆえに，既存の幼保二元化体制の壁に次々と疑問を投げかけながらの事業化となる．どのような保育園がいいか，自分たちが育児で困ったかを洗い出してみるなかで，①一律ではない，利用日数と時間ごとに設定される保育料，②保育園から幼稚園に通える仕組み，③理由を問わない一時保育，④地域の親子を保育園で預かる親子ルーム，など既存の幼保制度にこだわらない，地域の普通の親目線の経験や感覚のアイデアをもとに事業化した．保育を利用できる対象者，保育料，利用時間，幼稚園と保育園の併用．制度の壁は大きかった一方で，安定した事業からはじめられたという面もある．最初に保育ではなく，情報や外遊びや地域活動からはじめていたら，さくらんぼのその後の歩みは異なっていたかもしれない．その後，「自分たちが提供して失敗したこと足りなかったことを，同じ女性として，子どもを育てる親として，普通の地域の人として考える」ことを通じて，事業を拡大していく．「行政マンが制度設計するのとは違う，普通の感覚で起こっている矛盾を見て，パズルを埋めるみたいに広げ」，「事業計画ありきじゃなく，ある意味行き当たりばったりに」，活動を継続し，横浜市瀬谷区の地域密着型子育て支援事業を担うNPOへと成長していく（現在の詳細は第9章へ）．

　伊藤氏の原動力は何か．大正生まれの自分の母親が苦労しているのを見て，

女性としての生き方に NO だった母親，女であることを不幸だと感じていた
ように見えた母親の背中を見てきたからだと振り返る．自分は女に生まれてよ
かった，まず女性として YES がいえたら，子育ても YES と言えるのではな
いか．女としての怨念，それを自分で YES といえるようにならない限り，自
分の子育ても YES といえないのではないか．女性の自己承認のサポートこそ
が，子育てのサポートである．よって，母親を受動的な存在，支援の受け手と
みなしてはならないと語る．

4.　おわりに

　子育ての困りごとや不便をめぐる連帯，育ち・育てるうえでの困り事や不便
を解決しようとする営みは，各地域に蓄積されてきたことをみてきた．その連
帯の中で，自分の考えを自分の言葉で語り，他者と関わることで自分の存在を
確かめ，他者の存在を承認する．結果として，子育て課題や地域課題解決につ
ながっていく．「子育ての社会化」とは，社会につながり自己と他者を承認し
ていく過程であることが，本章の事例から理解できる．「地域子育て支援」の
制度化は第 9 章で詳述するが，本章で見てきたのは，地域子育て支援労働の制
度化の前段にある，子育て支援の源泉である．1960 年代の「ポストの数だけ
保育所を」といった保育運動（労働・福祉領域），働きながら子どもを育てる上
での企業の環境整備をせまる育児休職協約（労働・企業領域）とともに，本章
でみてきたことは，女性という自分の立ち位置を，母業をしながら地域で模索
する運動だと位置づけられる．

　育児サークル，自主保育，生活クラブ生協で出会う．同じ地域での出会いだ
けではなく，新聞投稿で地域をまたぐつながり．活動の切り口は，外遊び，情
報，保育，社会教育講座と異なっていたが，それぞれが知恵を出し合い，地域
への愛着，民主的な話し合いを重ねてはじまったことは共通する．また，女性
としての生き方や自分の存在を，活動のなかでつねに問い返していたことも共
通していた．その後，1990 年代から 2000 年代に入り，女性として，母として，
子育ても悶々とせず，追いつめられず，すべて YES といえる状況へと社会は
改善していっただろうか．

　また，利用可能な資源──場所・時間・活動ノウハウ・資金・助言者・制度的資源・意思意欲──は，各個人・地域・出発点の事業によって異なっており，これが以降の活動の継続性や方向性に少なからず影響を与えているように考えられる．育児サークルだけでは持続可能性を担保するのが難しい．いったいどのようにして持続可能性を高め，それを仕事として経済的な雇用につなげていったのか．それを社会や制度はどう価値づけただろうか．本書全体を通じて，そして第9章で総括的に考えていく．

注

1　父母の欠損によるもの，父母の労働によるもの，父母や同居の親族の疾病または精神・身体障害によるもの，父母の人格欠陥によるもの，児童の心身の障害によるもの，住居が狭小であったり住居全体が仕事場になっているために，児童の生活の場が侵されている，といった家庭の状況によるもの，近所に適当な遊び場がないとか事故多発地帯であるというように，地域の状態が不適当なものなどである．

2　支給対象が第三子以降，所得制限 233 万，毎月 3,000 円という支給額の少なさから，当初から改正の必要性が唱えられていた．

3　たとえば次のような投稿を参照．「母親のいない，または留守がちな家庭に，非行児や情緒不安定な子どもが多いことは，いろいろな調査で明らかにされている．もちろん，一方ではこうした外出型とは逆に，『こどもべったり』の母親もいる．自己中心主義．子どもの将来のためというより，自分の虚栄や打算に根ざしている母親がなんと多いことか．」（『朝日新聞』1974 年 5 月 14 日朝刊）
「第一に，『自分の子だから，自分がどうしようとかまわない』という，こどもを自分の所有物視する考え方が，まだ社会の一部に根強く残っていること，第二に，都市部の方が，比較的地域社会が残存している周辺部より虐待の発生率が高いこと．子どもの問題は実はこどもだけの問題ではなく，おとなを含めた地域社会全体の問題でもある．」（『朝日新聞』1975 年 5 月 5 日朝刊）

4　例えば次のような主張である．「保育サービスを念頭におくとき，公的機関の主要な役割は今日，むしろ営業規制（安全性，衛生面のチェックなど）および一部の低所得世帯に対する保育切符の配布，にある．（略）その前提として，保育サービスの民間市場が，それぞれの需要に応じて広範に存在する必要がある．」（高山 1982）

5　例えば次のような主張である．「保育の公的供給システムを締め上げて，このベビーホテルによる保育供給システムを拡大していけば，最後には一体どうなるであろうか．結局，金持には金持向きの，貧乏人には貧乏人向きの，一ヶ月数千円から数十万円の保育メニューから，我々は保育（飼育）を選択することとなろう．親の経済状態によってランク付けられ，利潤追求の対象とされる『保育』を我々は福祉制度とか教育制度と呼べるだろうか．『市場福祉』による保育供給は，ある意味で徹底した「保育の社会化」をもたらすであろう．しかし，それは，人間を人間として育てない限りにおいて，である．」（垣内 1984：348-349）

6　代表的な育児雑誌は以下の通り.

雑誌名	創刊年〜休刊年	出版社
わたしの赤ちゃん	1973〜2002	主婦の友社
バルーン Balloon	1986〜2002	主婦の友社
ベビーエイジ	1969〜2003	婦人生活社
プチタンファン	1981〜2003	婦人生活社
マタニティ	1985〜2003	婦人生活社
P. AND	1985〜2000	小学館
たまごクラブ	1993	ベネッセ
ひよこクラブ	1993	ベネッセ

7　http://www.niyoniyo.net/vol2/hitolibrary/yagou/yagou.htm　最終閲覧日：2008 年 9 月 9 日

8　1975 年 8 月に情報誌（月刊）「あんふぁんて」創刊. 1970 年代は合成洗剤への反対運動や新幹線にベビーコーナーの設置を求める運動などを展開. その後,『お産サイドブック』(1985 年),『密室育児からの脱出』(1989 年),『ひとりで子育てしないで』(1993 年),『21 世紀のお母さんお父さんに贈る　お産サイドブックⅡ』(2002 年) を発刊.

9　http://www5b.biglobe.ne.jp/~umegaoka/KOPA.html#kopa　最終閲覧日：2008 年 9 月 9 日

10　東京大学大学院総合文化研究科・教養学部相関社会科学研究室『ネットワークと地域福祉──2003 年度世田谷区調査最終報告集』(2004 年) 281 頁.

11　以下, 松本氏の取り組みについては, 西尾 (2017) 第 3 章から整理している.

12　この部分は, 貝塚子育てネットワークの会編 (2009) 第 2 章と第 4 章を中心に整理している.

13　濱砂氏へのヒアリングならびに, http://www.frau-net.com/data01.html（最終閲覧日：2019 年 10 月 1 日）より整理した.

14　さらに 2004 年, W.Co だけでなく NPO や非営利市民事業などが主体となって市民社会の形成をめざす「NPO 法人ワーカーズ・コレクティブ協会」を設立. 連合会と協会がお互いの役割を尊重し合いながら非営利セクターの拡充をめざしてきた. 地域に市民の手によるセーフティーネットを拡げるため, W.Co や NPO が共に連携・協力しながら地域の事業に歩み出している.（ワーカーズコレクティブネットワークジャパン HP（http://wnj.sakura.ne.jp/cont/action/action2014.html）より（最終閲覧日：2018 年 3 月 1 日）. W.Co の前史や成長は上野 (2011：272-282) を参照.

15　W.Co の価値と原則は以下の通りである.
「価値」：W.Co を社会化して行く上で, W.Co メンバー一人ひとりが自分たちの働き方・運動が生み出す価値を認識し, なぜ W.Co として働いているのか, 働くことで何を実現したいのか, W.Co 運動のめざすところは何なのかという, 着地点（市民セクターの拡大）を明らかにすること

「原則」：自律した市民として社会に参画する W.Co の運営態度を，より具体的に鮮明にした「リーダー規範」を示し，W.Co として社会化をすすめているアンペイドワークの価値を際立たせる．

16　以下，伊藤氏へのヒアリングと http://kodomonokatati.org/interview/015-3/4/ より（最終閲覧日：2019 年 10 月 1 日），伊藤氏の語りを引用・整理している．

17　http://www.wccsj.com/wcagaiyou.html（最終閲覧日：2019 年 10 月 1 日）．

参考文献

萩原久美子（2008）「『子育て支援』のメインストリーム化」汐見稔幸編『子育て支援の潮流と課題』ぎょうせい，18-42.

広井多鶴子（2018）「シンポジウム　家庭教育支援法案を考える　報告書（講演録）」（2018 年 5 月 16 日）https://www.nichibenren.or.jp/library/ja/committee/list/data/180516_sympo_hokoku.pdf（最終閲覧日：2020 年 1 月 1 日）

貝塚子育てネットワークの会編（2009）『うちの子　よその子　みんなの子──本音の付き合い，だから 20 年続いている』ミネルヴァ書房.

垣内国光（1984）「保育の歴史から学ぶもの」『教育と医学』32（4），344-50.

厚生省（1990）『平成元年度版（1989 年）厚生白書──長寿社会における子ども・家庭・地域』.

牧野カツコ（1988）「〈育児不安〉の概念とその影響要因についての再検討」『家族教育研究所紀要』10: 23-31.

西尾敦史・横浜市社会福祉協議会（企画・監修）（2017）『横浜発助けあいの心がつむぐまちづくり──地域福祉を拓いてきた 5 人の女性の物語』ミネルヴァ書房.

大沢真理（1993）『企業中心社会を超えて──現代日本を〈ジェンダー〉で読む』時事通信社.

大塩まゆみ（1996）『家族手当の研究』法律文化社.

品田知美（2004）『"子育て法" 革命──親の主体性をとりもどす』中公新書.

新藤宗幸（1996）『福祉行政と官僚制』岩波書店.

庄司洋子（1983）「わが国の『答申』・『白書』にみる家族」『社会福祉研究』35: 44-50.

高山憲之（1982）「保育サービスの費用負担」『経済研究』33（3）: 239-50.

東京大学大学院総合文化研究科・教養学部相関社会科学研究室（2004）『ネットワークと地域福祉──2003 年度世田谷区調査最終報告集』

富永健一（2001）『社会変動の中の福祉国家』中央公論新社.

上野千鶴子（2011）『ケアの社会学──当事者主催の福祉社会へ』太田出版.

山縣文治（1985）「児童扶養手当法の改正とそれをめぐる諸問題」『大阪市立大学生活科学部紀要』33, 215-230.

全国私立保育園連盟（1977）『私保連 20 年のあゆみ』全国私立保育園連盟.

全国私立保育園連盟（1980）『80 年代の保育を考えよう──保育政策の変遷と現状』全国私立保育園連盟.

第2章　子育てする親が生成した子育て支援労働
——非営利・協同セクターによる当事者活動の萌芽から制度化途上に

1. 親たちがつくってきた現代的な子育ての仕組み

　日本では「3歳までは神の内」と言われ，乳児・幼児死亡率が高く（妊産婦死亡率も高かったが）赤子の命も危うかった時代が長く続いていた．子育て初期は，家族や親族によるチームが親になった人と子をサポートする仕組みが各地でみられた．このチームとは，女性がメインであるが，親族集団や親密な人々から構成される．沖縄文化圏では，前世紀まで，「うぶや」という妊婦と子どものケアをする場所が残っており，女性たちが立ち代りでケアをしていたといわれている．現代のように産んだ親だけが子育てに責任をもつ社会は文化的にみても歴史的にみても極度に偏在したものだと考えられる．母親ひとりで子育てをせざるを得ない現代日本において，子育て支援・その労働を作り出そうという動きが当事者から出てきた理由は，ひとりでは担いきれない「子どもの善き育ちのサポートという仕事」が質量共に大きいことを示しているのではないか．近代になって初めて出現した大量の高齢者のサポートと同様に，相互扶助が無い限り存在そのものが困難な人々の「生を支える仕事」は社会全体で考える必要がある．

　この章では，本書の基礎データとなる「子育て支援者の活動形態や働き方に関する調査」の対象となった50余りの子育て支援拠点（子育てひろば）の多様な成り立ちを3つの大きな流れとして捉え返し，今後の子育てにおける相互扶助（今後は制度的な仕組みが中心となるが）のよきあり方を整える動きに繋げたいと考える．というのは，この拠点が，すべて当事者及び当事者を卒業したば

かりの人々，その多くがひとりの子育てが「大変すぎて自分を見失いそうだ」と感じ，何とか楽しく不安にならずに子育てができるようにしようと動き，つくりあげてきた子育てサポートの支援拠点であることを，筆者が重視しているからである．

　本書の基本調査は，2012年と2013年に実施しているが，今振り返ると子育て領域だけではなく，日本社会全体の女性就労の変化のまっただなかで実施したものであった．調査後2017年3月に，筆者は，調査対象のひとつであり，福井県民生協が開設している「ハーツきっず志比口」の再訪と見学をした．福井県福井市の地域子育て支援拠点でもある．ここは，子育てひろばと一時保育を併設している．福井県は，県統計からみると，女性就労のM字曲線がすでに解消している．子育て中も女性就労率の高い地域である．施設長Kさんは「子育てひろばにくる親子は，0歳の赤ちゃんばかりになってきて育児休業中の人が多数派です」と話していた．福井でも更に専業主婦層が薄くなってきているのを感じるという．3歳くらいまでは母の手が一番良いという近代母性神話が，女性の経済的自立の流れから薄まり，保育の利用者が増えている．これは，保育労働が増えていることを意味する．加えて，地域の子育て支援センターなど，保育以外の子育て支援を利用する親子も増えてきた．育児休業中，専業の父母，そして，ニーズの多い人々がこの子育て支援を利用している．本調査は，こうした子育て支援をする「子育て支援労働」が日本社会の中で量的に拡大し，制度のバックアップもあって統計的な把握ができるようになったことを意味しており，子ども・子育て支援新制度誕生前の転換点で実施された調査でもあるといえる．

2. 働く親の要望による保育所・保育労働の一般化

　日本では，専業母親は1960年代に主流となった[1]．同時期のスカンジナビア諸国では，男女平等への機運が高まり，保育所運動が起きていた．親が協同組合を作って保育所を運営する，公立の保育所ができる，など多様な保育所作りがあった．2000年代に日本で子育て支援ニーズが噴出した「家庭養育する親」という層は，共働き層とともに，高度経済成長期以降の都市労働者家族と

ほぼ一致する.

　高度経済成長期には，農村から都市部へ大移動した家族形成期の人々は，標準家族（世帯ベースで7割を占めた「夫婦と未婚の子どもからなる家族」）を形成していく．当時から親側で増加していた子育てというケア（丁寧な手をかけた子育て）・教育（義務教育より上の教育を目指して子どもと伴走すること）労働を負担しない・できない家族も少数派ながら存在していた．専業母親ではなく，働く母たちである．農家を中心とする家族生産労働者，賃金がまだ「家族賃金」に至らない工場などの製造業，公務員・教員，小売業の売り手など非専門的な働き手，など，専業主婦としてアンペイドワークのみでは生活が難しい，あるいは働きたいという女性たちがいた．この人々の「職場の数ほど保育所を」という運動で児童福祉法（法律そのものは1947年に成立）にそって保育所設置が確立し1970年代から少しずつ増加していく．国が基準を定める認可保育所である．個人で子どもを預かる人，それを事業化した民間保育所（現代では無認可保育所と言われる）ももちろんあった．認可保育所は，建物面積や配置すべき保育士なども決められ「保育所保育指針」も作成され，子どもの善き発達を保障することを目標として建設されていった．

　この法律では，日中親が働いている子どもは「保育に欠ける」子ども，すなわち，現代の言葉でいうと十分にケアがされない子どもたちと読み替えられるが，これらの子ども達は法のもとで措置されて保育所に行くことができるようになった．保育所は，厚生労働省（当時厚生省）による認可施設となり，厳しい認可基準のもと，公立だけではなく，社会福祉法人法という法人格で地域福祉の担い手となった神社や教会などが運営する認可保育所数もしだいに増加していった．これに伴い保育士数も増加しており，2015年認可・無認可合わせてで48万人を越えていると推計されている．現代の保育士数の増加は，女性就労率を押し上げ，公共投資の対象の変動とともに，建設業から福祉業（介護労働のほうが保育労働よりも人数は多いが）への日本の産業構造転換にも寄与している.

　保育所が低年齢児に普及したのはつい最近，2010年代以降である．もちろん女性のライフコースが変化し，出産後も働き続けることができるようになってきたことが目に見えて表れている．2017年で，1—2歳児の保育所など利用

図 2-1　保育所の利用率の推移

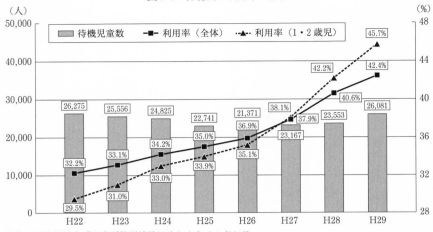

出典：厚生労働省「保育所等関連状況取りまとめ」(2017).

率は 46.7% で，全体の半数近くになった（図 2-1）．2010 年でもまだ 29.5% であったので，驚くべき伸び方である．政府が 2018 年に打ち出した保育所無償化によって更に利用率が上がることが予測できる．

　第二次世界大戦終結の 1945 年以降について，北欧諸国と比較すると，2010 年までの保育所の増加速度は緩慢であった．エスピン‐アンデルセン（Esping-Andersen, G.）（1990＝2001）は「労働力の脱商品化」に注目して，北欧諸国は人間平等を推進して社会民主主義的な福祉レジームが作られていったと考察している．一方，日本では高度経済成長期は「男性の労働力の商品化」が進んだ．賃金の高い男性が恋愛・結婚市場で価値が高くみなされ，その価値を値踏みする女性たちが結婚を急いでいた．その背景には，ロマンティック・ラブ・イデオロギーという思想があり，専業主婦が一種のステータスとなった．経済状況も「失われた 20 年」といわれ，2010 年代以前はエンゼルプランや新エンゼルプランの下でも，就労をあきらめた母親も多かった（丹羽 2004）．現代のように，少子化による人手不足はなく，「親が育てるべき」という日本型福祉・性別役割分業の規範がまだ大変強かった．いまだに日本は世界経済フォーラムの男女平等指標で 111 位（2017 年）と低迷している．日本は女性の人権保障，社会的地位の達成に半世紀以上遅れているともいえる．

　半世紀にわたり，子どもの「保育」という労働は家事労働の延長とみなされ，保育士の給与は低く，離職率（結婚を契機にして保育士を辞める，あるいはそれ以前に離職するなどで）も高かった．その背景もあって，保育士資格をもつ人の子育て支援活動への流入が 2000 年ごろからみられ，たとえば福井県敦賀市にある NPO きらきらくらぶの代表の H 氏は，保育士資格をもち，結婚で保育士をリタイアしたが，地域に根ざした保育をしたいと夢をあたため続けて 2002 年に「きらきらきっず」という曜日保育併設の子育てひろばを開設をしている．後述するが，保育士資格のある人の隣接領域への流入が本書の調査でも，生活協同組合の「子育てひろばスタッフ調査（2005, 2008）」でも，みられた．この 2008 年の調査で全国に 300 以上の子育てひろばがあり，それらのスタッフは半数前後が保育士資格を取得していた．

　労働としての保育領域について概観してみると，2013 年に保育士の平均賃金は底をうって（年収 310 万円）上昇に転じ，2016 年の平均年収は 327 万円となっている．消費税 10% でベース賃金 2% 加算という保育士確保の政策が実施されると，さらに上昇がみられるであろう．東京都内の市部 T 社会福祉法人では，都の前倒し政策で 2017 年のベースアップが決定され，4 月から 9 月までの増額分が，秋の「ボーナス」のように支給されたという．「保育士はやる気も増し，控え室から楽しい笑い声が響いていた，給与水準は大事である」とのことである[3]．その園長の談では，保育士の経済的な極端な冷遇状態は終わったといってもよいという．まだ学校教員などよりは低いが，人手不足の影響もあり，「保育労働」は平均年収 300 万を越えたあたりから生活保護基準を超えて 1 人の人間が現代社会で生活できる「労働」として確立しているといってよいと筆者も考える．もちろん公立保育所では更に平均賃金が高く，小規模法人では低いなどの差は見られる．

3．1990 年代に保育所でスタートした「地域に向けた子育て支援」

　さて，保育労働が，保育所内の子どもだけではなく，地域の子育て支援に目を向け始めたきっかけがある．それは地域の子どもと親を支援する保育所の「地域子育て支援」事業であり，センター型としてのちに定着していく制度の

萌芽として厚生労働省モデル事業として実施された．この背景には，公費を投入して設置してきた保育所の資源を，地域の人々へ開放し，だれでもが利用できるようにしようという国・行政側の意図があった．つまり，共働き家族と同様に子育てをしている家庭養育者（母親が主）を，保育所という資源を利用して支援できないかと考えたのである．1993 年，つどいの広場事業や地域子育て支援拠点政策よりも早い段階で，保育所の地域への開放を促そうとした．

　1990 年の 1.57 ショックもあり，牧野カツコ（2005 に集約されている）や大日向雅美（1995）らの研究成果を待つまでもなく，当時の政策は子育て当事者をサポートしようというよりも，少子化対策の色合いが強い．また，先進的な保育所側からの働きかけもあった．労働運動を生活面から支援していた賀川豊彦の流れを汲む社会福祉法人雲柱社などは「保育園は隣のご近所」（園長の新澤誠治氏）として存在するべきであるという，近隣コミュニティの拠り所の機能をもつべきであるというミッションをもっており，セツルメント共同体の流れを投影した「共同の子育て」を目指して行政にも働きかけていた．

　結婚しても，子どもをもっても，しんどい面のほうが強い，楽しくない，辛いことの多い「家族」なら，作ること（結婚も育児も）そのものを回避する未婚率の増加も進行していた．TFR（合計特殊出生率）低下そのものが若年層の子育て回避の直接の表現形ではない．人口学者の岩澤美帆（2002）が分析するように，TFR 下降には未婚率の上昇の寄与率が高く，マクロ動態としては約45％ が説明できる状況という．未婚率の増加は，若年層の経済的貧困化も要因であるが，バブル景気崩壊以降の経済不況に連鎖した未婚率の増加を主要因として，2006 年までは TFR は下がり続けていた．

　一方で，児童虐待数の増加に関する報道が増え，児童虐待が社会問題化した．〈家族の子育て機能不全〉を認識し，虐待死亡児数の最も高い 0-1 歳の「家族で子どもを育てている層」への対策を政策サイドも必要と考えたようである．

　出生率の低下と児童虐待数の上昇という背景もあって，前述のとおり，保育所を地域にひらいて地域の人々もそのリソースを活用できるようにする「保育所地域子育てモデル事業」を創設した．これは，カナダなど先進型地域子育て支援を日本型に応用したものであった．このモデル事業は，江東区の神愛保育園（社会福祉法人雲柱社）など全国の志ある事業者が運営するモデル保育所の

数箇所で実施された．1995 年より政府側はこのモデルを「地域子育て支援セ
ンター事業」として制度化した．取り組む保育所は少しづつ増加していったが
動きが鈍く，面として全国地域をカバーしきれなかった．この状況を，福川須
美（2001）は「地域に機能していなかった」と当時評価していた．毎年，研修
会や施策効果をみることが図られたが，保育所側としては「預かった子どもた
ちを責任もってみることに集中したい」という意図が強く，機能増加に付随す
る経費増を嫌い，結果的に全国的には広がってこなかった．

　家庭養育の養育者（母たち）は孤立し，逆に保育所に子どもを預けると養育
者がエンパワメントされるという現象は，「専業主婦のほうが育児不安が高い」
という多くの研究で実証された（牧野 2005 など）．保育所に子どもを通わせる
と，その親達は，専門家である保育士からのアドバイスなどももらえ，通わせ
るにつれ自助グループを形成することが多い 4．働く親の周囲では「保育所で
保育士さんによる日常生活へのサポートがありがたい」，「保育所はこんなに良
いところとは知らなかった」という声が大きい．

　しかし，保育所による地域子育て支援が機能していたら，以下でみていくよ
うな，草の根市民による「地域子育て支援活動」はあまり生成しなかったかも
しれない．

4.　当事者が地域で支援労働を形成する 3 類型

　1990 年代，少子化対策という方向で，政策が次々と打ち出されていくが，
山口一男（2013）の分析にあるとおり，出産・育児の女性の機会コストを社会
がまかないきれない状態が継続し，日本では未婚化を阻止できず，TFR は
2006 年まで低下を続け出生率上昇という効果に到達しなかった．

　第 1 章・第 9 章にもあるとおり，1990 年代後半には，1995 年から初の少子
化対策「エンゼルプラン」を受け，マスメディアを含め，子育てという領域そ
のものに注目も集まるようになり，当事者ニーズも表出されやすくなったと推
測される．なぜなら「大変なのは一時だけ」「育児は母ががんばらなくてはダ
メ」という風評のほうが強いと，不安や不満は表出できないからである．地域
での母子育児を楽しく過ごす「子連れおでかけマップ」製作や，雑誌作りなど

当事者発信の活動が盛んになり，情報流通が増加してくる．ワーカーズ・コレクティブの運動も地域から地方政治へと視点が広がった時期で機を同じくしている（第8章参照）．それまで全国的な妊娠・育児雑誌だけだった情報源がミニコミ誌，地域情報誌，サークル誌など多様に増加し，先に述べた虐待などの子育てについての言説も増加している．

　この時期に先陣を切っていった当事者グループはいくつもあるが，現在「子育てひろば全国連絡協議会」の中心を担っているメンバーのひとつ「NPO びーのびーの（神奈川県横浜市）」や，インターネットを駆使して子育て当事者と政府をリンクした「四つ葉プロジェクト」（故杉山千佳氏主宰）をあげることができる．厚生労働省がモデルとし，代表事例としてよく登場する「びーのびーの」よりも前から，子育て支援をしていたグループはいくつもあり，たとえば，横浜市青葉区のワーカーズ・コレクティブ「パレット」，埼玉県越谷市で現在 NPO 法人となっている「子育てサポーター・チャオ」などを挙げることができる[5]．当事者のニーズが噴出し，萌芽的当事者グループ・団体が全国にいくつも発生し，それをゆるく束ねる役割をもつ「ネットワーキング」が行われ，子育てひろばの事故に備える保険制度などを作り，全国ネットワークが形成された．

　この萌芽期の労働編成の形成過程にはいくつかのタイプがあるので，子育て支援労働の生成をみるために本章では3つに分類する．考え方としては隣接領域や他業種の制度的労働を援用したか否か，そして事業化すなわち労働価値創造をミッションとしたかどうか，である（表2-1）．

類型①　ボランティア活動発展型（以下①型とする）

　このタイプは，サークル活動など地域の小集団による，労働という視点がま

表 2-1　当事者が地域で支援労働を形成する 3 類型

	事業化・労働価値創造のミッション強い	事業化・労働価値創造のミッション弱い
隣接領域や他業種の制度的労働の援用あり	③社会的労働形成型	
制度的労働の援用なし	②子育て支援労働形成型	①ボランティア活動発展型

ったくないところからスタートしたものである．現在は事業化した NPO も，最初はここからスタートしているものがほとんどである．このタイプでは，コーディネートする人を含めて，集まる人みなが労働ではなくサークル活動（好きで集う・遊ぶ）である．典型的なパターンを 2 つ挙げよう．

　第一に，すでにある地域の小集団・繋がりグループを継続化あるいはネットワーク化するパターンである．たとえば，山形市の「子育てランドあ〜べ」や上越市の「マミーズネット」のような事例が該当する．この背景として，1990年代に，子育て当事者の小集団が全国に数多く出現した．サークル支援（支えあいやネットワーキング）を手始めに，地域にできては消えるサークルを継続的に地域に根付かせることや，サークル活動を推進することを目的として活動をはじめたのがこの事例のような活動である．なお，今回の子育て支援者調査では，このようなサークル活動やボランティア活動がベースになっているところは調査対象外とした．というのも，このタイプは地域子育て支援拠点の前身である「つどいの広場事業」を担ったものが極めて少ないからである．

　第二に，「つどいの広場事業」に至ったとしても，労働よりも居場所や活動場所であることが重視されるパターンである．たとえば，生活協同組合の「活動」領域でできた子育てひろばなどがこれに該当する．組合員活動とは，組合員の自主的な「くらしの課題解決」のための活動である．食の安全から始まり福祉・環境問題・平和維持などの広い活動領域を形成している．子育てひろばについては，例えば旧ちばコープ（現コープみらい）では，後述の千葉市事業とは別に，自主的に活動だけしたい組合員のために月に 1〜2 回開催の「子育てひろば」にも経済的・人材支援をしていた．ちばコープでは 2010 年では 13箇所で子育てひろばが開かれていた．場所は，組合員の活動室が使われた．生協の店舗設計は，一般的なスーパーと大きく異なり，各生協や各店舗に地域の組合員が集まって生活の課題について話したり，アクションを起こしたりできる「活動室」が必ずある．ここで，ボランティアスタッフが子育てひろばを開催していた[6]．

　サークル活動について考察してみると，寿命が短いという特徴から，全国には広がりにくく，また，継続した活動も多くはない．また，助成金があるケースは，そう多くないとは思われるが，生協や宗教団体，地方自治体のいくつか

はある．消費者組合員の場合，各地の生活協同組合では，地域活動を推進するために，サークル活動を支援しているところがたくさんあり，年間 2000 円（数人以上の 1 サークルあたり）の活動費または，商品援助などをサークルに配布している．それらは継続するものなのか，1 年で終わるものなのか，実態は多様であり，調査もされていない．各年のサークル数などが集計されている（報告書をサークルから生協へ出して活動費をもらうという方式のところが多い）が数だけである．各地の担当者の話を総合すると，生活課題を解決するという意図のサークルも増加し，2000 年代は子育てサークルも増加している．

　また，これは次の②型の逆転した現象になるが，事業も試みた結果として労働価値を創造したかったが創造しきれていない，いくつかの NPO やワーカーズコレクティブも含まれるであろう．労働価値を満たす賃金体系を確立するためには，自治体の制度フレーム（今後は市町村が制度フレームの設計主体）や経済的スキル・労働マネジメントが重要になってくる．

類型②　子育て支援労働形成型（以下②型とする）

　この類型は，サークルや有志の集まりであることがほとんどであるが，企業家精神が旺盛なリーダーのもとで「自らの活動の持続可能性には経済的な裏打ちが必要」であると認識し，当初から活動の有意義さを広めたいという意図がまずある．積極的にファンドレイジングに乗り出し，持続可能性を確保していく活動を確立していったグループや団体である．現在の子育てひろば全国協議会を形成した NPO や団体が該当する．ひとりの母親から，地域で働き地域に価値を還元できる集団になってきた人々である．本書の子育て支援者調査も，この人々のエンパワメントのあり方と集団形成過程に注目してきた．

　多くの事例があるが，たとえば新座市と連携して事業化を成功させ，ネットワークを広げていった「NPO 新座子育てネットワーク」の人々．多くの企業・生協や行政に働きかけ，連携し，かつオリジナル商品なども作成して売り込みながら発展した香川県坂出市の「NPO わははネット」の人々．おでかけマップの作成と販売で収益を得て，地域の拠点となるひろばを持続させていった「NPO びーのびーの（横浜市）」「amigo（世田谷区）」．福井県敦賀市の「NPO きらきらくらぶ」などが挙げられる．組織の継続と拡大とともに国での

制度化を目指すことをミッションとして明確にもち，労働編成としては，ボランティア活動から子育て支援労働を形成していった主たる人々が含まれる[7].

類型③　社会的労働形成型（以下③型とする）

　最後の類型は，経済ではサードセクターと呼ばれ，企業類型では営利的企業に対比される社会的企業に分類されるような，社会福祉法人，ワーカーズ・コレクティブ，生活協同組合などがあげられる．すでに他領域事業で法人格が形成されていた団体や事業者がその力量や資源を広げて子育て支援に参入し，労働化するパターンである．これらに公的機関（公設公営の子育て支援機関）を含めることもできる．また，2000 年の NPO 法制度制定以降は NPO が社会的企業に含まれてくる．すでに事業実績のある NPO などが新しいニーズを汲み取って子育てひろばや相談事業をはじめるパターンもある．2000 年代に入ってからの営利企業の保育所や子育て広場運営への参入も，このパターンの先陣となる．営利企業はサードセクターには分類されないが，営利企業の社会貢献部門として自由主義福祉レジームでは量的に拡大していく傾向がみられる．生活協同組合は完全にサードセクターではあるが，マネジメントを観察すると，社会貢献部門と同様に「福祉職」「地域限定職」という正規職員とは異なる（賃金が低めの）準正規職員とパートタイマーという制度を導入しているところがほとんどである．

　労働編成に注目すると，法人格が成立して長期経過しているところが参入する場合が多く，労働編成が明確で人事制度が確立しており，ボランティア要素はほとんどない．もちろん，子育て支援活動のボランティアや隣接領域のボランティアと連携したり受け入れしたりすることは見られるが，子育て支援のスタッフについては最初から「子育て支援」のための労働として，雇用契約があることが多く，パートタイマー雇用や，組織内の正規職員の配置・既にある雇用形態の援用によって子育て支援部門が確立された特色をもつ．

　代表事例としては保育所を経営する社会福祉法人の子育て支援への参入（先に説明したセンター型が数としては多い），福井県民生協，コープみらい（調査対象の旧ちばコープと旧さいたまコープを含む），大阪いずみ市民生協などがあげられる．93 年からの保育所モデル事業に参画していた社会福祉法人雲柱社など

は，それ以前から保育所の資源を地域にひらくことを実施しており，早くから子育て支援労働が存在していたと推測される．

　特に男性比率の高かった生活協同組合の労働編成において，子育て支援領域の確立は女性比率の増加に寄与した．既存の人事制度枠組みには収まらず，福井県民生協では「福祉職」というカテゴリーを創設して，地域限定の準正規職員を設けて施設長を配置した．これにより，常勤職員の女性比率が高齢者施設も含めて3割を突破するという全国初の生協界の快挙となっている．③型の労働領域では，はじめから最低時給をクリアすることが目され，労働としての子育て支援が成立していることがほとんどである．

5.　地域に広がる契機はインターネットのメール共有

　前節のように③型は，子育て支援労働と後から名付けることが可能な，保育労働や他事業労働からの領域移転である．だが，生成してきた子育て支援労働である②型はどのようであったのかを振り返ってみよう．2000年前後の初期子育て支援のグループは，①型も②型も判別できない．活動の機運はかなり高まっていたが，各地に似た人達がいるという実状であったようだ．1998年の，地域で活躍する人々が法人格をもつことができることを定めた特定活動非営利法人法（以降NPO法）制定も市民活動がこれから社会的に認知されるという，リーダー層にとっては待望の制度であったことも幸いしている．「びーのびーの」の初期メンバーは随所で「市民の手で作り出した子育てひろば・サロン」という表現をしている．当事者が子育てしやすい地域や地域環境を目指して，各地で集まっているという実感を各グループ達はもっていた．

　びーのびーのや四つ葉プロジェクトの活動拡張を可能にしたのはインターネットである．若年層には2000年にはいり，カメラ付き携帯電話やインターネットが爆発的に利用され始め，職場から家庭へと普及されてきていた．年齢が若いほど利用されており，パーソナルコンピューターが普及し始めていた．メーリングリストが即時のディスカッションを可能にし，若年層の市民活動が，地元の自治体職員を通さずに直接，厚生労働省少子化対策担当・地域担当者にニーズを届けたのである．

　四つ葉プロジェクトのリーダーの杉山千佳氏は政府を巻き込むことを目論んでおり，当時の少子化対策室長などが直接この四つ葉メーリングリストで各地のサークルや団体のリーダーと繋がっていた（筆者は福川須美氏に勧められて参加，日本生協連担当なども参加し 400 人ほどになっていた）．厚生労働省の担当官は実際にびーのびーのの活動を視察したり，各地に出向いて実態を知るきっかけになっている．2004 年には少子化担当大臣が福井県の NPO きらきらきっずを訪問するなど，地域の子育て支援は認知度をあげていった．当時の NPO びーのびーのは，まったくのボランティア活動から「子育て支援情報誌・マップ」を発売して資金を得てさらに活動を継続するという起業的な動きをしており，活動から労働を形成する途上にあったといえよう．世田谷区の amigo（アミーゴ）などもマップ作りや，親子で居場所にできるひろばの普及につとめていた．

　また，行政マンだけではなく，研究者も地域の親ネットワークを支援した．四つ葉のメーリングリストに入っていた研究者も多く，他の研究会や地域活動に関わっていた研究者もいる．たとえば 1990 年代からカナダの子育て支援を研究してきた福川須美（2001）は，日本の子育てを海外からみると「母親責任が重く楽しめない」状況で，子育てが完全に私事化している現状は歪んでおり「子どもが個人としての自立と社会の一員としての自覚のある存在に成長するまでにどれだけの人々が関わるであろうか」と問う．そして，子どもひとり育てるには「村じゅうの人が必要である」というアフリカのことわざを引用して福川は日本の子育て状況を解説する．同時にヒラリー・クリントンがそのことわざのタイトルで本を著したことを紹介している．港区で「あい・ぽーとステーション」という複合型の支援施設を開設して NPO 理事長の大日向雅美（恵泉女子大教授），びーのびーのの支援をしている大豆生田啓友（玉川大学教授），関西の NPO を支援する原田正文や山縣文治，香川県で元 NPO 理事長の渡辺顕一郎など，保育学，心理学，社会福祉学，社会学，教育学からの支援が当事者の運営にかなりの影響を与えていると考えられる．これら研究者は子育てひろばの効果を実証しながら情報を発信し，当事者も良き先端的事例を求めて，全国に経験交流を広げていっている．

　たとえば，NPO びーのびーの代表の奥山氏は，1992 年に開設して地域で絶

大な人気のあった武蔵野市の 0123 吉祥寺を事前に見学に行っている．この施設は「幼稚園や保育園に通っていない 0 歳から 3 歳までの子どもたちとその親にとっての過ごし場所・遊び場所・学び場所が必要と考えて」（森下久美子 2001），市によって開設された，当初より当事者人気が絶大であった有名な子育て支援施設である．

　福川（2005）によると，カナダでは 1990 年にはすでに専門領域を統合した子育て支援機関が機能していた．「子育ての主役は親であり，親をエンパワーするのが支援であり，専門家が一方的に指導したり，教えたり，肩代わりしたりするのではなく，寄り添い，情報を提供し，親自身が問題解決するのを援助する」機関として，オンタリオ州全域に設置されたファミリーリソースセンター（親が利用できる社会資源を集めたところ，フードバンク倉庫なども併設）を挙げている．2004 年の筆者らによるカナダ子育て支援リサーチ（福川 2005 など）で，すでに子育て支援労働は，公務員スタッフ（地域業務）の労働，または，受託組織（NPO や任意団体）の労働となっており，時給 9 カナダドル（約 800 円）で，日本の非正規公務員の時給とほぼ同じ，生活可能賃金には程遠いものではあったが，時給で支払われる労働として確立していた．

　日本では，ボランティアや自主的ファンドレイジングで，持続可能性を図ろうという時期が続き，ようやく厚生労働省がこども未来財団の基金から拠出して「全国子育てひろば実践交流セミナー」初回を 2002 年に開催した[8]．現在中間支援組織として全国の子育てひろばを繋いでいる「子育てひろば全国連絡協議会」のベースとなった運営組織に明示的に支援をしている．

6.　萌芽期の労働形成と労働編成

　4 節で挙げた萌芽期の 3 類型のなかで，もっとも明確な人事労務体系をもつのが，前述のとおり③型である．これは公的機関，保育所や福祉施設や，消費者のための宅配やスーパーマーケットを経営している消費生活協同組合法人が，その法人の人事労務体系を援用して，子育て支援労働をブランチとして作っていったからである．

　ブランチとしての子育て支援施設であるため，最初から雇用関係で労働編成

され，最低時給以上は保障されるはずであり，今回の支援者調査では，生活協同組合や，電鉄系営利企業，社会福祉法人などが含まれ，時給は NPO 法人よりも高い．子育て支援者は被雇用者であり，ミッションに熱く当事者性の強い現在の NPO のリーダー層の人々や，第 8 章にみられるような労働者でもあり経営者でもあるワーカーズ・コレクティブの人々とは異なる目的で労働参入している．よって，今回調査の福井県民生協の支援者調査結果では，経済的なエンパワメントにも関心が高い[9]．パート労働研究では，パート労働者の注目点は第一に「時給」であり，かつ通勤距離や時間となっている（本田 2007）．もちろん労働内容（やりがい）・仲間のようす・人間関係状態も定着には高い効果をもつ（佐藤 2017）．

　次に，当事者主体で草の根から発生している②型について，労働編成をみてみたい．この領域は子育て支援というケア労働以前に介護保険制度以前の介護労働発生の時期において多数の研究蓄積がある．ケア領域での市民活動は古くからあるが，地域にニーズがあればボランティア活動ではなく，有償労働になっていくことが分っている．

　たとえば，生協組合員がボランティア活動からスタートして，有償ボランティア制度（たすけあいの会という名称のところが 9 割以上）を創設し，さらに NPO 法人化するという事例がいくつもあり，典型的に発展したのが静岡県の「夢コープ」という NPO である．最初は組合員どうしの助け合い活動で家事援助（子育て世代を含む）相互扶助組織を形成していたが，ワーカーズ設立運動が波及して，独立した組織になった．この人々はワーカーズ・コレクティブではなく，仕事起こしを目指す「ワーカーズ」を名乗っている．当初は時給 700 円（本人 500 円，管理費 200 円）という有償ボランティアで，このような相互扶助組織は，社会福祉協議会などの設立した有償ボランティア制度組織とともに，介護保険制定以前に 1990 年代に全国に普及していた．さらに夢コープでは介護保険制度の設立とともに NPO 法人化して，200 人以上の労働編成となり，常勤職員が各事業所に数名，あとは時間給での非定型パート職員 9 割から形成されている．県内を 8 地区に分け，静岡県すべてを網羅すべく事務所を設け，介護保険の認定事業者となって，2013 年時点で子育て支援拠点も島田市で受託するなど，介護のみではなく地域ケア全般に熱心である．

　自発活動が開始されるときの活動（何か手伝うこと）を贈与・交換とみるか，自己搾取とみるかは古くから議論されているところであるが（Mauss, M 1925＝2009），進んで活動しミッションをもっているならば労働の贈与であり，時間指定などをされて規則・規範のなかで労働するなら自己搾取である．半ペイドワークと朴姫淑（2009）が名付けている有償ボランティアは，多くは制度化とともに介護労働市場へ流出した．介護費用として出現した領域は 2018 年の国の予算 90 兆円の 30％ にあたり，保険料も加えると膨大な規模の介護労働市場が形成されつつある．ほとんどが介護労働以前は家族内の（主に女性の）支払われない労働または地域での半ペイドワークであったものである．ひるがえってみると，子育て支援労働と保育を合わせると，子どものためのケア労働，すなわち子育て支援労働として今後膨大な労働領域が形成されると予測できる．

7.　萌芽期の子育て支援労働は半ペイドワーク（③型の拡大と②型比重の縮小）

　本書のベースとなる子育て支援者調査では，最低時給を満たしていない「半ペイドワーク（定義はあいまいであるが，労働とボランティア活動がミックスしている状況を指している）が多様にみられた．

　今回の支援者調査からみえる子育て支援労働の形成の特色は何であろうか．時給で分析してしまうと質をみられないが，尺度としてシンプルである．

　②型の場合，まだ，2013 年の調査時は，厚生労働省の「つどいの広場事業」の時代なので，③型とはかなり差がみられる．すでにみたように，パート労働以上の時給を保障された労働が，法人参入の場合は保証されているということである．②型だけをもって「子育て支援労働の確立」とはまだ呼べない．萌芽期は，子育てひろばの数も少なく，制度化も自治体によってバラつきが大きいからである．ボランティア活動をベースにしているところも多かった．

　しかし，地域子育て支援拠点全体をみると，話が異なってくる．なぜなら，2017 年にもなると，かつて 20％（2004〜2006 年，つどいの広場事業個所数ベース）を占めていた NPO 法人の構成比が半減し 10％ となったからである．母数の極端な増加によって，市民発の NPO 比率が縮小した．すなわち現代では，③型（特に公設と社会福祉法人）が主流であり，保育所のセンター事業，公的セ

表 2-2　②型と③型の時給比較

	平均値	最低値	最高値
②型	600 円	0 円 （ボランティア）	2000 円
③型	850 円	780 円	4000 円 （他部門兼任）

注：データ使用団体の②型は NPO，③型は社会福祉法人・生活協同組合・株式会社．すべて概数．

クターから開設された拠点やひろばが 7 割以上をしめるからである．ということは，半数以上が生活可能賃金ではないにせよペイドワークとして子育て支援労働を確立していることが推測される（一部ボランティアを導入し，無償労働をあてにしている自治体もある）．

　この③型の参入点から考えると，2002 年モデル事業開始で 2006 年まで続いた「つどいの広場事業」を大きく展開させて，全国 6000 カ所に広場を広げると厚生労働省が計画案を出した 2007 年「地域子育て支援拠点事業」が創設された時期が，全国規模では「地域子育て支援労働」の確立時期といえるだろう．この時，本章 2 節でみた，保育所の地域子育て支援センター事業，そして，児童館の子育て支援（ひろばや一時保育など）が統合され，地域子育て支援拠点に位置づけられたのである．そして，翌年 2008 年には，この拠点事業が第二種社会福祉事業となり，法的根拠をもつ公的事業に組み入れられた．十分ではないが，今後展開される可能性が高い地域包括子育てケアシステム（埼玉県和光市で実験実施中）や「ネウボラ（伴走型長期支援）」など，地域で子育てを見守る機運の制度化が第二段階として成立したのである．

　現在，拠点事業は公的セクターや社会福祉法人がこの領域に大量に参入し，拠点を担っている．子育て支援に従事する労働人口も一気に増加し，全国での子育て支援従事者は 1 拠点 10 人（非正規も含め）としても 6 万人になったと推計できるのである．

　この③型が優位な情勢のなか，②型のネットワークに尽力している自治体もある．驚異的ではあるが，横浜市は 18 区全部に②型の拠点を設置し，さらにひろば・サテライトなども加えている．NPO 法人子育てネットワークゆめの代表の話では，最低時給賃金は支払えるよう横浜市と交渉をしたとのことで，

こういった NPO と雇用契約のある支援者たちも「子育て支援労働」を確立したといえるのではないか．市政が子育て支援領域に熱心で，「拠点事業を受託できる NPO」すなわち，組織として成熟してきている団体があれば，②型の拠点が市の単なる下請けではなく存続できるという，横浜市民のパワーの大きさが読み取れる．このような，市と拠点ネットワークの取り組みは全国自治体をリードしており，半ペイドワーク（管理業務や移動時間など合算で）の人も多いとは考えられるが，活動の新規性や熱量は大きい．②型で拠点を形成しているという実態は，プロセス全体が「市民発」の子育て支援の制度化，ということのできる根幹であると考えられる．

　介護保険制度においても，市民の相互扶助組織があったが，子育て支援においても制度化以前は独自ファンドレイジングの努力があり，活動者自ら起業家精神で活動費を捻出していた．名古屋市の NPO まめっこの代表の M 氏は夫と交渉しながら，スタッフの時給を確保するために自己資金を持ち出している（筆者 2010 年のインタビュー調査による）．

　厚生労働省は，子育てひろば・サロンという居場所作りについて，当時の形成段階であった，相互扶助の半ボランティア半ペイドワーク状況を有効に活用し，かつバックアップしていこうとして，一つのひろばについて年間 500 万円以内の補助（2003 年当初，国と自治体が半分ずつ捻出する制度設計で構築された）を投下し始めたと考えられる．多くのひろば活動者・パート労働者と同様に，地域でリソース作りに専念する人々を育成しようという試みであったとのではないか，と到底専門性を育成するための費用とは考えられない金額，かつパートタイマーの上限年収 103 万円で 3〜5 人の費用を賄うという点から推測できる．しかし，労働ではなくても，ひろばを運営する人材を育成できた地域（自治体）と，既存の保育所や児童館などの当事者性からやや遠い，効果測定もされていない組織任せの地域では，今後恐らく，ニーズの実現に向けた施策にも差がでてくる可能性が考えられる．

8.　子育て支援労働の価値水準を引き上げる要因・引き下げる要因

1)　引き下げ要因①：ボランティア活動とのミックス

　労働は広い概念であるが，支払われるか支払われないかをみるには，現代は貨幣による価値測定が主流である．最低時給の概念は雇用労働を保護・保障するという点で，大変分かりやすい尺度であり，本章でも労働価値の成立基準として用いた．しかし，地域の相互扶助システムは，雇用労働の原理とは異なる「互酬性」があり，支払われるものは貨幣ではなく等化の労働であったり，時間をかなり置いた労働であったり，感謝であったりする．地域通貨や時間預託制度はそのシステムを明示化して使いやすく，また互酬性を確保するために発明され，多くの地域で実験されてきている．

　4節でみたように，子育て支援労働の生成者の人々は，ボランティア活動から新しい労働領域をつくった．今後も新しいニーズに対応する労働は，当事者が生成者となり生み出していく可能性が高い．近年では，子ども食堂，学習支援などを手掛ける「子どもの貧困」救済ニーズを具体化するNPOが多く形成され始めている．これを考えると，制度として固定化された労働の周辺（中心は専門性が高くなるであろうから）には新しいボランティアが登場する仕組みももっていたほうがニーズの具体化が当事者性による本当の課題解決に繋がりやすいのではないか．しかし同時に，ボランティア参加ニーズが高く人がたくさん参加すれば，労働側にとっては労働価値を下げる要因になることが多い．なぜならボランティアは貨幣価値では非常に低く計算され平均値を下げるからである．

2)　引き下げ要因②：公的セクターの統制

　支援制度が整い，公的なセクター領域が拡大してくると，自治体内の支援施設や他ひろば（サードセクターによる）を統制するというふるまいが現れたり，支援内容が固定化・形骸化して動かなくなるという声も現場から聞かれる．たとえば，H市のサードセクターの子育てひろばの施設長によれば，2018年春

に制度新設の「利用者支援事業」を公的セクター（市の設立した子育て支援センターなど）が独占して，地域子育て支援拠点には利用者支援事業を任せないということが起きている．公的セクターと互角に戦う知力と戦略が，市民セクターには必要になってくる．横浜市以外の多くの自治体で，多数派となったのはセンター型や児童館型で運営主体が自治体であるからだ．

　若年層が貧困層への転落を危惧して夫婦共働きを選択していることや，男女平等政策が少しずつ浸透していることも影響して，平等家族モデルが次第に体現されてきている．保育所の入所率が 1，2 歳児の 9 割以上（北欧諸国並み）となる社会変革，福祉レジームの大変動もそう遠くないのではないか．その時に地域子育て支援は先細りせずに地域のなかでニーズを具体化できるよう，活動主体がニーズにそった活動を組み立てる力を蓄える方向で考えていく必要があると考える．

3）　引き上げる要因：ニーズを満たす支援

　子育て支援者が労働価値・価値水準を高めることに寄与できるのは，支援者の支援の質を高めることに他ならないであろう．現代的な状況では，子どもの幼少期の発達過程が家族に囲いこまれて見えにくかったが，子育て支援者や保育所の保育者などと接する時間が増加すると家族外からそれが見えるようになり，家族内の虐待はもちろん，親の軽い放置や，早い段階での子どもの発達障がいの発見などが可能になる．代弁者のいない幼少の子どもにとって，ニーズの多い状況は周囲が把握して最善を尽くせる発達保障をすることが重要であり，支援の質は常に問われ続ける．子どもたちの発達保障は，支援者の労働価値も上がる要因となる．「あったらいいな」で生成した子育て支援が「あってよかった」と当事者や人々から評価をされる，というサイクルが形成されて，この新しい領域の労働価値が高まるということになるだろう．

注
1　行政用語では標準世帯と定義されて団塊世代を中心に世帯ベースで 7 割（1970 年1975 年国勢調査）が形成した，夫婦と子どもからなる家族．家族社会学・歴史社会学的には「近代家族」という近代社会の形成に伴う世界的な現象として概念化されている．

2　小針誠（2011）は新聞に登場する「教育ママ」という語を 10 年次で集計・分析し
ているが，70 年代は他年次より抜きん出て多く使われ，この語と教育熱心な母親
の振る舞いが定着していくことを論証している．

3　東京都福祉施設第三者評価システムの評価者フォローアップ専門セミナーでの事
例報告より 2018 年 5 月末採集（筆者は評価者登録をしている）．東京都は若年層の
人口流入が止まらず，待機児童が全国でもっとも多い．保育士確保のために，住宅
手当・住宅支給をしており，市部から人気のある都心（例えば渋谷区）へ保育士が
流れる現象も続いているとのこと．

4　現代では父母会をつくることを規制した自治体も出現し（東京都 S 区など）相互
扶助組織への参画は低調である．

5　パレットと子育てサポーター・チャオは本書の子育て支援労働調査に協力いただ
いた団体でもある．

6　ちなみに，旧ちばコープでは行政からの受託によるつどいの広場も 6 箇所（2010
年で 3 市）で実施しており，スタッフは賃金が支給されてひろばを週 4–5 日運営し
ている．生協内で，自主的な活動型の「ひろば」と，行政受託の「ひろば」の両方
を実施しているのは大変興味深い．

7　しかし，制度確立は 2015 年の子ども・子育て支援新制度までかなりの時間を要し
た．これは，社会運動の視点からみると「デモや集会」などの明示的な行動をとる
時間がない（子育て中の親に時間はない）ことから，地域発の草の根の活動の積み
重ねを実践していくという地道なプロセスをとらざるを得なかったからではないか．
また，声を上げても政治家や官僚との関わりの少なかった一般市民であったことも
関連するのではないだろうか．

8　2015 年に解散し，公的事業は他の団体に移管している．

9　本調査では他組織と比べて 5 ポイント以上の有意差がある．

参考文献

Esping-Andersen, G., 1990, *The Three Worlds of Welfare Capitalism*, Princeton
University Press.＝（2001）岡沢憲芙・宮本太郎監訳『福祉資本主義の三つの世界
――比較福祉国家の理論と動態』ミネルヴァ書房．

福川須美（2001）「子育て支援を考える」『生活協同組合研究』310: 5–11．

福川須美（2003）「カナダの子育て家庭支援――ファミリー・リソース・プログラム
協会の動向から」『生活協同組合研究』328: 5–11．

福川須美・近本聡子ほか（2005）『非営利・協同組合ネットワークの子育て支援のあ
り方に関する国際比較』科学研究費報告書．

本田一成（2007）『チェーンストアのパートタイマー』白桃書房．

小針誠（2011）「高度経済成長期における家族と家族のおこなう教育――大衆社会に
おける家族の格差と子どもの教育の不平等」『同志社女子大学学術研究年報』62:
71–81．

岩澤美帆（2013）「近年の期間 TFR 変動における結婚行動および夫婦の出生行動の
変化の寄与」『人口問題研究』58（3）: 15–44．

牧野カツコ（2005）『子育てに不安を感じる親たちへ――少子化家族のなかの育児不

安』ミネルヴァ書房.

Mauss, M. 1925, *Essai sur le don: forme et raison de l'échange dans les sociétés archaïques*＝（2009）吉田禎吾・江川純一郎訳『贈与論』筑摩書房.

森下久美子（2001）「のびのび，わくわく．親と子の楽しいひろば──「武蔵野市立0123　はらっぱ」」『生活協同組合研究』310: 24-28.

丹羽洋子（2004）「親が「親」になっていく初期の状況を探る──出産前後の生活と父母の親意識」『生協総研レポート』43: 4-13.

大日向雅美（2000）『母性愛神話の罠』日本評論社.

朴姫淑（2009）「ワーカーズ・コレクティブの持続可能性」『まちと暮らし研究』6: 20-25.

佐藤博樹（2017）『ダイバーシティ経営と人材活用──多様な働き方を支援する企業の取り組み』東京大学出版会.

上野千鶴子（2011）『ケアの社会学──当事者主権の福祉社会へ』太田出版.

山口一男（2004）「少子化の決定要因と対策について──夫の役割，職場の役割，政府の役割，社会の役割」（https://core.ac.uk/download/pdf/6358500.pdf）（最終閲覧日：2019 年 12 月 30 日）.

第3章　子育て支援の専門性を問う
——ケア労働の分業化と再編の中で

井上清美

1. 「子育て支援労働」と「保育労働」の境界線

　地域子育て支援が制度化され，その活動や業務が拡大するにつれて，保育労働との境界線が曖昧なものになりつつある．保育はケアと教育の双方を含む用語であり，日本保育学会も早くから「保育」の訳語に early childhood care and education をあててきた．現在では保育士および幼稚園教諭のことを「保育者」と呼ぶのが一般的であり，本章では保育労働を保育士および幼稚園教諭の従事する労働の全てを含むものとしてとらえている．

　保育労働とは，狭義の意味では子どもに対する直接的なケアの提供であり，広義には保育者の従事する労働全般が含まれる．榎沢良彦が指摘するように，「保育は乳幼児の存在の仕方に即し，子どもという存在を要素に還元することなく全体的に育てようとする教育のあり方であり，かつ子どもと保育者の関係のあり方までも含んだ概念」である（榎沢 2016）．「子どもと保育者の関係」に加えて，近年では「家庭や地域との関係」の重要性が増している．次節で詳しく述べるように，従来「保育に欠ける子ども」を対象としてきた保育所は，少子化対策の流れの中で，「すべての子どもとその保護者」を包摂するようになり，地域の子育て支援は保育士の重要な責務であるという認識が浸透した（井上 2015）．

　一方，「子育て支援労働」における「保育」に注目すると，1990年代は講座を実施する際の託児や派遣型保育サービスの提供にとどまっていたが，現在では保育所の運営に参入する団体も見られるようになった．小規模な託児所に加

え，認可保育所と同等の基準を満たす保育所を運営する事例も増えている．また，本書がもとづく調査で明らかになったように，子育て支援活動にたずさわる人々の中で，保育士資格を有する割合は約半数を占める．残る半数のうち，保育士資格を「取得したい」と回答した人の割合は約 3 割を占め，両方を合わせると子育て支援者の約 8 割は保育士資格を持つ，あるいは持ちたいという意向を持っている．

　このように，境界線が曖昧になりつつある「保育労働」と「子育て支援労働」であるが，いずれも「子どもとその親」を対象とするケア労働であるということに異存はないだろう．仁平典宏が指摘するように，近年，ケア労働の内部では労働の質によって分業化が進んでいる．再生産労働が有償化・制度化されていく中で，内部に境界が形成され，処遇の差異や，ジェンダーやセクター間の分業が複雑に絡んでいく（仁平 2011）．

　こうした状況は，これまで介護労働の分野で研究が進められてきた．例えば，関係的ケアと非関係的労働を区別し，前者が専門性をもった労働として重視される一方で，関係性から排除された後者は周辺化されていくことを明らかにした研究（山根 2011），肉体的・作業的な労働とコミュニケーション労働を区別し，後者の質と密度について理解・評価する必要があると指摘した研究（井口 2011），身体介護サービスと生活援助サービスの区別に焦点をあて，前者が後者よりも高い価値をもつ労働とみなされ，政策と絡み合いながら階層性を生み出していることを明らかにした研究（山下 2011）などがある．

　これらの研究は，ケア労働内部の階層性は構築されたものであること，そこには少なからず政策が関与していることを示している．子育てというケアが家族から外部化され，ケア労働として再編されていく中で，子育て支援労働はどのように位置づけられていくのだろうか．以下では，子育て支援労働と保育労働の専門性に着目することで，その方向性を考えていきたい．

2. 保育労働における「子育て支援」

1)　保育労働の専門性

　「保育士」という専門職が確立されていく過程は，①戦前の「愛と奉仕」の聖職論期　②1970 年頃までの専門職化期前期　③1990 年頃までの専門職化期後期　④現在までの市場化期，の 4 つの時期に分けて整理されている（垣内他2015）．中でも，2001 年の児童福祉法改正は，それまで「児童福祉施設において児童の保育に従事する者」とあったものを，「保育士の名称を用いて，専門的知識および技術をもって，児童の保育および児童の保護者に対する保育に関する指導を行う」とし，名称独占とそのための専門性を有していることを明示したという点で，保育士が専門職として位置づけられる大きな契機となった（民秋　2008）．

　現在，保育士の専門性は次のように定義されている．「保育士は，児童福祉法第 18 条の 4 の規定をふまえ，保育所の役割及び機能が適切に発揮されるように，倫理観に裏づけられた専門的知識，技術及び判断を持って，子どもを保育するとともに，子どもの保護者に対する保育に関する指導を行うもの」（保育所保育指針の総則より）．

　さらに，この内容を具体的に説明した解説書では以下の 6 項目の知識及び技術が必要と述べられている．すなわち，①これからの社会に求められる資質をふまえながら，乳幼児期の子どもの発達に関する専門的知識をもとに子どもの育ちを見通し，一人ひとりの子どもの発達を援助する知識及び技術，②子どもの発達過程や意欲をふまえ，子ども自らが生活していく力を細やかに助ける生活援助の知識及び技術，③保育所内外の空間や様々な設備，遊具，素材等の物的環境，自然環境や人的環境を生かし，保育の環境を構成していく知識及び技術，④子どもの経験や興味・関心に応じて，様々な遊びを豊かに展開していくための知識及び技術，⑤子ども同士の関わりや子どもと保護者の関わりなどを見守り，その気持ちに寄り添いながら適宜必要な援助をしていく関係構築の知識及び技術，⑥保護者等への相談・助言に関する知識及び技術，の 6 点である

（厚生労働省 2018）．改めて確認すると，保育士の専門性とは第一義的に，子どもの発達を促し，子ども自身の生活を支える環境や関係を形成するための知識や技術であることがわかる．

　保育者の専門性については，2001 年に『保育学研究』において「保育者の専門性と保育者養成」の特集が組まれ，2006 年には全国保育士養成協議会による「保育士養成システムのパラダイム転換——新たな専門職像の視点から」が発表された．また，2000 年頃からはショーン（Shon, D. A.）の提唱した「反省的実践家」像が保育者の専門性をめぐる議論に影響を与え，自己評価の重要性を認識させる契機となった（Shon 1983＝2001）．

　近年では，諏訪きぬを中心としたグループが，保育者の専門性を「感情労働」としてとらえるアプローチを展開し，従来，「天職論」や「母性論」で語られがちであった保育者の専門性をジェンダー公正の視点から再検討し，労働における不公正やそれに対処するための視点を提供している（諏訪 2011）．

2）　保育労働における「子育て支援」

　では，保育労働に「子育て支援」が含まれるようになったのはいつ頃のことなのだろうか．橋本真紀は，保育において子育て支援の必要性が意識され，かつ制度に位置づけられるようになったのは 1980 年代後半のことである[1]と指摘している．1987 年に「保育所機能強化推進費」として家族支援のための予算措置が始まり，1989 年には「保育所地域活動事業」が創設された（橋本 2016）．1990 年代に入ると，深刻化する少子化を背景に，子育て支援の役割が積極的に求められるようになり，1997 年の児童福祉法改正では，地域住民に対しても乳幼児の保育に関する情報提供，相談・助言を行うことが努力義務とされた．続く 2001 年の改正では，保育士の業務に「児童の保護者に対する保育に関する指導」が規定された．

　保育所保育指針においても「直接的な子どもの保育だけでなく，家庭や地域の子育て家庭を支援していく役割を担う」ことが明記されるようになった[2]．橋本（2016）によれば，1965 年制定時の保育所保育指針では，家庭と保育所の関係は「家庭との関係」という項目に集約的に記され，家庭と保育所は相互の理解を深めながらそれぞれの役割を果たすことを原則とし，「保育を効果ある

ものとするよう努める」と記載され，家庭に課題がある場合は保育所が温かい配慮を特別に行うとされていた．1990 年の改定では，「家庭や地域社会と連携を密にして，家庭養育の補完を行う」ことが，保育の基本（第 1 章総則）に明記された．と同時に，「保護者が子どもの状態を理解できるようにする」や「保護者を指導する」など，保育所による家庭への指導的観点がとらえられるようになる．

　2000 年の改定では，家庭支援に関連する内容が増加し，保育所は家庭養育の補完を行うとしつつも，「虐待などへの対応」「障害のある子どもの保育」や「特別な配慮を必要とする子どもと保護者への対応」が記述され，新たに章（第 13 章）を設けて「地域における子育て支援」の項目が付け加えられた．続く 2009 年の改定では，「保護者に対する支援」の章（第 6 章）が創設され，地域子育て支援に関する方法が具体的に示された．2018 年に告示された改定版では第 4 章に「子育て支援」が設けられ，保育所保育の専門性を生かした子育て支援を積極的に行うよう明記されている[3]．

　このような変化にともない，保育士養成課程も改正され，2002 年度には「家族援助論」が新設された．2009 年には「家族援助論」は「家庭支援論」に名称が変更され，同時に「社会福祉援助技術」を分割した上で，「保育相談支援」が新設され，名称変更した「相談援助」と合わせて，保護者や地域の子育て家庭からの相談に応じる体制が整えられていった[4]．

　以上のことから，保育領域における子育て支援が制度化されていく初期には「保育所に通う子どもの保護者」を対象に，その連携や指導を行うものであったが，それが少子化対策と並行して，「特別なニーズを有する家庭」への支援，さらには「地域におけるすべての家庭」への支援と，対象が拡大されていったことがわかる．

3.　子育て支援の専門性をめぐる議論

1)　資格化の歴史

　他方，地域子育て支援活動は 1990 年代から全国に広まっていき，その広が

りとともに「支援者として活動するために何らかの資格が必要である」という
ニーズが高まり，資格化が試みられてきた．それらの最も初期のものに，2005
年に NPO 法人あい・ぽーとステーションが港区で始めた「子育て・家族支援
者」養成講座がある．港区に加え，千代田区，浦安市，高浜市でも開設され，
1500 人余りに資格が付与されてきた．講座の期間は 3 カ月で 30 コマを受講す
れば資格を取得することができる．2016 年度からは，後述する国の「子育て
支援員」研修に吸収されることとなった．

　近年，子育て支援の資格化を強力に推進してきたのは，NPO 法人子育てひ
ろば全国連絡協議会（ひろば全協）である．2010 年にファシリテーター養成講
座を開設し，基礎研修，応用研修へと発展させ，2013 年には子育て支援コー
ディネーターの調査研究を実施した上で，2014 年に資格化に至った．またひ
ろば全協では，2015 年から「地域子育て支援士（一種・二種）」の資格と養成
講座を開設している．地域子育て支援士（二種）の受講者は 1,979 名となって
いる（2016 年度「ひろば全協」事業報告書より）．

　これらの資格以外にも，主としてファミリー・サポート事業で子どもをあず
かる提供会員向けに，子育て支援の講座が実施され，地域独自の名称や養成講
座が開設されてきた（井上 2013）．

　名称や養成システムも様々であった「子育て支援資格」を国レベルで統括し
たものが，2015 年に厚生労働省が創設した「子育て支援員研修事業」である．
この事業は，「子ども・子育て支援法に基づく給付または事業として実施され
る小規模保育，家庭的保育，ファミリー・サポート・センター，一時あずかり，
放課後児童クラブ，地域子育て支援拠点等の事業や，家庭的な養育環境が必要
とされる社会的養護に必要な人材を確保することにあり，全国共通の（強調は
筆者）子育て支援員研修を提供する」というものである．

　研修は基本研修と専門研修にわかれ，保育士や社会福祉士，幼稚園教諭など
子どもにかかわる資格を持っている者は基本研修が免除される．専門研修は地
域保育コース，地域子育て支援コース，放課後児童コース，社会的養護コース
にわかれ，地域子育て支援コースについては利用者支援事業基本型，利用者支
援事業特定型，地域子育て支援拠点事業の分類が設けられた（『子育て支援員研
修事業実施要綱』より）[5]．

2)　専門性の内容・求められる技術

　では，以上の資格化の流れの中で，子育て支援労働の専門性はどのようにとらえられてきたのだろうか．あい・ポートステーションの「子育て・家族支援者」養成講座では座学と見学実習があり，その内容は「子どもの発達，国や自治体の最新の子育て支援施策についての最新動向，保護者支援・家族支援，保育原理・教育原理，保育の実際（子どものあそび），子どもの怪我・病気と応急手当，子どもの虐待，発達障害」となっている．この項目を見る限りでは，保育士の養成課程に準ずるものであることがうかがえる．

　次に，ひろば全協の地域子育て支援士（一種）の要件を確認すると，「週 3 日，1 日 3 時間以上開設の地域子育て支援拠点等で概ね 3 年または通算 1,300 時間の実務経験」があり，かつ「保育士，社会福祉士，看護師，助産師，保健師，精神保健福祉士，臨床心理士，地域子育て支援（二種）認定者，ひろば全協（応用研修）修了者，地域子育て支援拠点の所長として 3 年以上の経験者」である．地域子育て支援二種の講義内容は「家庭支援の視点」「地域子育て支援拠点の機能と役割」「子どもの発達と環境づくり」「支援の基本原則とマネジメント」となっており，保育士養成のカリキュラムと重複する部分もあるものの，より地域子育て支援の実践で培われてきた専門性が想定されている．

　そして，2015 年に創設された「子育て支援員」は，基本研修 8 時間の内容が，「子ども家庭福祉」や「子どもの発達」「保育の原理」など，保育士の養成課程に準じたものとなっている．それに加えて，専門研修の「地域子育て支援コース」には，「利用者支援事業基本型」「利用者支援事業特定型」「地域子育て支援拠点事業型」のそれぞれに科目が配置されており，利用者支援事業基本型では，地域資源の把握，利用者支援事業の概要，利用者支援専門員に求められる基本的姿勢と倫理，記録の取り扱い，事例分析（ジェノグラムとエコマップを活用したアセスメント，社会資源の活用とコーディネーション）などの講義・演習を受けることになっている．資格取得の要件を見る限りでは，保育士の専門性を土台とし，地域子育て支援の実践で培われてきた専門性を付け加えるものであるといえよう[6]．

4.　子育て支援者としてのアイデンティティ

　ここからは，支援者を対象に実施したインタビュー調査をもとに，支援者の資格や免許をめぐる意識，子育て支援の専門性がどのように意味づけられているかを見ていきたい．

　支援者の語りは某ワーカーズを対象としたインタビュー調査から得られたものである．調査は 2010 年 9 月および 2011 年 3 月に実施，追跡調査を 2017 年 6 月に実施した[7]．インタビューの対象者はこのワーカーズで子育て支援に従事する 17 名である．

1)　「親に寄り添うこと」へのこだわり

　「子育て支援労働」には直接的な親子への支援ワーク以外に，事務や経理などの管理運営ワークなどが含まれ，複雑に組織化されている．さらに，その働き方は流動的で，一つの業務に専念する場合もあれば，いくつかの業務をかけ持ちしていることも多い．

　とはいえ，支援者の語りからは「子育て支援労働」をあくまでも「親に寄り添うこと」「親のニーズを読み取り，それに応じること」として意味づけていることが浮かび上がってくる．

　活動を始めて 5 年目に，本部の事務局で経理の仕事に携わるようになった K さんは，子育て支援労働を継続する理由について次のように語っている．

　　こちらの仕事（経理の仕事）をしているというより，お母さんやお子さんとかかわって感じるところが多いですね．お母さんたちが託児して，リフレッシュできたりちょっと勉強できたりして喜んでいる顔を見ればやりがいを感じます．お子さんも楽しそうにされているし，そういうところがいいですね．

　　会（講座の際の託児）でも個人の託児でも，その親子とかかわれたときに，「ありがとう」，「ホッとしました」，「安心しました」とか言われるたびに，そういう言葉に支えられているような感じですね．……専業主婦で

いたのに，自分でもできることがあるんだなと思えるだけで，すごく力になっています．

　子育て支援についての語りでは，「コーディネート」という言葉が頻繁に用いられる．コーディネート業務，すなわち，利用者のニーズを把握し，必要なサービスや社会資源について情報を提供し，調整することが子育て支援労働であると意味づけられている．例えば，次のような語りにそれがうかがえる．

　　　<u>コーディネートするのが私は本当に好き</u>ですね．困っているお母さんに，「あなたはこれを登録したらいいね」とか，「こういうときはこういう方法があるから大丈夫だよ」とか，そういう生（なま）のところにかかわれるのがすごく向いていたと思うし（Ｎさん）．

　　　いや，何でしょうね．指導することでもないし，依頼があって，どういうことを求められてるかっていう，コーディネートという形でお話させてもらったりなども，そのときに，「あ，こういうことだったらできますよ」だったり，「こういうことはちょっと難しいです」っていうことを話す中で，求められたことができて感謝される，直接っていうことがすごいやりがいだったし……（Ｑさん）．

　先述したように，支援者の中には保育士資格や幼稚園免許を持つ者も少なくない．しかし，彼女たちは必ずしもそれらの専門性を活かして子育て支援労働に従事しているわけではない．むしろ，資格や免許は子育て支援労働を妨げるものとして語られる場合がある．幼稚園教諭として働いてきた経験を持つＰさんは次のように語っている．

　　　でも，ただ子どもが好きというだけだったんです．幼稚園の先生になったのも，ひろばにかかわりたいと思ったのも．何か始めたいと思ったら，やっぱり子どもにかかわることしかないなというところで．そしてひろばに入ってきて，ちょっとは幼稚園の資格があるしとか，実は思っていたんで

す．でもそんなのは一切通用しなかったんです．逆に，<u>資格のないほうが本当にお母さんの気持ちに寄り添える</u>なという．そこで初めて，知っているだけに，資格があって困ったというのがありましたね．

　本当にただのお母さん，ちょっとあなたたちより大きい子を育てているお母さんという立場ですっと入ってきたほうがやりやすかったかなと思います．そこを消すのが逆に私は大変だったかなと．お母さんと同じ土俵に上がろうと思っても，<u>自分もお母さんだけれども幼稚園での知識が邪魔をする</u>．それがすごくありました．

　ここでは，「資格のない方が，母親の気持ちに寄り添える」「幼稚園での知識が邪魔をする」と語られ，資格や免許，またそれらが有する専門知識は母親に寄り添うことを阻害するものとみなされている．保育士として働いてきた経験を参照し，それとは異なる立場で子育て支援労働に従事したという語りも共通していた．

　　私が若いとき，正職で働いていたときには，子どもさんのベストを考えて，お母さんたちとお話をしながらではあるけれども，<u>どちらかというと指導する立場</u>でした．その10年間の間に，親支援というふうに変わっていて，そして，臨職という立場だったので，それほど親子に入り込んでっていうようなことではなかったんですけれども，ただ，保育所には保育所の役割がもちろんあって，お仕事しているときのお子さんを預かるっていう大事な仕事ですけれども，熱が出たりとか，具合が悪かったりっていうときに「お迎え来てください」と言われた親御さんがパートで働いていたりとかって，ほんとに正職としてしっかりと身分が保障されている方は別としても，それにしても，やっぱり長期間休んだりとか，ほんとにたびたび休んだりとかっていうことで，大丈夫なのかしらっていう思いが湧いていたんですね．自分が親がすぐそばにいて，祖母に助けられながら仕事していたというのもあって．そのときに，<u>保育園は保育園として，私がやりたいのはそっちじゃないのかもしれない</u>という思いがあって（Qさん）．

2) 子育て支援労働の経済的評価

ワーカーズで子育て支援にたずさわる人々の年代は様々であるが，30 代，40 代の支援者は自らも子育て期にあり，「週に 3 日，9 時から 15 時まで働けるというのが理想」という発言がしばしば繰り返されるように，主婦役割を十分に遂行できる範囲で活動をすることが前提となっている．しかし，親のニーズに応じ続けるために，時には主婦役割よりも支援者役割を優先させなければならなくなる．

> 病気のお子さんで，働いているお母さんの SOS に応えていくことが中心になっているので．どんなときでも電話から離れられない生活をしています．勤め人とは全然違いますね．……これ（緊急サポート）に入ったときは，下の子が中学生くらいでしたね．息子 2 人の弁当づくりの真っ最中に，朝 6 時半から電話が入るという生活を 3 年間くらいしましたね．電話をとりながら，「もう，お弁当は無理」とお金を渡して，「きょうはお弁当は買いなさい」とか，そういうことをしていました（N さん）．

山根純佳（2010）も指摘するように，ワーカーズコレクティブにおける中心メンバーは，夫や子どものケアを犠牲にして活動に打ち込んでいることも多く，家族成員との交渉をとおして家族内の性別分業をも変化させてきた．しかし，活動で得られる報酬で家計が成り立たない場合，支援者は子育て支援とは関係のないパートや派遣労働を選択せざるをえない．子育て支援労働とパート労働は常に競合状態にあり（井上 2013），子育て支援労働の経済的エンパワメントと社会的エンパワメントはトレードオフの関係にある（松木 2011）．

子育て支援労働で得られる年収は全体として低く，配偶者の扶養控除の範囲内で働くことがメルクマールとなっているが，それを超える経済的報酬が可能となった事例の一つが本章で見てきたワーカーズである[8]．2011 年に大学内保育所を開設した際，認可保育所と同等の基準を満たすことが条件となっていたため，保育士資格や保育所に勤めた経験を持つメンバーを集めることになった．保育所の運営方針については次のように語られている．

　　一人ひとりを大切に，親の気持ちに寄り添った保育．これはなんか，ひ
ろば運営をしていて，すごく思うことなんですよね．「寄り添う」ってこ
とにすごく頭を使っています．保育所の場合はやっぱり先生になってしま
うと，どうしても上から目線で若い保育士さんが，「お母さん，それだめ
ですよ」とか「朝食食べさせてください」とか，「洋服よこしてください」
とか上から目線で言う部分があるんですけれども，それがひろばではそう
ではないということを体感しているので，お母さん達はそうではなくて，
横にいる人を望んでいる，「あのね」と相談できる人を望んでいる．そう
いう保育士でありたいということで，ここでは先生と呼んでいないんです
よね（A さん）．

　「親に寄り添う」「先生とは呼ばない」という言葉が象徴するように，子育て
支援労働の専門性に依拠しながら，保育所運営がなされようとしている．しか
し，現実には保育士資格が求められ，保育労働の枠組みで保育に従事しなけれ
ばならないというジレンマを抱えることになる．

　　8 団体ある組織の中で，各代表が集まった部会組織という理事会形式の
ものがあるので，そこで保育所運営に関してはこういう風にやっています
というところに関して，今，保育士資格のある人が何人必要ですという形
で，部会に流して，誰ができるかというところを部会の中で調整してあげ
ていくという形ですよね．
　　だからその中で，保育士資格のある人，保育所経験のある人というのを
厳選しながら……メンバーに入るのは子育て経験があればいいという形に
しているんですけれども，ここの場合はやっぱり認可保育園と同じ事をし
なければならないということで，子ども何人に対して，何人の保育士が必
要ということになったら，それは保育士でなければいけないですよね（A
さん）．

　さらに，追加調査を実施した 2017 年のインタビューにおいては，保育士資
格を持つメンバーではなく，一般の保育所と同じ求人方法で保育士を採用する

ようになったことが確認された．保育所を運営する以外に経済的報酬を得る可能性は極めて少ない中で，新規採用の保育士にワーカーズの理念や組織運営のあり方を共有化することが課題となっている[9]．

5.　「子育て支援労働」の専門性とその評価へ向けて

　支援者の語りが示しているように，子育て支援労働の専門性とは第一にケアをする人に寄り添い，支えようとすることから始まる．そして，その中で親と子のニーズを読み取り，それを満たすサービスや地域資源をコーディネートすること，さらには地域のネットワークを形成し，新しい地域資源を創出していく能力であり，技術である[10]．地域子育て支援にたずさわる人々は，それを実践の中で培ってきたのだといえよう．

　本章の 2 節「保育労働における子育て支援」で見てきたように，このような専門性は，近年では保育者に求められるものの一つではある．しかし，保育者の専門性とは第一義的に，子どもの成長発達を援助する技術に他ならない．山縣文治（2016）は，初期，地域子育て支援は保育所が中心の活動であったことは間違いないとしながらも，支援を求める親子の量的ニーズは，保育所で対応できる量をはるかにオーバーしていること，地域福祉資源の整備状況からして，地域子育て支援においては，引き続き保育所および保育士の果たす役割が大きいとはいうものの，保育所のみでこれを担いきることは困難であることを指摘している．

　多様なニーズに対応する福祉専門職をデザインする上で，各職種の実践者が備えるべき機能を「スペクトラム」としてとらえることが課題であり，それゆえ排他的な専門性の追求は望ましくないという指摘もある一方で（浅原 2017），子育て支援労働の専門性を保育労働とは異なる文脈でとらえ直すことも重要であろう[11]．

　「子育て支援員」という国レベルの制度が確立される一方，その処遇や身分保障について十分に検討されているとは言い難く，現行の研修制度は，必修とされる時間においても，その内容においても，保育士の業務を補助するという意味合いが強い．しかし，これまで見てきたように「子育て支援者の専門性」

を考慮すれば，支援者には准保育士のような地位が与えられるべきではない．子育て支援労働に従事する人々はファインマン（Fineman, M. A.）（1995＝2003）が指摘した二次的依存にある人々をケアする，三次的依存の状態におかれる（相馬他 2016）．ケア労働全体の価値を底上げするためにも，子育て支援労働の社会的な承認とそれを可能にする専門性への評価が必要となる．

注

1　土田美世子（2005）によれば，保育所はセツルメントをひとつの起源とし，時代に応じた子どもと保護者の福祉問題に対処してきた歴史をもつ．保護者への支援は新しい機能というよりも，社会福祉施設としての本来の機能が明文化され，顕在化したともいえる．

2　幼稚園においても，2006 年に改正された教育基本法に，幼児期の教育は家庭や地域社会との連携で進めるものと明記され，子育て支援をはじめとした教育課程外の取り組みを含め，家庭や地域と連携，協力しながら，子どもの育ちを支えていくことを努力義務として定めている．2018 年に定められた幼稚園教育要領においても子育て支援を責務として明記している．

3　2017 年に改訂された教育・保育要領では「市町村の支援を得て，地域の関係機関等との積極的な連携及び協力を図るとともに，子育ての支援に関する地域の人材の積極的な活用を図るよう努めること」という記述がみられる．

4　2019 年度からは「家庭支援論」の一部を「子ども家庭支援の心理学」と統合し，それ以外の内容は「保育相談支援」と統合して「子ども家庭支援論」が新設された．また，「保育相談支援」と「相談援助」の援助技術に関わる内容は「子育て支援」として再編された（2017 年「保育士養成課程等の見直しについて」より）．

5　利用者支援基本型とは利用者支援と地域連携を共に実施する形態で，主として行政窓口以外で，親子が継続的に利用できる施設を活用するものである．特定型は，主に利用者支援を実施する形態で，行政機関の窓口等を活用する．なお，利用者支援事業の内容は，子育て家庭の個別ニーズを把握し，教育，保育施設および地域子育て支援事業等の利用にあたって「情報集約・提供」「相談」「利用支援・援助」であり，地域連携事業の内容は，子育て支援などの関係機関との連絡調整，連携・協働の体制づくりを行い，地域の子育て資源の育成，地域課題の発見・共有，地域で必要な社会資源の開発等，となっている．

6　その他，地域の子育て支援者に必要とされる専門的技術については，以下の調査研究が行われてきた．子育て支援者コンピテンシー研究会（2008），子育て支援コーディネーター調査研究委員会（2013）．

7　2010 年および 2011 年のインタビュー調査は，近本聡子さん，橋本りえさん，堀聡子さん，松木洋人さんと行った．2017 年のインタビュー調査は松木洋人さんが行ったものである．

8　ワーカーズの展開過程や当事者性を重視した活動の内容については，拙稿（井上 2011）で詳しく説明している．

9　2017 年に行われたインタビュー調査によれば，その時点でワーカーズのメンバーは代表である Q さんと副代表の事務スタッフのみであり，それ以外の保育士は一般的な保育所と同様の求人を行い，採用されている．Q さんは次のように語っている．「ここで募集をして，ここの会に入ってきたので，ワーカーズ，他のワーカーズがどういうお仕事をしていて，いろんな地域のことにも関わりながらとか，他の子育て支援ワーカーズ同士が関わりながらっていうことはまるで経験ないですね．だから，総会とか，あと，子育てのプロジェクトには行っているので，そこで他の会を感じながらっていうのはあっても，保育の仕事を一緒にはしたことはないので，なかなか，そのワーカーズ組織っていうのが伝わらないですね.」

10　山縣（2016）もまた，地域子育て支援は子どもの育ち以上に親の人生への寄り添いであり，親としての育ち，あるいは親を一人の人間として見なし，その生活や人生の全体を視野に入れた支援が求められると述べている．

参考文献

浅原千里（2017）「ソーシャルワークとケアワークの分離に至る過程──『社会福祉士法試案』から『社会福祉士及び介護福祉法』成立までの議論分析」『日本福祉大学社会福祉論集』136: 39–64.

榎沢良彦（2016）「保育者の専門性」日本保育学会編『保育学講座 4 保育者を生きる──専門性と養成』東京大学出版会，7–25.

Fineman, Martha Albertson, 1995, *The Neutered Mother, The Sexual Family And Other Twentieth Century Tragedies*, Routledge＝（2003）上野千鶴子監訳『家族，積みすぎた方舟──ポスト平等主義のフェミニズム法理論』学陽書房.

橋本真紀（2016）「家庭支援と保育」日本保育学会編『保育学講座 5　保育を支えるネットワーク──支援と連携』東京大学出版会，71–88.

井口高志（2011）「『新しい認知症ケア』時代のケア労働──全体的にかつ限定的に」仁平典宏・山下順子『労働再審 5　ケア・協働・アンペイドワーク──揺らぐ労働の輪郭』，127–160.

井上清美（2011）「ワーカーズ・コレクティブにみる当事者主体の子育て支援」『生協総研レポート』66：17–24.

井上清美（2013）『現代日本の母親規範と自己アイデンティティ』風間書房.

井上清美（2015）「子育て支援とファミリー・サポート」梅沢実・岡崎友典編著『乳幼児の保育と教育』放送大学出版会.

垣内国光・義基祐正・川村雅則・小尾晴美・奥山優佳（2015）『日本の保育労働者──せめぎあう処遇改善と専門性』ひとなる書房.

厚生労働省（2018）『保育所保育指針解説』フレーベル館.

子育て支援コーディネーター調査研究委員会（2013）『子育て支援コーディネーターの役割と位置づけ』NPO 法人子育て広場全国連絡協議会.

子育て支援者コンピテンシー研究会（2009）『育つ・つながる子育て支援──具体的な技術・態度を身につける 32 のリスト』チャイルド本社.

松木洋人（2011）「ワーカーズ・コレクティブによる『育児の社会化』の経験分析に向けて──主婦アイデンティティと経済的自立の関係をめぐって」『生協総研レポ

ート』66: 25-31.

仁平典宏 (2011)「揺らぐ『労働の輪郭』——賃労働・アンペイドワーク・ケア労働の再編」仁平典宏・山下順子編『労働再審 5　ケア・協働・アンペイドワーク——揺らぐ労働の輪郭』11-44.

Schon, A. D. 1983, *The Reflective Practitioner: How Professional Think in Action*, Basic Books.＝(2001) 佐藤学・秋田喜代美訳『専門家の知恵——反省的実践家は行為しながら考える』ゆみる出版.

相馬直子・松木洋人・井上清美・橋本りえ (2016)「子育て支援労働と女性のエンパワメントをめぐる論点」『社会政策』8 (2):46-49.

諏訪きぬ監修, 戸田有一・中坪史典・高橋真由美・上月智晴編著 (2011)『保育における感情労働——保育者の専門性を考える視点として』北大路書房.

民秋言編著 (2008)『幼稚園教育要領・保育所保育指針の成立と変遷』萌文書林.

土田美世子 (2005)「保育所機能の歴史的変遷と子育て支援保育」『京都光華女子大学研究紀要』43: 161-179.

山縣文治 (2016)「地域子育て支援における保育のあり方と保育技術」日本保育学会編『保育学講座 5　保育を支えるネットワーク——支援と連携』, 89-106.

山根純佳 (2010)『なぜ女性はケア労働をするのか——性別分業の再生産を超えて』勁草書房.

山根純佳 (2011)「ケア労働の分業と階層性の再編——『関係的ケア』から周辺化される労働」仁平典宏・山下順子編『労働再審 5　ケア・協働・アンペイドワーク——揺らぐ労働の輪郭』, 103-126.

山下順子 (2011)「介護サービス・労働市場の再編と NPO」仁平典宏・山下順子編『労働再審 5　ケア・協働・アンペイドワーク——揺らぐ労働の輪郭』, 161-190.

第 II 部
調査データの分析から考える

第4章　子育て支援の労働時間・訓練機会・賃金
——労働経済学からみた「地域子育て支援労働」[1]

中村亮介

1.「地域子育て支援労働者」の高まる存在感

　子育て支援労働と聞いて多くの人はどんな職業を思い浮かべるだろうか？まず初めに保育園や幼稚園の先生が思い浮かぶのではないだろうか，何人かはベビーシッターなども思いつくかもしれない．本稿では上記に挙げた典型的な子育て支援労働に従事している者以外で，各地域に根差した親子の子育て支援の場で，常勤・非常勤スタッフとして働く人々（以下，「地域子育て支援労働者」とする）について取り上げ，その労働者としての特徴を経済学的見地から分析していく．

　子育て支援や地域子育て支援に関しては，これまで社会学や社会福祉学，保育学などの分野で研究が蓄積されてきた（相馬・堀 2016）[2]．その一方で，経済学的見地からの研究は，育児休業，児童手当，保育サービスといった子育て支援に関連する政策がそれらの利用者である（主に）女性の労働供給行動にどのような変化を与えたかに注目するものが多く，地域の子育てひろばや一時保育といった地域子育て支援サービスを提供する労働者に関する経済学の見地からの実証研究はほとんどない．本章は，地域子育て支援労働者に関するはじめての労働経済学的な分析となる[3]．

　子育て支援労働者とは，本書の序章や相馬直子（2016）によれば，保育士や幼稚園教諭といった労働者だけでなく，様々な形で子供の育ちを支援する活動に関わって働く人々の総称のことである．そして，本書では，子育て支援労働者に「地域」という限定を付けて，特に，これまで労働者としての側面が強調

されてこなかった NPO 法人，社会福祉法人，生活協同組合などに所属して地域に根差した子育て支援活動を行っている労働者に着目している．そして，本章では地域子育て労働者としての実態を，「子育て期の女性のエンパワメント研究会」の調査に基づいて実証的に明らかにする．

　「地域子育て支援拠点」となっている場所で働く労働者に注目するのは，その存在感が近年増しているからである．地域子育て支援拠点についての詳細は本書の序章を参照していただくこととし，ここではその概略を説明する．厚生労働省（2014）の「地域子育て支援拠点事業実施要綱」によると，この事業は子育て中の親の不安感を払しょくするための子育て世代の交流の場を提供すること等を目的としている．2014 年以降の地域子育て支援拠点数を，厚生労働省（2018）の資料を基に確認すると，2014 年に 6538 か所であったが，2016 年には 7063 か所，2018 年には 7431 か所と増加している[4]．しかしながら，地域子育て支援労働者の実態把握や経済学的視点からの分析はごく最近始まったばかりである．

　本章では地域子育て支援労働者の特徴を労働経済学的見地から考察するために，次の 3 点に注目する．まず，地域子育て支援労働者はその支援労働にどれほど時間を費やしているかについて注目する．労働者がどれだけ働くかは，当然ながら労働者が置かれている環境や労働者自身の好みに依存する．本章では労働者の雇用形態や家族構成が労働時間とどのように関わりがあるかを確認する．

　次に，地域子育て支援労働者にどのくらい自身の能力を活かす機会が提供されているかを確認する．労働者は一般的に自身の能力を高めるために教育を受けたり，資格を取得したりする．また，仕事に就いてからも，新たな知識や技能を身に付けるために自ら研修を受けたり，雇い主が提供する訓練を受けたりする．このような訓練の機会が地域子育て支援労働者にはどの程度提供されているかを本章では示す．

　最後に地域子育て支援労働者にはどのように賃金が支払われているかについて注目する．労働者に支払われる賃金は，雇い主がその労働者の生産性をどのように評価しているかが反映されている．そして，労働者の生産性を評価するうえで重要となるのが，労働者が持つ資格や経験である．本章では労働経済学

分野の代表的な分析手法の一つである賃金関数という考え方を使って，地域子育て支援労働者の賃金規定要因について明らかにする．

　本章は次のような構成となっている．まず，本章で主に用いるアンケート調査「子育て支援者の活動形態や働き方に関する調査」の概要を説明する．さらに，3 節において，地域子育て支援労働者の特徴を把握するべく，労働時間，資格，賃金などについて，アンケート調査を通じて明らかになった点を述べる．最後に，今後の地域子育て支援労働者とその研究の在り方について簡単にまとめる．

2. 子育て支援者の活動形態や働き方に関する調査

　本章の分析に用いるデータについて簡単に紹介する．本章では「子育て期の女性のエンパワメント研究会」が 2012 年 11 月から 2013 年 3 月にかけて実施した調査「子育て支援者の活動形態や働き方に関する調査」のデータを用いる[5]．この調査は全国規模のランダム調査ではないが，神奈川県横浜市や東京都世田谷区といった地域の NPO 法人，社会福祉法人，生活協同組合などを通じて子育て支援事業所で働く人々の「労働者」としての側面を捉えるべく企画されている[6]．

　この調査は 3 つのパートに分かれている．1 つ目は子育て支援労働者としての働き方，経験，資格などについて調査した調査票 A 票である．この A 票には雇用契約の有無，雇用形態，労働時間，所得，保育士・幼稚園教諭資格の有無，年齢，家族構成などの情報が含まれている．B 票は子育て支援労働者の活動時間についての調査票である．この調査票では，午前 5 時から午後 10 時までの間で，労働者がどのような業務に従事していたかが調査されている．最後に子育て支援労働者として様々な活動の経験年数や活動頻度を尋ねる調査票がある（本章では C 票と呼称する）．

　このデータに含まれる 586 名の女性の地域子育て支援労働者の特徴を雇用形態，勤務地，運営主体の種類によって把握する．まず，その労働者の中で雇用形態が常勤スタッフであるサンプルは全体の 31.4%（184 人），非常勤スタッフであるサンプルは全体の 55.8%（327 人），ボランティアであるサンプルは全体

の 9.9％（58 人）であり，残りの約 3％ は「その他（16 人）」，「欠損値（1 人）」
に分類される．また，東京都，神奈川県，埼玉県，千葉県の首都圏において働い
ているサンプルは全体の 66.2％（388 人）であり，次いで香川県で働いてい
るサンプルが全体の 18.1％（106 人）を占めている．さらに，運営主体別に見
ると，NPO 法人で働いているサンプルは全体の 57.7％（338 名）で，生活協同
組合で働いているサンプルは全体の 24.2％（142 名）であった．

　このデータの特徴を全国規模で地域子育て支援拠点の実態について調べた調
査と比較する．比較対象は前節で紹介した厚生労働省（2018）の『地域子育て
支援拠点事業実施状況』である．この調査結果によると，地域子育て支援拠点
事業の運営主体の多くは社会福祉法人（全体の約 37％）であり，次いで自治体
直営（約 35％），NPO 法人（約 10％）となっている．全国的にみると，地域子
育て支援の拠点は保育所が兼ねていることが多いため，社会福祉法人や自治体
が運営主体である比率が高くなっている．

　本稿で用いるデータと比較すると，本稿のデータは NPO 法人で働く労働者
が多数派であり，自治体直営，社会福祉法人で働く労働者が少ないことが分か
る．この違いには，「子育て期の女性のエンパワメント研究会」の研究協力団
体がアンケートの対象となった点，その対象団体の地域的な偏り，集計単位が
労働者単位である点などの要因があると考えられる．つまり，本稿データの特
徴は，相馬直子・松木洋人・井上清美・橋本りえ（2016）で指摘されているよ
うに子育て支援事業開始時点からその中心的な役割を果たしてきた NPO 法人
の比率が高い点であり，その一方で，現在の全国規模の集計データとは乖離が
ある点には留意する必要がある．

　本章では地域子育て支援労働者の中でも常勤スタッフ，非常勤スタッフとし
て有給で働いている者に焦点を絞って分析を進めていく．利己的に行動する個
人を仮定する標準的な労働経済学のモデルにおいては，賃金がゼロであっても
働く個人はいない．また，労働基準法や労働契約法などの労働法においても，
労働者と呼ばれる条件の一つに，労働供給の対価として賃金が支払われている
ことがある[7]．そのため，本章では常勤または非常勤スタッフとして有給で働
く者を分析対象とする．

　ただし，地域子育て支援事業に労働力を提供する者の中には，この仕事が持

表 4-1 常勤・非常勤スタッフの勤務地および運営主体

	NPO法人 (N=264)	生活協同組合 (N=92)	株式会社 (N=49)	社会福祉法人 (N=18)	任意団体 (N=12)	自治体直営 (N=10)
東京 (N=107)	36.4	0.0	45.8	12.1	0.0	5.6
香川 (N=95)	77.9	0.0	0.0	5.3	12.6	4.2
神奈川 (N=83)	100.0	0.0	0.0	0.0	0.0	0.0
福井 (N=55)	29.1	70.9	0.0	0.0	0.0	0.0
埼玉 (N=50)	54.0	46.0	0.0	0.0	0.0	0.0
千葉 (N=30)	0.0	100.0	0.0	0.0	0.0	0.0
宮城 (N=11)	100.0	0.0	0.0	0.0	0.0	0.0
北海道 (N=8)	100.0	0.0	0.0	0.0	0.0	0.0
愛知 (N=6)	100.0	0.0	0.0	0.0	0.0	0.0
合計 (N=445)	59.3	20.7	11.0	4.0	2.7	2.2

注：集計対象は有給かつ就業形態が常勤・非常勤スタッフの女性である．また，有償での労働時間
が総労働時間を超えているサンプルについても除外している．

つ金銭的魅力以外の要因で働いている者も多くいる．本章でも用いる同一のデ
ータを使った分析である堀聡子（2016）によれば，常勤スタッフ，非常勤スタ
ッフの約 8 割が「経済的報酬を得られる」ことを子育て支援労働の意義と捉え
ると同時に，「活動自体」や「社会とのつながり」を得られる事にもこの労働
の意義を見出す労働者が約 9 割いることが示されている．

　また，地域子育て支援労働者の中には労働の対価としての報酬をもらってい
るわけではないが，ボランティアとして有給で働く者がいる．小野晶子
（2007）はこのような者を「有償ボランティア」と呼び，その有償ボランティ
アの仕事内容や報酬などから労働者と判断する必要がある者がいることを示し
ている．ただし，本章では，有給かつボランティアである者は全体の 7.5%
（44 名）と少ないこと，また，地域子育て支援者の労働者としての性質をとら
えたいという本章の目的のため分析の対象からは除外する．

　上述のように女性，子育て支援労働から所得を得ている労働者に，サンプル
を限定した結果，分析に用いるサンプル数は合計 445 名となった[8]．表 4-1 を
見ると，本章で用いるデータの中では，東京都が勤務地として最も多く，次い
で香川県，神奈川県となっている．また，勤務先の運営主体別にみると NPO
法人に勤務している労働者が全体の 59.3% を占めており，最も大きくなって
いる．また，図表には掲載してないが，雇用形態別では，常勤スタッフの占め

る割合は 36.6%（163 人），非常勤スタッフが占める割合は 63.4%（282 人）と
なっている．

3.　分析

　本節では，労働経済学の考え方に基づいて，地域子育て支援労働者の特徴を
明らかにしていきたい．労働経済学とは労働者と企業・雇い主の行動や，労働
市場の中で起こる様々な出来事を経済学的に分析する学問である[9]．

1)　地域子育て支援労働者の労働時間について

　「人が働くこと」を労働経済学では労働供給と呼ぶ．労働者が労働力を雇い
主に供給するか否か，そして何時間供給するかは，労働者が置かれた環境によ
って決定される．この労働供給の決定要因の中には，労働者の好みの他に，働
いていない労働者が働いても良いと思える賃金（留保賃金）と実際に労働者が
アクセス可能な賃金との関係，雇用形態，家族構成，労働者本人が働かずして
得られる所得（配偶者所得・株の配当など）の存在，などが重要な役割を果たす
と考えられている．
　そこで，本節では上記の要因の中で常勤・非常勤といった雇用形態，末子の
年齢といった家族構成に着目して労働者の平均的な 1 週間の労働時間について
概観する．調査票 A 票では現団体における 1 週間の平均的な活動時間を尋ね
ており，本章ではそれを地域子育て支援労働者の労働時間とみなす．また，こ
の調査では，総労働時間の中でも，有償であったと労働者が認識している労働
時間も尋ねている．なお，一部の労働者については有償での労働時間が総労働
時間を超えていたり，それらの値が欠損値であったりしたため，以後の分析か
らは除外している．
　集計結果は表 4-2 である．まず，就業形態別にみると常勤スタッフの総労働
時間は週 29.6 時間であり，非常勤スタッフの総労働時間 16.3 時間に比べて 13
時間ほど勤務時間が長くなっていることが分かる．また，総労働時間の回答の
ばらつきの程度を示す標準偏差を見ると常勤スタッフは 16.1 時間であり，非
常勤スタッフに比べてばらつきが大きくなっていることが分かる．また，どち

表 4-2　平均的な 1 週間の労働時間

	総労働時間		うち有償労働時間		サンプル数
	平均	標準偏差	平均	標準偏差	
雇用形態別					
常勤スタッフ	29.6	16.1	25.7	13.8	163
非常勤スタッフ	16.3	10.8	14.2	9.4	282
末子の年齢別					
0 歳以上から 6 歳以下	18.9	11.7	17.3	11.8	78
7 歳以上 12 歳以下	20.9	13.9	18.1	11.0	92
13 歳以上 15 歳以下	19.8	14.5	17.6	13.0	49
16 歳以上	23.6	15.4	19.3	12.7	67
養育中の子供なし	22.1	16.1	19.3	13.8	134

注：集計対象は有給かつ就業形態が常勤・非常勤スタッフの女性である．また，有給の
　　労働時間が総労働時間を超えているサンプルについても除外している．

らの就業形態で見ても有償労働時間は総労働時間に比べて少なくなっており，無給での労働が常勤スタッフでは平均して約 3.9 時間，非常勤スタッフでは平均して約 2.1 時間発生していることになる（無償労働時間の詳しい分析については本書 5 章参照のこと）．この傾向は 1 日の労働者の活動状況を調査している調査票 B 票を用いて分析している尾曲美香（2016）の結果と同様の傾向である．

　また養育している子供のうち末子の年齢に注目して，労働時間を見てみる．末子の年齢が小学校入学前までは総労働時間は 18.9 時間と抑えられているが，末子が小学校に上がると総労働時間が 20.9 時間と増えている．一方，末子の年齢が中学生段階になると，いったん労働時間が減る傾向にあり，高校生になると，労働時間が増えるという動きになっている．さらに，養育中の子供がいない場合については，総労働時間は 22.1 時間であり，末子が中学生以下である場合に比べて約 2—3 時間長いことが分かる．総労働時間のばらつきの程度を確認してみると，子供の年齢が上がるほどばらつきの程度が大きくなるという傾向がみられた．

2)　地域子育て支援労働者の経験年数，訓練の機会について

　労働者の職場での経験や職場で訓練を受けて身に付けた知識を，労働経済学ではその労働者にとって人的資本が蓄積されたと考える．人的資本は特定の子育て支援施設でのみ役立つ知識とどの子育て支援施設でも役立つ知識とに分類

できる[10]．たとえば，前者の知識には現在勤めている子育て支援施設での書類の作成方法やその施設を利用する人についての知識や情報などがあり，後者の知識にはどの子育て支援施設でも通じるような子育てについての専門知識や資格などがある．

　そこで本節では，地域子育て支援労働者のスキルの蓄積に焦点を当てる．まず，地域子育て支援労働者の所有する学歴や資格を確認し，どの職場でも通じるような一般的人的資本の蓄積度合について確認する．さらに，前職での経験や現職での訓練機会の有無について，労働者の特徴を明らかにする．

　まず，地域子育て支援労働者の学歴と資格の状況について確認する．地域子育て支援労働者の学歴は約 62% が短期大学・専門学校卒業であり，約 25% の労働者が大学以上の学歴を有している．地域子育て支援労働者の学歴保有状況を厚生労働省の統計を参考に日本の女性労働者全体と比較してみると，短大・高専卒である者は労働者全体の約 32% であり，大学卒以上の学歴を有しているものは約 23% であった[11]．さらに，同じく厚生労働省のデータを参考に日本の「教育，学習支援」産業で働く女性労働者と比較してみると，短大・高専卒が約 35%，大学卒以上である者が約 57% であった．地域子育て支援労働者は，そこで働くために特別な資格がいらない現在の状況においても，全産業の女性労働者よりは高い学歴を有していることが分かる．

　この学歴取得状況と関連が深いのが，資格の取得状況や保育園・幼稚園での勤務経験である．保育士・幼稚園教諭となるための資格・免許を取るためには，専門学校，短大，大学などを卒業し，必要な単位を取得することが必要であるため，このような資格を持っている労働者が多ければ，当然，労働者の学歴は高くなる．実際，子育て支援労働者のうち，常勤スタッフは約 63%，非常勤スタッフは約 52% が保育士または幼稚園教諭の資格を有している．

　さらに，子育て支援労働者が，以前，保育・幼稚園などでの勤務経験があったかどうかを尋ねた質問の結果を見てみる[12]．保育園・幼稚園などで勤務経験があった者は，常勤スタッフのうち 44.4%，非常勤スタッフのうち 45.4% であった．

　次に，現在働いている子育て支援団体で蓄積された経験の特徴を確認していく．本章では調査票 C 票の結果から地域子育て支援労働者の勤続年数を調べ

表 4-3　子育て支援者としてのスキルアップの機会の有無

	そう思う	どちらかといえば そう思う	どちらかといえば そう思わない	そう思わない
雇用形態別				
常勤スタッフ（N＝163）	32.5	46.6	14.7	6.1
非常勤スタッフ（N＝281）	35.2	48.4	13.5	2.8
保育士・幼稚園教諭の資格				
資格あり（N＝185）	30.8	50.8	16.2	2.2
資格なし（N＝144）	34.0	48.6	11.8	5.6

注：質問項目は「現在あなたが活動している子育て支援団体についてうかがいます．それぞれについて，ご自身の考えに近いものに〇をつけて下さい.」より「子育て支援者としてスキルアップの機会がある」について尋ねた項目である．集計対象は有給かつ就業形態が常勤・非常勤スタッフの女性である．また，有給の労働時間が総労働時間を超えているサンプルについても除外している．

た．C 票では現在働いている子育て支援団体で展開されている各事業，例えば「ひろば事業」「保育事業」「家庭訪問型の子育て支援事業」などでの活動歴を尋ねている．本章では各事業における活動歴のうち，最長期間であった活動の活動歴を，その組織における勤続年数とした．各活動期間の合計値を労働者のその団体での勤続年数とすると，当該団体で複数の事業を同時期に担当している場合に，その活動期間が重複してカウントされることになるので，本章では単に合計することはしなかった．そのため，この勤続年数とは労働者の所属している団体における勤続年数の下限を示していることになる．

　常勤スタッフと非常勤スタッフの同一団体での勤続年数を比較してみると，次のような特徴があった．常勤スタッフの勤続年数は平均 103.3 か月（8.6 年）であり，非常勤スタッフのそれは平均 65.8 か月（5.5 年）であった．雇用形態間における差は約 37.5 か月（3.1 年）であり，常勤スタッフのほうが，非常勤スタッフに比べて勤続期間が長かった．

　この節の最後に子育て支援団体において労働者に業務に役立つような専門的な知識の習得機会が与えられているかどうかについて，表 4-3 に基づいて確認する．質問は自身が所属している子育て支援団体の状況について尋ねた質問のうち，「子育て支援者としてスキルアップの機会があるか」という設問に対して，「そう思う」「どちらかと言えばそう思う」「どちらかと言えばそう思わない」「そう思わない」の 4 つの選択肢から労働者に選ばせる形式となっている．

　スキルアップの機会があるかどうかについてどのように感じているかについ

て確認する．まず，雇用形態別にみてみると常勤スタッフで「そう思う」と答えた割合はそれぞれ 32.5% であり，非常勤スタッフのそれは 35.2% であった．一方，スキルアップの機会があるとは「そう思わない」割合でみてみると，非常勤スタッフよりも常勤スタッフのほうがその割合が高い傾向があった．これらの事から常勤スタッフのほうが非常勤スタッフよりもスキルアップの機会について不足感や不満を頂いていることが示唆される．また，保育士・幼稚園教諭の資格・免許を持っているかどうかで比べると，「スキルアップの機会がある」と思う割合は無資格者で約 34%，有資格者で約 31% であった．一方，保育士・幼稚園の無資格者が「そう思わない」割合は 5.6%，有資格者の場合が 2.2% となっている．雇用形態別の結果ほど一貫した傾向はない．

3)　地域子育て支援労働者の賃金について

労働経済学では，労働者に支払われる賃金は労働者の生産性と一致すると考える．そして，その生産性は労働者の持つ学歴や資格などの人的資本の蓄積量によって決まる．本節では，まず，労働者の賃金について属性別に記述的な分析を行い，次に労働経済学分野で広く用いられている賃金の決定要因を分析する手法であるミンサー型賃金関数の推定という手法を使って，地域子育て支援労働者にとっての人的資本蓄積の価値を計測する．

本章と同じデータを用いて，社会学的観点から地域子育て支援労働者の経済的価値を分析した研究に中村（2016）がある．中村（2016）では地域子育て支援労働者の主観的意識，たとえば活動への共感度合いと年収には負の相関があることや労働者が適正と考える年収の規定要因などを明らかにしている．本章での試みは，客観的に把握できる労働者の属性と経済学における代表的な手法を用いて，どんな労働者の属性が地域子育て支援労働者の経済的価値と結びついているかを定量的に分析することにある．

ここでは労働者の生産性の指標として時間当たり賃金，つまり時給の推定値を用いる．調査データの中には時給を直接尋ねている項目がないため，以下のような方法で時給の推定値を作成した．1 年間に子育て支援活動から得た報酬（税込み）を 52 で割ることで 1 週間当たりの報酬額を計算し，さらにそれを 1 週間の労働時間で除することで，労働者の時給を推定した [13]．

表 4-4　賃金の記述統計

	総労働時間当たりの賃金			有償労働時間当たりの賃金		
	平均	標準偏差	サンプル数	平均	標準偏差	サンプル数
雇用形態別						
常勤スタッフ	763.8	446.8	163	858.0	504.2	162
非常勤スタッフ	729.3	635.1	282	823.9	692.3	281
学歴						
中学校・高校	696.4	554.6	58	755.6	611.6	57
短大・専門学校	766.5	648.5	274	859.8	715.6	273
大学以上	704.8	343.5	111	818.8	362.1	111
勤続年数						
1 年未満	504.9	379.6	45	565.7	407.9	45
1 年以上 3 年未満	801.2	798.6	71	872.6	895.6	71
3 年以上 5 年未満	731.1	328.9	53	799.1	368.1	53
5 年以上 10 年未満	717.9	501.7	98	818.6	506.9	98
10 年以上	933.2	753.5	57	1071.1	772.1	56

注：分析対象は有給かつ就業形態が常勤・非常勤スタッフの女性である．なお，有給の労働時間が総労働時間を超えているサンプルは除いている．

　1 週間の労働時間は子育て支援活動全体に関わる時間とその内，実際に賃金が発生している時間の 2 種類が調べられているため，その両方で時給の推定値を作成した．時給の推定値の平均は総労働時間で測った時給（総労働時間当たりの賃金）が約 742 円，有償労働時間で測った時給（有償労働時間当たりの賃金）が約 836 円であった．

　ただし，この時給の推定値を用いる際にはいくつかの注意点がある．まず，地域子育て支援労働者の活動期間が 1 年未満の場合には，その時給を過少に評価することになる．たとえば，活動期間が半年である場合には，その週給を求めるために年収を 26 で除する必要があるが，52 で割ることで週給を半分に推定してしまうことになる．また，勤続期間が 1 年以上であっても，その活動頻度が週に 1 度以上ない場合には，時給を過少に評価してしまうことになる．月に一度 10 時間働いて年間 36 万円稼いでいれば，週給を求めるためには 52 ではなくて，12 で割ったうえで，週の労働時間 10 時間で除する必要がある．また，年収の最上位カテゴリーは「300 万円以上」となっているが，この値に 300 万円を当てはめることも 300 万円以上の所得を得ている人の年収を過少に評価し，ひいては時給を過小評価してしまう要因となる．

　表 4-4 は本章で作成した賃金指標の記述統計である．総労働時間よりも有償
労働時間が短いことを反映して，どの場合で見ても有償労働時間当たりの賃金
のほうが高い状況にある．また，雇用形態別にみてみると常勤スタッフの有償
労働時間当たりの賃金は 858.0 円，非常勤の時給は 823.9 円であった．さらに，
学歴別でみると，最も高い時給を得ているのは短大・専門学校卒で 859.8 円で
あった．

　勤続年数別に見ると勤続 1 年未満の有償労働時間当たりの賃金は 565.7 円で
あり，この値は分析に用いたどの地域の最低賃金も下回っているので，当該労
働者の時給を過少推定していることを示唆している [14]．また，勤続年数が長く
なるにつれて賃金が上昇していくという関係は観察されず，「1 年以上 3 年未
満」で時給の上昇がみられた後は，時給が下がり，勤続年数が「5 年以上 10
年未満」「10 年以上」となるにつれて時給が上昇していく動きが観察される．

　次に，賃金関数を用いて，地域子育て支援労働者の賃金がどのような属性に
よって規定されているのか，回帰分析によって推計する．賃金関数は簡単には
以下のような式で表現される．

$$\text{時給} = \beta_0 + \beta_1 \text{教育年数} + \beta_2 \text{勤続年数} + \beta_3 \text{年齢} + \beta_4 \text{他の属性} + \text{誤差項} \quad (1)$$

つまり，この式は労働者の生産性の指標である時給は労働者の教育年数や勤続
年数などによって決まることを意味する．また，この式の係数は教育年数や経
験年数が少し変化することによって時給がどれほど変化するかということを意
味する．

　実際にミンサー型賃金関数の係数を回帰分析によって推定するためには式
（1）に若干の変更を加える必要がある．まず，左辺の時給は対数値に変換する
必要がある．時給の対数値を用いることによって，教育年数の係数 β_1 は，教
育年数が 1 年変化することが時給を（$100 \times \beta_1$）％ 分変化させると解釈できる
ようになる．ただし，右辺の教育年数や勤続年数は後述するように，いくつか
のカテゴリーごとに分類して用いる．労働者の年齢の影響についても，年齢の
二乗項を入れた定式化を行う．また，アンケート調査などから追加で得られた
職場の情報も労働者の賃金を説明する要因として加える．これらの説明変数で
も説明できない部分については誤差項となる．

　次に，右辺の説明変数をどのように定義するかについて説明する．教育年数は中学校・高等学校卒業であるグループを参照グループとして，短期大学・専門学校卒業者，大学以上卒業者であるかどうかのダミー変数を作成した．また，現在の団体での勤続年数は前節で述べたように「ひろば事業」や「保育事業」などの各活動の中で最も活動歴が長い活動の活動年数をその労働者の勤続年数とした．年齢は調査時点における年齢とその二乗項/100を説明変数として加えた．よって実際に推定する式は

$$
\text{時給の対数値} = \beta_0 + \Sigma_{i=1}^{2} \beta_{1i} \text{最終学歴ダミー}_i + \Sigma_{i=1}^{3} \beta_{2i} \text{勤続年数ダミー}_i +
$$
$$
\beta_{31} \text{年齢} + \beta_{32} \text{年齢}^2/100 + \beta_4 \text{他の属性} + \text{誤差項} \tag{2}
$$

となる。

　その他の重要な変数として，追加で得られる労働者の属性や職場環境の情報を考慮した．まず，常勤スタッフかどうかの雇用形態，保育士・幼稚園教諭資格の有無，保育園・幼稚園等（ベビーシッター・幼児教室講師等を含む）での勤務経験の有無について推定式に加えた．さらに，表 4-5 には掲載していないが，所在地，運営主体の情報をコントロールした．

　推定結果を表 4-5 に沿って確認する．まず，列 1 と列 2 の被説明変数は総労働時間当たりの賃金の対数値であり，列 3 と列 4 は有償労働時間当たりの賃金の対数値である．また奇数列では保育士や幼稚園教諭等として働いたことがあるかどうか，偶数列では労働者が保育士や幼稚園教諭の免許を持っているかどうかをダミー変数として追加している．

　まず，雇用形態の違いが賃金に与える影響を見てみると，常勤スタッフのほうが非常勤スタッフに比べて時給が高くなっていることが分かる．たとえば，列 1 の総労働時間当たりの時給に与える影響について確認すると，常勤スタッフであると時給が約 25% 高まることが示されている．また，常勤スタッフであることの効果は，保育園・幼稚園等での勤務経験の代わりに保育士・幼稚園教諭の資格の有無をコントロールすると異なることが分かる．

　また現在所属している団体における勤続年数が賃金にどのように反映されているかを確認する．どの列でみても，勤続年数が 1 年以上 3 年未満である労働

表 4-5　賃金関数の推定

	総労働時間当たりの賃金		有償労働時間当たりの賃金	
	(1)	(2)	(3)	(4)
活動形態				
（参照グループ：非常勤スタッフ）				
常勤スタッフ	0.248***	0.201**	0.241***	0.188**
	(0.091)	(0.089)	(0.092)	(0.092)
勤続年数				
（参照グループ：1年以上3年未満）				
3年以上5年未満	0.041	0.104	0.036	0.121
	(0.132)	(0.143)	(0.133)	(0.144)
5年以上10年未満	−0.000	0.063	0.039	0.131
	(0.132)	(0.135)	(0.132)	(0.137)
10年以上	0.189	0.182	0.274*	0.298*
	(0.164)	(0.165)	(0.166)	(0.167)
学歴				
（参照グループ：中学・高等学校以下）				
短期大学・専門学校	−0.097	−0.228	−0.072	−0.179
	(0.142)	(0.180)	(0.143)	(0.181)
大学・大学院以上	−0.205	−0.373*	−0.123	−0.226
	(0.155)	(0.200)	(0.152)	(0.196)
保育士または幼稚園教諭等の経験あり	0.030		−0.034	
（参照グループ：経験がない）	(0.105)		(0.100)	
保育士または幼稚園教諭の資格あり		0.179		0.116
（参照グループ：資格を保有していない）		(0.127)		(0.125)
自由度修正済み決定係数	0.212	0.234	0.147	0.154
サンプル数	276	207	275	206

注：***，**，* はそれぞれ 1%，5%，10% 水準で統計的に有意であることを示す．カッコ内は分散不均一に対して頑健な標準誤差である．分析対象は有給かつ就業形態が常勤・非常勤スタッフの女性で，当該子育て支援施設での活動歴が1年以上である者である．保育士または幼稚園教諭等の経験の中にはベビーシッター・幼児教室の講師経験を含んでいる．分析では年齢，年齢の二乗項/100，運営主体，所在地，などの情報をコントロールした．なお，有給の労働時間が総労働時間を超えているサンプルは除いている．また，宮城県，千葉県の団体に所属するサンプルからは経験年数の情報が入手できなかったため，分析サンプルからは除かれている．

者に比べて，勤続年数が高まることは賃金に有意な影響を与えていないことがわかる．例外は，被説明変数が有償労働時間当たりの賃金であるときに，勤続年数が 10 年以上であれば，賃金が約 30% ほど有意に高くなるとがわかる（列3，4）．また総労働時間当たりの賃金と有償労働時間当たりの賃金において係

数の大きさに差が生じた要因として，勤続年数が長いほど労働時間に占める無償労働時間が大きくなっていることがあげられる[15]．

　さらに，労働者が保有している学歴や資格，職歴が時給に与える影響を見ていく．中卒・高卒労働者と比較して，短大・専門学校卒や大学卒であることが統計的に有意な影響を与えていないことが明らかになった．ただし，列（2）では大学卒であることの係数がマイナスで，効果も大きく，10% 水準ではあるが有意な結果も出ている．また，子育て支援労働者として必要とされるような知識や技能を持っているかどうかの指標として保育園や幼稚園等で実際に働いていた経験が賃金に反映されているかどうかを確認したが，統計的に有意ではなかった．また，保育士や幼稚園教諭の資格保有の有無についても確認したが，時給に対する効果は観察されなかった．

　地域子育て支援労働者の賃金関数を 4 つの定式化によって推定して明らかになった点は以下の 3 つである．一つは地域子育て支援労働者の賃金に影響を与えているのは雇用形態の違いであり，常勤スタッフの賃金が有意に高いことが分かった．このような賃金の差は我が国においては正規・非正規労働者という分類で分析した際にも確認される結果である．たとえば，島貫智行（2011）は労働時間の長さが正規職員並みであることや賃金が仕事内容に応じて決まる事が事業所レベルでみた時の正規職員と非正規職員の賃金の差を縮める要因であることを示している．よって，本章で用いたデータでは常勤・非常勤スタッフという分類ではあるが，常勤スタッフは非常勤スタッフよりも長い拘束時間である事が賃金の差を拡大した要因の一つと考えられる．また，本章と同じデータを使って分析を行っている尾曲（2016）では常勤スタッフが従事する仕事の種類が非常勤スタッフに比べて多いことが指摘されており，その点も雇用形態の差が賃金の差につながっている要因の一つと考えられる．

　さらに，勤続年数が地域子育て支援労働者の賃金に与える影響はほとんど統計的には有意ではなかった．ただし，例外として，有償労働時間当たりの賃金に対して 10 年以上の勤続年数がある場合には賃金に有意にプラスの影響があるという結果であった．このような結果は中田喜文・宮本大（2004）が NPOで働く労働者を分析した結果とも整合的であり，彼らは NPO で働く非正規職員・正規職員別に賃金関数の推定を行い勤続年数が賃金に有意な効果を与えて

いないことを示している[16].

　また，地域子育て支援労働者の持つ保育士や幼稚園教諭等として働いた経験や保育士，幼稚園教諭といった資格はどの定式化においても賃金にプラスの影響を与えていなかった．これらの事は保育士や幼稚園教諭としての専門的知識が必ずしも賃金に反映されていないことを示している[17].

4．地域子育て支援労働の労働経済学的研究の展開

　本章では，地域子育て支援労働者の特徴を独自に収集されたデータに基づいて分析した．本章の分析より明らかになった点は，地域子育て支援労働者の労働時間の実態，地域子育て支援労働者が資格保有や学歴といった面で日本全体の女性労働者よりも高い専門性を有している点であった．一方で，常勤スタッフにとっては職場での訓練機会が少ないと感じていることなどが示唆された．さらに，地域子育て支援労働者の労働の経済的価値として，どれくらいの賃金が支払われているかについて分析したところ，常勤スタッフであることには高い報酬が支払われている一方で，子育て支援労働者としての経験やスキルについては十分な報酬が支払われていないことが明らかになった．

　ただ，本章での分析には，今後，改善したり，さらに議論したりすべき課題が残されている．一つはデータの代表性の問題である．2節で述べた通り，本章の分析は2012から2013年にかけて「子育て期の女性のエンパワメント研究会」が実施した「子育て支援者の活動形態や働き方に関する調査」によっている．このデータには子育て支援労働者の活動地域や，運営主体が限定されるという制約があった．今後は本章で示された知見が，全国規模に拡大された調査においても妥当であるかの検証が必要になる．

　このデータ制約については，子育て支援事業への関心の高まりから解消が進みつつある．たとえば，三菱UFJリサーチ＆コンサルティングが2018年にまとめた報告書では，全国の地域子育て支援拠点に対して調査を実施しており，その運営主体やそこで働く労働者の実態について調査している（三菱UFJリサーチ＆コンサルティング株式会社 2018）．本章のデータが労働者本人を調査対象としているのとは異なり拠点の事業者を対象としている点で相違があるが，全

国規模のデータである点で貴重である．そこで示された知見は常勤労働者のほうが非常勤労働者に比べて賃金が高い点，勤続年数の長さと賃金には関係性が明確には観察されなかった点など本章の分析とも共通するような結果も示されている．

　また，今後の課題として地域子育て支援労働が子供や母親にいかなる長期的な影響を与えるかについて，十分な検討が必要であろう．子育て支援事業の目的には子供とその親への支援がある．これまでの研究において，子育て支援拠点の利用前後において母親の心理的な負担感が軽減されたことは明らかになっている [18]．しかしながら，その支援終了後，利用した親の負担感は継続的に低くなったのか，また子供や親の関係にどのような変化があったか，さらに，その変化が将来の子供の成長や親子関係にどのように影響があるのかを長期的な視点から明らかにする必要もあるだろう．もし地域子育て支援労働者の提供するサービスによって子供，親，親子にとって良い影響があることが実証的に示されれば，その地域子育て支援労働者の提供する労働や専門知識に対して，より金銭的に報いることの妥当性や必要性が明らかにされるだろう．

　最後に，これまで，労働経済学者が扱ってきた「子育て支援」研究は子育て支援サービスを需要する労働者（特に女性労働者）の分析が中心で，本章で扱った地域子育て支援労働を供給する労働者に関する実証研究は少なかった．ノーベル経済学賞受賞者のヘックマン（Heckman, J. J.）によって幼児教育の重要性やその時期の親への支援（政策的介入）の必要性を訴える研究が発表され（Heckman 2013＝2015），アメリカはもとより日本でも幼児期の教育の重要性が認識され始めている [19]．地域子育て支援労働の特徴はそれが幼児期の子供の支援であるだけでなく，親への支援（もしくは政策的な介入）を同時に行っている点であり，それには保育園や幼稚園と違った意味があると考えられる．データの蓄積が進んでいる現在，今後，様々な見地からのさらなる実証研究が求められている．

注
1　本稿の執筆にあたって高知大学人文社会科学部野崎華世氏に詳細なコメントを頂きました．ここに記して感謝申し上げます．

2　後述するように，社会学的視点から本章と同じデータを用いて地域子育て支援労働者の所得について分析した研究には中村由香（2016）がある．

3　当然ながら，保育士などの広義の意味での子育て支援労働者に関する労働経済学的研究はあり，代表例として清水谷論・野口晴子（2005）がある．

4　厚生労働省（2018）の調査に基づいて，2018年の子育て支援拠点事業数とそこに配置されている職員数を基に一定の仮定の下で推計してみたところ少なくとも約1万9千人の職員がいるという推計値を得た．なお，「文部科学統計要覧（平成30年版）」における2016年の幼稚園の教員数は約10万人であり，「平成28年社会福祉施設等調査の概況」によれば，保育所等で働く保育士の人数は約35万7千人であった．

5　この調査の詳細については『生協総研レポート』80号を参照されたい．

6　子育て支援事業の実態に関するその他の調査には第1節で参照した厚生労働省の「地域子育て支援拠点事業実施状況」調査やNPO法人子育てひろば全国連絡協議会（2016）の「地域子育て支援拠点事業に関するアンケート調査」などがある．前者は都道府県別の子育て支援拠点数などを調べている点が優れており，後者は拠点運営の全体の様子や利用者の状況を詳細に調べている点が優れている．

7　労働基準法第9条，労働契約法第2条によれば，その他の条件には，その労働者が雇い主に使用される立場にあるという条件もある．水町勇一郎（2010）では，これらの事を「『賃金』性」「『使用』性」という概念で詳しく説明している．

8　有償での労働時間が総労働時間を超える場合，いずれかの労働時間が欠損値であるケースも除外して集計している．

9　労働経済学についてより詳しく知りたい場合には，大森義明（2008）を参照されたい．

10　労働市場全体においては，特定の企業でのみ役に立つ知識を企業特殊的人的資本と呼び，どの企業でも役に立つ知識を一般的人的資本と呼ぶ．

11　厚生労働省によって実施された2012年の賃金構造基本統計調査を基に計算した．

12　この勤務経験の中には保育士，幼稚園教諭の経験の他に，「ベビーシッター，幼児教室講師等」の経験も含まれている．

13　労働者の1年間の報酬額は幅のある選択肢の中から一つを選択する形式となっている．たとえば，各選択肢は「5万円〜10万円未満」「150万円以上〜200万円未満」となっている．本章では各選択肢の上端と下端の中央値をとって，その労働者個人の年収とした．

14　そのため，本章では活動期間が1年以上であるサンプルに限定した上で賃金関数を推定した．

15　勤続年数が「1年以上3年未満」である労働者の無償労働時間は約1時間であるのに対して，「10年以上」になると無償労働時間では約5時間に拡大している．

16　非営利団体が中心である本研究との直接的比較は難しいが，清水谷・野口（2005）では公立，私立認可で働く常勤保育士では勤続年数の上昇と賃金の上昇に正の関係があるが，非常勤保育士の場合にはその関係が非常に小さいことが報告されている．

17　中村（2016）においては幼保関係の職歴が年収と正の相関であることを示してい

るが，本章の分析では雇用形態や子育て施設の所在地などの属性を追加でコントロールした点などが異なっている．

18　NPO 法人子育てひろば全国連絡協議会（2016）の調査報告書にその一例が示されている．

19　ヘックマンや他の研究者による幼児教育の効果に関する研究は『幼児教育の経済学』にまとめられている（Heckman 2013＝2015）．

参考文献

Heckman, J. J., 2013, "Giving Kids a Fair Chance" The MIT Press（2015）古草秀子訳『幼児教育の経済学』東洋経済新報社．

堀聡子（2016）「活動形態別にみる子育て支援者の活動・労働の実態と意識」『生協総研レポート』80: 37-47.

厚生労働省（2014）『地域子育て新拠点事業の実施について』（http://www.mhlw.go.jp/file/06-Seisakujouhou-11900000-Koyoukintoujidoukateikyoku/0000103063.pdf）（最終閲覧日：2019 年 12 月 3 日）．

厚生労働省（2018）『地域子育て支援拠点事業実施状況』（https://www.mhlw.go.jp/content/000519569.pdf）（最終閲覧日：2019 年 12 月 3 日）．

三菱 UFJ リサーチ＆コンサルティング株式会社（2018）『地域子育て支援拠点事業の経営状況等に関する調査報告書』（http://www.murc.jp/uploads/2018/04/koukai_180420_c2.pdf）（最終閲覧日：2019 年 12 月 3 日）．

水町勇一朗（2010）『労働法（第 3 版）』有斐閣．

中村由香（2016）「子育て支援者の収入アスピレーションを規定するものは何か」『生協総研レポート』80: 29-35.

中田喜文・宮本大（2004）「日本における NPO と雇用──現状と課題」『季刊家計経済研究』61: 38-49.

NPO 法人子育てひろば全国連絡協議会（2016）『地域子育て支援拠点における「つながり」に関する調査研究事業報告書』（http://kosodatehiroba.com/new_files/pdf/away-ikuji-hokoku.pdf）（最終閲覧日：2019 年 12 月 3 日）．

尾曲美香（2016）「子育て支援者の活動時間・経済的報酬と意識」『生協総研レポート』80: 21-27.

大森義明（2008）『労働経済学』日本評論社．

小野晶子（2007）「『有償ボランティア』は労働者か？」『日本労働研究雑誌』560: 77-88.

島貫智行（2011）「非正社員活用の多様化と均衡処遇──パートと契約社員の活用を中心に」『日本労働研究雑誌』607: 21-32.

清水谷諭・野口晴子（2005）「保育士の賃金決定と賃金プロファイル──ミクロデータによる検証」『経済分析』175: 33-49.

相馬直子（2016）「『子育て支援労働』の誕生」『生協総研レポート』80: 3-13.

相馬直子・堀聡子（2016）「子育て支援労働をつうじた女性の主体化──社会的・経済的・政策的エンパワメントの諸相」『社会政策』8（2）: 50-67.

相馬直子・松木洋人・井上清美・橋本りえ（2016）「小特集に寄せて──子育て支援

労働と女性のエンパワメントをめぐる論点」『社会政策』8（2）: 46-49.

第5章　どのような支援者が無償労働に従事するのか
——業務の種類と労働時間の関係に着目して

1. はじめに

1)　地域子育て支援の現状と課題

　地域子育て支援者は，どの程度の時間，いかなる仕事をしているのだろうか．本章の目的は，地域子育て支援の現場で働く人々が行う業務の種類と労働時間との関係に着目して，労働者の中で誰が無償労働に従事しやすいのかを明らかにすることである．

　2015年に「子ども・子育て支援新制度」が開始し，地域における子育て支援事業の拡充が重点課題となっている．具体的には「地域子ども・子育て支援事業」として13の事業が体系化され，そのうちの1つとして地域子育て支援拠点事業が位置づけられた．地域子育て支援拠点事業とは，子育ての孤立感の緩和や子どもの健やかな育ちの支援を目的として，乳幼児及びその親が相互に交流を行う場所を開設する事業である．この事業は，NPO，協同組合など，以前から地域の子育て支援に重要な役割を担ってきた多様な組織に焦点をあて，それらの組織間の連携を促すとともに，これらの組織が地域のより多様な団体や幅広い世代と連携することを目的とした事業である（厚生労働省 2007, 2014）．

　地域子育て支援拠点事業の実施箇所数は，年々増加傾向にある（厚生労働省 2017）．しかし，幾つかの点で課題が指摘されている．例えば，全国の地域子育て支援拠点組織を対象として2018年に行われた調査では，利用者の増加や，

拠点に求められる役割の多様化に応えるだけの人件費や運営費が確保できず，支援者がしばしば無償で働かざるを得ないという問題が提起されている（三菱UFJリサーチ＆コンサルティング株式会社 2018）．さらに，運営費の多くは行政からの補助金であり，その積算基準に事務的な仕事の時間が入っていないためにそれらの仕事を無償で行わざるをえないことや，最低賃金の上昇に対して委託金の額が上がらないために赤字運営になるといった問題も提起されている．さらにこの調査では，保育士資格を持つ支援者が，地域子育て支援組織よりも待遇の良い保育園に就職してしまう傾向があるため，良い人材が確保できないという課題も指摘されている．特に近年，保育士は処遇改善がなされているにもかかわらず，地域子育て支援拠点の職員の処遇は改善されず，不公平だと感じる支援者の存在も指摘されている．

　このように地域子育て支援は，国や自治体からその発展が求められる存在になってきたものの，支援の量と質を継続的に担保するための労働環境の整備はいまだ不十分であるといえよう．

2)　本章で検討する課題

　このような背景をふまえて，本章では以下の3点を検討する．

　第1に，地域子育て支援者はどのような労働環境で働いているのかを明らかにする（3.1）．地域子育て支援者を対象とした調査で，彼らがしばしば「サービス残業」をしていることが指摘されているものの，実際にどの程度の時間，無償で働いているのかという実態は明らかにされていない．そのため本章では，総労働時間はどのくらいなのか，そのうち無償で働く時間はどのくらいなのかを把握する．

　第2に，地域子育て支援組織で支援者が担う業務の種類に着目して，それぞれの業務と労働時間との関係を検討する（3.2）．先行研究では，支援者が行う業務の種類別に，有償で行われやすいものと無償で行われやすいものがあることが明らかにされている．地域子育て支援労働といっても，利用者（親や子ども）と触れ合う仕事から，事務的な仕事，外部機関や団体とのやり取りといった渉外的な仕事まで，その業務は多岐にわたる．これらのうち，子どもや親に直接関わる子育て支援現場での業務は，1日あたりの時間が長く有償で行われ

やすい．一方で，組織の管理・運営業務等の現場以外の業務は，1 日あたりの時間が短く無償で行われやすい（尾曲 2016）．本章では，雇用形態別に担いやすい業務の種類を明らかにし，それが無償労働時間の多寡にどのように影響するのかを検討する．

　第 3 に，無償で行われやすい業務に従事しているのは，どのような支援者なのかを明らかにする（3.3）．地域子育て支援の担い手を確保するため，2015 年に全国共通の子育て支援員研修事業が創設された．この研修事業では，保育士，社会福祉士，その他国家資格（幼稚園教諭，看護師等）を有し，かつ日々子どもと関わる業務に携わるなどの実務経験により，学ぶべき知識等が習得されていると都道府県知事等が認める者は，基本研修を免除しても差し支えないと規定されている（厚生労働省 2015）．地域子育て支援者に必要とされる知識やスキルは，これら国家資格で得られるスキルに類似すると考えられ，有資格者の活用が期待されている．しかし実際の仕事の中で，支援者に地域の多様な組織をつなぐ役割やコーディネーターの役割が求められるなど，既存の資格に含まれる専門性では対応しきれない場合があることも指摘されている（橋本 2003）．本章では，支援者の専門性や人的資本を示す資格や職歴の有無，学歴といった変数に着目して，無償で行われやすい業務を担うのはどのような人なのか，なぜその労働が無償になってしまうのかを検討する．

2.　分析に使用したデータと変数

1)　使用したデータ

　本章で分析に使用するのは，公益財団法人生協総合研究所「子育て期の女性のエンパワメント研究会」が 2012 年 11 月から 2013 年 3 月に実施したアンケート調査のデータである[1]．本調査は，地域子育て支援者の雇用形態，賃金，労働時間等の労働環境について尋ねた「子育て支援者の活動形態や働き方に関する調査票（A 票）」，業務の種類別の労働時間について尋ねた「子育て支援者の活動時間調査（B 票）」，支援者が現在働いている団体以外に兼務している様々な活動の経験年数や活動頻度を尋ねた「子育て支援活動や他の活動とのか

けもちについて（C 票）」の 3 種類の調査票を用いて実施した．

　調査の対象は，地域子育て支援組織で働く支援者である．対象とした組織の所在は，首都圏（東京都，神奈川県，埼玉県，千葉県）の一部の地域と香川県である．これらの地域を対象とした理由は，全国規模で子育て支援組織を把握することができなかったため，地域子育て支援において先進的であった横浜市を含む一部の地域・組織に限定したという経緯がある．また，対象とした組織の運営主体の構成比は，NPO 法人（57.2%），生活協同組合（24.5%），株式会社（9.3%），社会福祉法人（3.3%），行政（2.7%），任意団体（2.7%）であり，厚生労働省が 2016 年に全国の地域子育て支援拠点組織を対象に実施した『地域子育て支援拠点事業実施状況』と，その構成比が異なっている点には留意が必要である．

　次に，分析に使用するサンプルについて説明する．本章では，前述の 3 種類の調査票のうち A 票の設問を用いて分析を行う[2]．A 票の有効回答数は 601 人，そのうち男性 1.2%（7 人），女性 97.5%（586 人），無回答 1.3%（8 人）であったため，女性のみを対象とした．また，これら 586 人の女性の地域子育て支援者の雇用形態は，常勤職員 31.4%（184 人），非常勤職員 55.8%（327 人），ボランティア 10.4%（61 人），その他 2.2%（13 人），無回答 0.2%（1 人）であり，ボランティアとその他をサンプルから除外し，常勤・非常勤職員のみを分析の対象とした[3]．その理由は，無償労働を基本とするボランティアと，有償労働を基本とする常勤・非常勤職員では，無償労働の時間が意味するものが異なるためである．この他，分析に使用するいずれかの変数が欠損値をとるケースを除く合計 299 サンプルを，本章の分析に使用する．

2)　分析に使用する変数

　次に，分析に使用する変数について説明する．分析に使用する主要な変数として，労働時間，業務の種類別の従事状況がある．労働時間については，A 票では「週あたりの総労働時間」「週あたりの有償労働時間」の 2 つを尋ねている．本章では，これら 2 つの労働時間から，無償労働時間の長さを計算して用いる．なお，回答者によっては，総労働時間が有償労働時間よりも短いケースがあり，これらのケースは分析から除外した．

　また業務の種類別の従事状況について，A 票では，組織で行なわれている業務のうち，「ひろばスタッフ」「保育所の保育」「ファミリー・サポート」「一時保育」「学童保育・クラブ」「産前産後支援（家庭訪問）」「相談」「その他」の 8 種類を「子育て支援業務」とし，「会計（請求事務，帳票管理など）」「渉外（広報，クレーム対応，交渉，相談など）」「コーディネート（予定表作成，シフト調整，取材・見学対応など）」「情報発信（通信の作成，ウェブサイトの編集など）」「ネットワーク活動（地域の集い等への参加，地域住民の理解・協力の推進）」「対外的な講師や報告者」「事務・庶務」「その他」の 8 種類を「子育て支援以外の業務」と分類している．本章では，これらのうち「その他」を除いた上で，「子育て支援業務」と「子育て支援以外の業務」のそれぞれに類別される業務を 1 種類でも行っている場合に「従事している」，まったく行っていない場合に「従事していない」とした変数を用いる．

　この他，使用した変数については以下の通りである．子育て支援組織からの年収については，「103 万円未満」と「103 万円以上」に分類している[4]．これは，配偶者控除が受けられる扶養の範囲内かどうかを問うため作成した変数であるが，この分類では控除を受けられる上限額の 103 万円を扶養の範囲外に含む形になっている．これは使用する回答が「もらっていない」から「300 万円以上」まで 18 のカテゴリー変数となっており，該当範囲のカテゴリーが「90 万円〜103 万円未満」「103 万円以上〜130 万円未満」と分類されているためである．

　さらに資格の有無について，調査票では，資格の種類別に「持っている」「取得したい（学習中含む）」「関心がない」の 3 つの回答から選択する形となっている．この設問は無回答が多く，その理由として排他的な選択肢ではなかったために，資格を取得したいとは思っていないが関心はある，という回答者が回答できなかった可能性が考えられる．そこで本章では，「持っている」と答えた人以外の無回答を含むケースを「持っていない」とまとめて用いることにした．

　これらを含め，本章で分析に使用した変数とその作成方法については，表 5-1 に示した通りである．

表 5-1　分析に用いた変数と作成方法

変数名	作成の方法
年齢	「39 歳以下」「40〜49 歳」「50 歳以上」の 3 つのダミー変数.
学歴	「中学校・高校卒」「短期大学・専門学校卒」「4 年制大学卒以上」の 3 つのダミー変数.
資格	保育士，社会福祉士，幼稚園教諭，看護師のいずれかの資格を持つ人を 1 としたダミー変数.
職歴	現在の子育て支援組織で働く以前に，日常的に子どもと関わる職歴がある人を 1 としたダミー変数. 具体的には，「保育・幼稚園関係（保育士，幼稚園教諭，ベビーシッター，幼児教室講師等）」，「それ以外の子育て支援関連（ひろばスタッフ，相談員等）」のいずれかの職歴がある場合.
配偶者	「1：配偶者あり」「0：配偶者なし」とするダミー変数.
子ども	「末子 9 歳以下の養育中の子どもあり」「末子 10 歳以上の養育中の子どもあり」「養育中の子どもなし」の 3 つのダミー変数.
世帯年収	「0：600 万円未満」「1：600 万円以上」とするダミー変数.
子育て支援組織からの年収	現在，働いている地域子育て支援組織からの年収について，「1：103 万円未満」，「0：103 万円以上」とするダミー変数.
雇用形態	「1：常勤」「0：非常勤」としたダミー変数.
勤続期間	職員として勤務した月数. 調査票ではカテゴリー変数で尋ねており，「半年未満」を「6 ヵ月」，「1 年前後」を「12 ヵ月」，「2〜3 年」を「30 ヵ月」，「4〜5 年」を「46 ヵ月」として換算.
業務の種類別の従事状況	全 14 種類を「子育て支援業務」「子育て支援以外の業務」に類別した上で，それぞれの業務に「従事している」「従事していない」の 2 カテゴリーに分けた変数. なお，ロジスティック回帰分析では「0：子育て支援以外の業務を行っていない」「1：子育て支援以外の業務を行っている」とするダミー変数を使用している.
総労働時間	1 週間あたりの総労働時間の実数.
無償労働時間	1 週間あたりの無償労働時間の実数.

3.　分析結果

1)　労働時間の概況

　まず，地域子育て支援者の労働時間に着目し，どのような労働環境で働いているのかを見ていく[5]. 表 5-2 は，雇用形態別に 1 週間あたりの総労働時間と無償労働時間を示したものである. ダミー変数はクロス表を用いてカイ 2 乗検

表 5-2　雇用形態別の総労働時間と無償労働時間

		常勤 (N＝105)	非常勤 (N＝194)	有意差
総労働時間（時間）	最小値	2.0	1.0	p＜.001
	最大値	83.0	90.0	
	平均	29.9	16.7	
	標準偏差	16.6	11.2	
週 40 時間を超える労働者（%）		21.0	1.5	p＜.001
無償労働時間（時間）	最小値	0.0	0.0	p＜.01
	最大値	52.0	50.0	
	平均	4.0	2.5	
	標準偏差	8.0	5.1	
無償労働の有無（%）	あり	51.4	46.9	n. s.

定を行い，それ以外の変数は平均値の差の検定を行った結果を示している．

　総労働時間について見ていくと，常勤職員の平均労働時間が 29.9 時間，非常勤職員が 16.7 時間となっており，非常勤職員よりも常勤職員のほうが長い時間働く傾向がある．法定労働時間を超えて働いている職員の割合についてみてみると，非常勤職員で 1.5%，常勤職員で 21.0% が週 40 時間を超えて働いている．労働時間の最大値と最小値をみると，常勤職員であっても 2 時間しか働いていない者もいれば，いわゆる「過労死ライン」である 80 時間を超えて 83 時間働く者もいる．また，非常勤職員の場合にも 90 時間働いている者が存在する．

　次に，無償労働時間を見ていく．常勤職員では平均して 4 時間，非常勤職員は 2.5 時間，無償で働いている．最大値と最小値をみると，常勤職員の中でも無償労働が全くない者から，52 時間無償で働く者もいる．非常勤職員についても，無償労働が全くない者から，50 時間無償で働く者が存在する．無償労働の有無については雇用形態間で差はなく，常勤・非常勤職員ともに約半数の職員が，無償で働く時間があると答えている．

2）　業務の種類別の従事状況と労働時間の関係

　次に，支援者が担う業務の種類に着目して，それぞれの業務への従事状況と労働時間との関係をみていく．

　常勤・非常勤の雇用形態別に担っている業務の種類をみてみると，常勤職員で95.2%，非常勤職員で96.3%と，いずれの雇用形態においても9割を超える職員が子育て支援業務に従事している．一方で，子育て支援以外の業務については，常勤職員で61.9%，非常勤職員で42.4%と，非常勤職員よりも常勤職員のほうが担う傾向があり，クロス表分析の結果，統計的にも有意な差があった．

　なお，子育て支援業務と子育て支援以外の業務との兼務もあるため，細かく見ていくと，常勤職員では子育て支援業務のみ行っている割合が38.1%，子育て支援以外の業務のみを行っているのは4.8%，いずれの業務も行っているのは57.1%であった．一方，非常勤職員では，子育て支援業務のみを行っているのは57.6%，子育て支援以外の業務のみを行っているのは3.7%，いずれの業務も行っているのは38.7%であった．いずれの雇用形態においても子育て支援以外の業務のみを行う割合は低く，子育て支援以外の業務を行う職員は子育て支援業務にも併せて従事する傾向があることがわかる．

　では，子育て支援以外の業務を行うかどうかが，無償労働時間にどのような影響を与えるのだろうか．表5-3は雇用形態別に，子育て支援以外の業務に従事しているかどうかと無償労働時間の長さとのクロス表分析の結果を示したものである．この結果から，常勤・非常勤職員のいずれにおいても，子育て支援以外の業務に従事していない職員に比べて，業務に従事している職員のほうが，無償労働時間が長くなる傾向がみられる．

3)　無償で行われやすい業務を担う支援者の特性

　最後に，無償で行われやすい業務に従事しているのは，どのような支援者なのかを明らかにする．子育て支援以外の業務に従事しているかどうかが無償労働時間の多寡に影響を与えていたことから，子育て支援以外の業務の有無を従属変数とした二項ロジスティック回帰分析を行った．独立変数には，年齢（40〜49歳ダミー，50歳以上ダミー），学歴（短大・専門学校卒ダミー，四大卒以上ダミー），資格（ありダミー），職歴（ありダミー），配偶者（ありダミー），養育中の子ども（9歳以下の末子ありダミー，10歳以上の末子ありダミー），世帯年収（600万円以上ダミー），子育て支援組織からの年収（103万円未満ダミー），雇用

表 5-3　子育て支援以外の業務の有無と無償労働時間　　　　　　　（単位：％）

		無償労働時間			有意差
		無償労働なし	1-3 時間	4 時間以上	
常勤	子育て支援以外の業務なし（N＝40）	72.5	15.0	12.5	p＜.001
	子育て支援以外の業務あり（N＝65）	33.8	20.0	46.2	
非常勤	子育て支援以外の業務なし（N＝113）	62.8	25.7	11.5	p＜.001
	子育て支援以外の業務あり（N＝81）	39.5	23.5	37.0	

表 5-4　子育て支援以外の業務の有無を従属変数としたロジスティック回帰分析

		β	$\exp(\beta)$	
年齢	40〜49 歳	0.076	1.079	
（ref：39 歳以下）	50 歳以上	−0.649	0.523	
学歴	短期大学・専門学校卒	1.049	2.856	*
（ref：中学校・高校卒）	四年制大学卒以上	1.390	4.016	**
資格	あり	−1.299	0.273	**
（ref：なし）				
職歴	あり	−0.213	0.808	
（ref：なし）				
配偶者	あり	0.567	1.762	
（ref：なし）				
子ども	9 歳以下の末子あり	0.143	1.154	
（ref：養育中の子どもなし）	10 歳以上の末子あり	−0.102	0.903	
世帯年収	600 万円以上	0.110	1.117	
（ref：600 万円未満）				
子育て支援組織からの年収	103 万円未満	−1.381	0.251	***
（ref：103 万円以上）				
雇用形態	常勤	0.824	2.279	**
（ref：非常勤）				
勤続期間		0.014	1.014	***
定数		−0.699	0.497	
サンプル数		299		
$\chi2$		72.587 ***		
−2　Log Likelihood		341.751		
NegelkerkeR2		0.287		

注：＊＊＊p＜.001，＊＊p＜.01，＊p＜.05

形態（常勤ダミー），勤続期間を投入した．結果は表 5-4 の通りである．

　子育て支援以外の業務に従事しているかどうかに対して，正の影響を与える
のは学歴（短大・専門学校卒ダミー，四大卒以上ダミー），雇用形態（常勤ダミー），
勤続期間である．一方で，負の影響を与えるのは資格（ありダミー），子育て支

援組織からの年収（103万円未満ダミー）である．ここから，学歴が高いほど子育て支援以外の業務に従事しやすい傾向があること，非常勤職員よりも常勤職員のほうが子育て支援以外の業務に従事しやすい傾向があること，そして勤続期間が長いほど子育て支援以外の業務に従事しやすい傾向があることが分かる．また，無資格者よりも有資格者のほうが子育て支援以外の業務に従事しにくい傾向があること，子育て支援組織からの年収が扶養の範囲外の人よりも扶養の範囲内の人のほうが子育て支援以外の業務に従事しにくい傾向があることが分かる．

　これらの結果から読み取れることは，以下の通りである．まず学歴については，学歴が高いほど子育て支援以外の業務を担う傾向があった．これについては次の解釈が考えられる．ボランティア活動などの市民活動への参加に対する社会階層の効果に着目した研究では，学歴の高さが市民活動への参加を促すという知見が示されてきた（仁平 2011；三谷 2014）．その理由は学歴の高さが，コミュニティの課題に対する関心の高さや知識の豊富さ（Wilson and Musick 1997），他者とのコミュニケーション能力の高さ（Brady et al. 1995）を育むためであるといった見解が出されている．今回，子育て支援以外の業務として類型した業務の中には，「ネットワーク活動（地域の集い等への参加，地域住民の理解・協力の推進）」「対外的な講師や報告者」「渉外（広報，クレーム対応，交渉，相談など）」「情報発信（通信の作成，ウェブサイトの編集など）」等，地域の多様な団体や地域住民とのコミュニケーションが求められるものが多く，市民活動と親和性が高いといえる．そのために学歴の高さとの関連がみられ，これらの労働が無償で行われやすい性質があるのではないかと考えられる．

　また，子育て支援組織からの年収が配偶者の扶養の範囲内である場合に，子育て支援以外の業務に従事しにくい傾向がみられた．表5-3の分析には，103万円を基準とした変数を投入したが，「130万円未満」と「130万円以上」に分けたダミー変数を投入した分析でも同じ傾向がみられた．このような傾向がみられる理由として，夫が主たる稼ぎ手であり，妻は家事と両立をしながら限られた時間で効率よく働きたいという意向を持つために，無償労働になりやすい子育て支援以外の業務を避ける傾向があるのではないかと考えられる．

　さらに，勤続期間が長くなるほど子育て支援以外の業務を担う傾向がみられ

たことから，組織で長く働くことによって，この業務の専門性が蓄積されていくと考えられる．地域の多様な団体や住民との関係の構築，対外的な渉外・広報活動等，子育て支援以外の業務は，個々の組織の実情や地域の特性に応じて行われる性質がある．そのため，勤続して組織固有の知識や経験を培うことが重要となる．他方で，保育士，幼稚園教諭，社会福祉士，看護師といった資格を持つ人ほど，子育て支援以外の業務に従事しない傾向があったことから，これらの資格が子育て支援業務に必要な専門性を示す指標として機能し，有資格者が支援業務に専従しやすくなっていると考えられる．言い換えれば，子育て支援以外の業務がその組織においてのみ生産性を高める知識や技能を必要とするのに対し，子育て支援業務の場合には，地域子育て支援組織のみならず保育所や幼稚園等，どの職場で雇用されても生産性を高めるような知識や技能が求められる傾向があるといえる．

4. おわりに

　本章では，地域子育て支援の現場で働く人々が行う業務の種類と労働時間との関係に着目して，労働者の中で誰が無償労働に従事しやすいのかを明らかにした．ここでは分析結果をまとめ，そこから導かれる知見を示す．

　第1に，地域子育て支援者の現場は，職員の長時間労働と無償労働に支えられている傾向があった．総労働時間が週40時間を超える者の割合が2割を超えるなど，特に常勤職員は労働時間が長時間になっていた．さらに，週80時間の「過労死ライン」を超える労働者がいるなど，生活のかなりの時間を地域子育て支援労働に割いている職員も存在した．また，常勤職員と非常勤職員の約半数が無償で働く時間があると答えており，地域子育て支援者の労働環境をめぐっては改善すべき点が多い．

　第2に，子どもや親に直接対応する子育て支援業務に比べ，それ以外の業務のほうが無償で行われる傾向があった．地域子育て支援組織が地域内の多様なステークホルダーと連携・協働することは，地域子育て支援拠点事業の主要目的である．子育て支援以外の業務，すなわち組織運営のために生じる事務的業務や地域とのネットワークを形成する業務を担うことが，無償労働時間の増加

につながるということは，今後，経費の削減や業務の効率化によってこれらの業務が縮小される可能性が高くなる．地域子育て支援組織の意義や役割を保つためには，これらの労働を有償化する必要があると考えられる．

　第3に，子育て支援業務の専門性は，保育士や幼稚園教諭等の国家資格で可視化される傾向があるのに対し，子育て支援以外の業務の専門性は可視化されにくい傾向があった．その専門性を資格の有無や職歴の有無では測れない子育て支援以外の業務については，勤め続けることで，多様な組織との関係が構築され社会関係資本が形成されるなど，長期間にわたって専門性が築かれていく傾向があった．子育て支援以外の業務を担った場合に，無償労働時間が増えることから，支援者がたとえ子育て支援以外の業務に関する豊かな知識やスキルを持っていたとしても，働いた時間に応じた報酬を得たいと感じた場合に離職してしまう可能性が高い．したがって，地域子育て支援者の確保と定着のためには，勤続期間を評価する等，子育て支援以外の業務の専門性を可視化することが必要だろう．

　本章の分析には，今後さらに検討すべき課題がある．2節で述べたように，分析に使用したデータは一部の地域を対象としたものであり，全国の地域子育て支援組織を対象としたデータを用いて，同様の傾向があるかを検証することが必要である．また，今回使用したデータには，地域子育て支援組織の組織特性に関する変数が少なかったため，支援者の個人特性に重点を置いた分析に留まった．今後は，運営主体や組織規模，所在地等の組織特性を考慮した分析を行い，地域子育て支援者の労働実態をより仔細に捉えることが求められる．

注
1　調査の詳細は序章に詳しい．また，公益財団法人生協総合研究所『生協総研レポート』80号にも調査の経緯や単純集計結果等が記載されている．
2　調査票は，本書の末尾に掲載している．
3　「その他」には，「ワーカーズコープ」や，常勤・非常勤・ボランティアのいずれでもない「理事」が含まれている．
4　2018年1月から配偶者控除制度の改正で扶養控除の範囲が拡大し，103万円が150万円に引き上げられたが，本調査の実施時期が2012—13年であることから，このカテゴリーを使用している．
5　総労働時間，有償労働時間の概況については，本書第4章でも詳しく分析されている．

参考文献

Brady, H. E., Verba, S. and Schlozman, K. L. (1995) "Beyond SES: A Resource Model of Political Participation", *The American Political Science Review* 89 (2): 271–294.

橋本真紀（2003）「地域子育て支援センター職員の専門性に関する考察 II」『聖和大学論集』31: 1–13.

厚生労働省（2007）『地域子育て支援拠点事業実施のご案内（実施ガイド）』（https://www.mhlw.go.jp/bunya/kodomo/pdf/gaido.pdf）（最終閲覧日：2018 年 12 月 27 日）.

厚生労働省（2014）『地域子育て支援拠点事業の実施について』（https://www.mhlw.go.jp/file/06-Seisakujouhou-11900000-Koyoukintoujidoukateikyoku/0000103063.pdf）（最終閲覧日：2018 年 12 月 27 日）.

厚生労働省（2015）『子育て支援員研修事業の実施について』（https://www.mhlw.go.jp/file/06-Seisakujouhou-11900000-Koyoukintoujidoukateikyoku/0000093394.pdf）（最終閲覧日：2018 年 12 月 27 日）.

厚生労働省（2017）『地域子育て支援拠点事業実施状況　平成 29 年度実施状況』（https://www.mhlw.go.jp/file/06-Seisakujouhou-11900000-Koyoukintoujidoukateikyoku/kyoten_kasho_31.pdf）（最終閲覧日：2018 年 12 月 27 日）.

三谷はるよ（2014）「『市民活動参加者の脱階層化』命題の検証——1995 年と 2010 年の全国調査データによる時点間比較分析」『社会学評論』65 (1): 32–46.

三菱 UFJ リサーチ＆コンサルティング株式会社（2018）『平成 29 年度 子ども・子育て支援推進調査研究事業 地域子育て支援拠点事業の経営状況等に関する調査報告書』.

仁平典宏（2011）「階層化／保守化のなかの『参加型市民社会』——ネオリベラリズムとの関係をめぐって」斎藤友里子・三隅一人編『現代の階層社会 3　流動化のなかの社会意識』東京大学出版会, 309–323.

尾曲美香（2016）「子育て支援者の労働実態と経済的保障」『社会政策』8 (2): 81–91.

Wilson, J. and Musick, M. A. (1997) "Work and Volunteering: The Long Arm of the Job", *Social Forces* 76 (1): 251–272.

第6章 地域子育て支援の制度化と非現場ワークの増大
——横浜市を事例に

堀聡子・尾曲美香

1. はじめに

　地域子育て支援が制度化され，多機能化が進むなか，地域子育て支援を現場で支えている子育て支援者たちは，多くのワークを担っている．一般的に，地域子育て支援の現場における支援者の仕事といえば，親子の交流の場（「子育てひろば」）において親子に寄り添い，見守り，交流を促す，いわゆる現場ワークのイメージを持つのではないだろうか．しかし実際には，支援者たちは，現場ワーク以外にも総務・人事・経理などのワークを担っている．にもかかわらず，現場ワークを支えるこうしたワークについては，これまで焦点化されてこなかった．

　そこで本章では，これまで焦点が当てられてこなかったワークを「非現場ワーク」と名付け，それについて詳細に見ていく．1つには，地域子育て支援が制度化されることによって非現場ワークが増大したことを述べる．2つには，制度化以前から存在する非現場ワークが制度化によって変容しつつあることを述べる．制度化以前からある非現場ワークは，地域子育て支援の核ともいえるワークであり，その変容に支援者たちがジレンマを抱えていることを述べる．

　本章では横浜市の事例を取り上げる．その理由は3節で詳述するが，横浜市はNPO法人が地域子育て支援を築き上げていった地域だからである．地域子育て支援拠点の運営主体は様々であり，運営主体によって状況は大きく異なるが，NPO法人は子育て当事者による地域子育て支援を牽引してきた主体であり，地域子育て支援の創設期から現在までを分析するのに適していると考える．

また，横浜市は，地域子育て支援の制度化が進んでいる地域であるため，今後の地域子育て支援について考えるうえでも示唆的である．具体的には，横浜市の3区の地域子育て支援拠点で働くスタッフや施設長への聞き取り調査の語りを主な分析対象とする．

2. 地域子育て支援拠点事業の成り立ち

本節では，語りデータの分析に先立ち，厚生労働省の「地域子育て支援拠点事業」の成り立ちを確認しておく．

現在，地域における子育て支援は，各自治体設置の子育て支援センター，その他市民主体の子育てネットワークなど，保育所や幼稚園だけでなく様々な施設において実施されている．親子が集う場，いわゆる「子育てひろば」については，運営主体も様々であるが，なかでもNPO法人が運営する「子育てひろば」が地域子育て支援の源流ともいえる．

こうした地域における子育て支援は，子育て当事者である母親たちによる「ひろば」づくりの活動から国の政策へと発展してきた経緯がある．地域のつながりの希薄化を背景に，子育てに孤独感や負担感を持つ母親らが，自分たちの経験をもとに親子が気軽に集い，交流できる場づくりをおこなってきた．彼女たちの活動をモデルとして，2002年度より厚生労働省の新規事業として「つどいの広場事業」が開始された．さらに，この「つどいの広場事業」は，2007年4月からは，保育所等で実施されている「地域子育て支援センター事業」とともに再編され，児童館などでの実施も含め「地域子育て支援拠点事業」となった（堀 2013: 61）．当初，同事業は，ひろば型，センター型，児童館型の3種に分けられ，それぞれの機能を活かした規定が整備されたが，現在は一般型と連携型に再編されている．また，2008年に児童福祉法および社会福祉法が改正され，2009年度に施行されたことにより，「地域子育て支援事業」は法定化され，社会福祉法上の第二種社会福祉事業として位置づけられた．

地域子育て支援拠点事業の基本事業は，①子育て親子の交流の場の提供と交流の促進，②子育て等に関する相談・援助の実施，③地域の子育て関連情報の提供，④子育て及び子育て支援に関する講習等の実施（月1回以上）であり，

一部の小規模型指定施設を除いて，これらをすべて実施するよう定められている（厚生労働省 2018）．子育て家庭の親とその子どもが気軽に集い，交流できる場を設けること，子育てに関する学びの機会を提供することで，子育て家庭を支え，地域の子育て支援機能の充実が目指されている．

　2018 年度は，全国 7,431 カ所の地域子育て支援拠点が運営された．一般型が 6,555 カ所，連携型は 876 カ所である．開設日数や従事者の資格・人数等の規定は異なるが，それぞれの機能を活かすかたちで，子育て家庭の支援を実施している．実施場所は，保育所 35.7%，公共施設・公民館 21.3%，児童館 14.5%，認定こども園 12.6%，民家・マンション等 4.7%，空き店舗・商業施設 4.1%，専用施設 4.2%，幼稚園 0.4%，その他・未定 2.5% となっている．運営主体は，社会福祉法人 37.4%，市町村直営 34.5%，NPO 法人 10.2%，社会福祉協議会 4.3%，学校法人 3.7%，任意団体等 3.4%，株式会社 2.2%，その他 4.3% となっている．社会福祉法人，市町村直営についで多いのが NPO 法人による子育て支援拠点である（厚生労働省 2019）．

　以上のように，地域子育て支援は，子育て当事者による親子の居場所づくりから始まり，従来の公的な子育て支援だけでは行き届かない当事者ニーズを汲み取る形で拡大・展開し，国の事業として事業化されていったといえよう．

3.　横浜市の地域子育て支援拠点事業

　次に，横浜市における地域子育て支援拠点事業について概説する．前節で確認したように，地域子育て支援の主体は様々であり，運営主体によって状況は大きく異なるが，本章では当事者の主体性が活かされやすい NPO 法人を事例として取り上げる．さらに，NPO 法人による地域子育て支援の先進事例として，横浜市を取り上げる．横浜市では，国の地域子育て支援拠点事業に基づき，同市から 18 の区に事業を委託し，行政と運営法人の協働事業として地域子育て支援拠点を運営している．設置規模や委託料や補助金の額が大きく，全国的にみても先進事例であることから，本章の対象とすることとした．

　横浜市における地域子育て支援は，当事者主体の草の根活動から始まり，全国へと波及した，先駆的なモデルである．2000 年度，横浜市港北区で「おや

この広場びーのびーの」が開設された．子育て中の母親たちが，"自分たちの子育てを豊かにする場を自分たちでつくる"ために駅前商店街にある空き店舗を利用して活動を開始したのである．こうした当事者主体の活動の成功を受けて，2002年度に厚生労働省「つどいの広場事業」が創設され，全国28カ所でスタートした．同年度，横浜市では「親と子のつどいの広場事業」の名称で，市内3カ所で子育て支援拠点の運営が開始された．2005年度には，横浜市「地域子育て支援拠点事業」が創設された．かがやけ横浜子ども青少年プラン前期計画（2005-2009年度）に基づき，子育て支援の総合的な拠点として各区1カ所整備が目標として掲げられ，着々と整備が進められた．そして2012年度には，18区全てに地域子育て支援拠点が設置された．

　2019年現在，横浜市の地域子育て支援拠点事業は，以下の7つの事業から構成されている．

① 　親子の居場所事業
　　保護者と児童がいつでも気軽につどい，子どもと遊んだり，仲間と一緒におしゃべりしたりしてゆったり過ごせる居場所を提供する
② 　子育て相談事業
　　子育てに関するさまざまな相談にスタッフなどが対応する
③ 　情報収集・提供事業
　　さまざまな子育て情報が入手できる情報コーナーを設置するほか，多様な媒体で情報を発信する
④ 　ネットワーク事業
　　子育てを応援する方々・機関と地域のつながりを築き，子育て支援の輪を広げる
⑤ 　人材育成・活動支援事業
　　子育て支援に関わっている方や興味のある方に，学び合いと交流の機会をつくり，子育て支援の人材を育成する
⑥ 　横浜子育てサポートシステム区支部事務局運営事業
　　地域の中で子どもを預け・預かることで，人と人とのつながりを広げ，地域ぐるみでの子育て支援を目指す

⑦　利用者支援事業

　　子ども及びその保護者等の身近な場所で，教育・保育・保健その他の子育
　　て支援の情報提供及び必要に応じ相談・助言等を行うとともに，関係機関
　　との連絡調整等を実施する

　横浜市では，「地域子育て支援拠点事業」と「親と子のつどいの広場事業」
が実施されており，いずれも厚生労働省の定める「地域子育て支援拠点事業」
に該当するものである．国庫補助事業として，国から横浜市に対して「子ど
も・子育て支援交付金」が交付されている．各事業の実施主体に支払われる委
託料や補助金の額は全国でも高額な地域である．

　「地域子育て支援拠点事業」では，各区で運営法人がプロポーザル方式で募
集される．委託が決定した法人に人件費を含む委託料が支払われる．区によっ
て額は異なるが，1 年間の運営経費は，約 3,700–5,000 万円となっている．

　「親と子のつどいの広場事業」は，事業内容によって補助金の額は異なる．
年度あたりの基本助成額が 1 日あたりの実施時間と週当たりの実施日数によっ
て算出されるが，最小は週 3 日，1 日あたり 5 時間で 337.8 万円，最大は週 6
日以上，1 日あたり 6.5 時間以上で 639.4 万円である．そこに一時預かりを実
施する場合の加算，家賃の加算がなされる（横浜市 2019）．

　以上のように，横浜市における地域子育て支援は，当事者主体の子育て支援
の先進地域であり，国の制度化を受けて同市においても制度化が進んできた．
もとより横浜市は子育て支援活動のみならず，古くから市民活動が盛んな地域
でもあり，NPO 法人をはじめとした多様な団体が活動している（横浜市立大学
国際総合科学部ヨコハマ起業戦略コース 2009；内海・桜井 2003）．市民活動とそ
れを支える中間組織，行政が協働し，子育て支援活動・政策を展開している地
域（堀 2013: 71）であり，子育て支援者の働き方の現状を確認する際にも示唆
的な地域だと考える．

4.　制度化に伴い増大する非現場ワーク

　地域子育て支援は制度化，多機能化が進むなかで，支援内容，ワーク内容を

変容させてきた．本節では，現在，地域子育て支援を担っている支援者たちが，日々どのようなワークを行っているかについて具体的にみていく．

　子育て期女性のエンパワメント研究会が 2012 年 11 月から 2013 年 3 月に実施した調査の 1 つである「子育て支援者の活動時間調査」（B 票）では，職務内容ごとの活動（労働）時間を調査している．この調査を実施するにあたり，地域子育て支援の各種ワークを体系化する作業を行った．その一覧が表 6-1 である．この一覧表を手がかりとしながら，横浜市で地域子育て支援拠点を運営する NPO 法人のスタッフ，施設長に行ったインタビューの語りをもとに，現在，子育て支援者たちがどのようなワークを担っているかを見ていく[1]．

　地域子育て支援のなかで中心となっているのは，親子を直接的に支援する現場ワークだろう．主な現場ワークとしては，「子育てひろば」で親子に寄り添い，親子の見守りをすること，手遊びや絵本の読み聞かせを行うこと，相談に乗ること，イベント・講座の運営等が挙げられる．また，一時保育や産前産後ヘルパー等の家庭訪問型の支援を行う場合もある．

　こうした現場ワークに加え支援者たちは，現場ワークを支えるための多くのワークを担っている．横浜市では 2005 年度に地域子育て支援拠点事業が創設された．横浜市の場合は，先述のように，地域子育て支援拠点事業は行政と法人の協働事業となっており，法人が区から委託を受けて地域子育て支援拠点を運営している．この事業の受託をきっかけに，法人に事務局を設置した団体が多い．A 区の地域子育て支援拠点を運営する NPO 法人で人事・労務を担当している O さんは，次のように語っている．

　　大変になってきたかな．拠点が開設するまではなんとかやりくりできたんですけど，拠点になってからは，もう立ち行かないということで，もう，やっていかないとだめだと．労務，財務，全部別にしないと，これだけの体制はできないし，説明責任を果たさなきゃいけないので，いろんなところに出すもの（書類）もいっぱいあるし，やっぱり専任が 1 人いないと，立ち行かないという法人の体制ですよね．

　O さんによると，2006 年に A 区で地域子育て支援拠点を開設してから，人

表 6-1　地域子育て支援のワーク一覧

活動の内容	内容例示	具体例
現場ワーク（ひろば関連）	親の見守り，ファシリテート	受付，迎え入れ，声かけなど
	ひろば内での相談	
	情報提供作成，掲示	
	周辺の掃除，片付け	玄関，部屋，庭の掃除，おもちゃの洗濯など
	装飾づくり，装飾	
	お遊戯，手遊び，お話	ピアノを弾く，歌を歌う，紙芝居をするなど
	利用者のフォロー	気になる利用者に電話など
	講座の運営	
	その他	
現場ワーク（保育関連）	保育所保育	
	一時保育	ひろばの預かり，ファミリーサポート，ベビーシッターなど
	その他	学童保育など
現場ワーク（ひろば・保育以外）	産前産後ヘルパー	家事援助など
	アウトリーチ（家庭訪問）型支援	こんにちは赤ちゃん事業，ホームスタート事業など
	その他	個別相談など
管理ワーク	会計	請求事務，帳票管理など
	事務・庶務	データ入力，パソコンの打ち込み，給付管理，郵便物の整理，印刷，備品の購入，給与計算，交通費の処理，メールチェックなど
	現場ワークに伴う記録事務など	記録事務など
	コーディネート業務	予定表作成，スタッフのシフト調整，取材・見学対応，学生ボランティア・インターンの受け入れ・コーディネートなど
組織運営ワーク	内部会議	定例会，運営会議，理事会，役員会，コーディネート会議，担当者会議など
	上記以外の折衝・相談・打合せ	内部でのちょっとした打合せ・報告，スタッフ間の伝達・報告，管理者への報告など
	渉外	広報，クレーム対応，交渉，運営相談，行政との交渉・対応など
研修・学習	内部研修	
	他団体などの外部研修	
	その他	
社会活動・ネットワーク活動・コミュニティ活動	コミュニティ活動	子育て支援に関するサークル活動など
	他団体などとの外部会議	地域協議会，他団体との会議，ひろば全協の会議，行政を含むネットワーク会議など
	その他	地域のお祭り，地域の集い，バザーなどイベントへの参加・企画・準備，講座の企画など
情報発信	ウェブサイトの運営	ウェブサイトの編集・制作・運営など
	通信の発行	通信の執筆，編集，発送など
	出版	出版物の執筆，編集，発送など
休憩時間	休憩時間	
移動時間	移動時間	
その他	その他 →自由記入欄に具体的な活動内容を記入	

※ ▨▨ の部分は非現場ワーク

事，労務等の仕事がより大変になったため，それらを担当する専任の職をつくったという．行政に対して説明責任を果たすために，様々な書類の作成が必要となる．また，地域子育て支援拠点を行政から受託することによって常勤職員が生まれ，その職員の社会保険等の手続きなども必要となる．そうした変化により，会計や事務・庶務のワークが一気に増えたと考えられる．

　また，会計や事務・庶務等の通常業務のみならず，行政との会議，他団体との会合・会議に出席することも欠かせないワークの1つである．A区の場合は，月に1回，区役所との会議があり，3時間かけて行われるという．

　こうしたワークは，区から委託を受けて事業を運営することになったことで発生したワークであるが，区から事業を受託し，その委託を継続させるためにNPO法人としてやるべきワークも多い．例えば横浜市では，5年に1度，委託先の選考が行われるが，そのために提案書を作成することはNPO法人が行う重要かつ労力の必要なワークの1つである．そして，提案書を作成するために，地域子育て支援拠点がやるべきワークも多い．例えば，拠点事業の丁寧な振り返りである．C区の施設長Rさんによると，提案書の作成前には，5年間の事業を区役所と地域子育て支援拠点が一緒に振り返り，行政，地域子育て支援拠点それぞれが各自の役割や遂行状況について事業ごとにまとめた資料を事前に準備しなければならない．先述のように横浜市の場合は，地域子育て支援拠点が担う事業が7事業あるため，7事業分の資料を準備し，1事業ごとに半日かけて振り返りを行うそうである．Rさんは，「協働でやっていくために，区と一緒に，この事業をどういう風に進めていくかという方向性はもちろん，細かい1つ1つの事業についてすり合わせをし，イメージを共有」すると語っている．NPO法人としては，行政の下請けとしてではなく，自分たちが必要だと考える支援ができるように，行政とじっくりすり合わせることが重要になる．また，その資料を作成するために，地域子育て支援拠点が事前にアンケートを実施することもある．このように，提案書を作成するというNPO法人が行うワーク，その準備として地域子育て支援拠点が実施すべき多くのワークがあり，そこに膨大な時間と労力が費やされている．また，委託先の選考では当然，競合する事業者が出てくる可能性もあるため，委託を受けるために十分な準備が必要なのである．

　提案書を作成しプレゼンを行い，無事に委託先として決定した場合，毎年，行政と運営法人が役割分担確認表を作成しなければならない．役割分担確認表には，7 つの事業ごとに「目指す拠点の姿」が提示されており，それを実現するための「行動計画・達成目標」と「成果・課題」を行政と法人がそれぞれできるだけ具体的に書き込んでいくという作業が必要である．5 年間の委託事業になっているものの，予算は 1 年毎であり，5 年間事業を継続できるかどうかは確約されていないため，年度ごとの役割分担確認表の作成が重要となる．事業が継続できるかどうかは，利用者への支援の質とも関わってくる．例えば，相談事業のなかでは，「顔の見えるつながりを持ちながら」相談者と関わることが求められるが，事業が継続できなければ支援も継続できないからである．ここにも多くの時間と労力がかけられている．

　こうした行政とのやり取りに加え，法人内で仕事を回していくために必要なワークも少なくない．例えば，事業計画（年間計画）の作成である．各事業ごとに担当者を決め，まず，各担当者が前年度の事業を振り返り，反省を生かしたうえで当年度の計画を作成する．そして，事業ごとに出てきた計画書をもとに，施設長が事業全体のバランスを見ながら調整していく．R さんによると，複数の事業が連動して動くことが成果を上げていくうえで非常に重要である．また，事業そのものをどのように動かしていくかというイメージを作り，実際に動くように明文化していくことも施設長の役割としてとても大きいと語っている．

　こうして事業計画を整えた後には，その計画を実行するために，どのタイミングで何をすれば良いのかを具体的な年間スケジュールに落とし込み，スケジュール管理をする必要もある．スタッフが「無駄なく」「見通しを持って」動けるように，スタッフの経験や力量，向き不向きを考慮しながら，1 人のスタッフが同時期に忙しくならないように配慮しながらスケジュールを調整するのも現場ワークを回すための重要なワークの 1 つだろう．

　これまで見てきたワークは，主に施設長を中心としたリーダーたちのワークであるが，スタッフ 1 人 1 人のワークも膨大である．A 区の P さんは，16 時に「ひろば」が終わってからの様子を次のように語っている．

　6時くらいまでミーティングをやって，やっている間に洗濯．それこそ洗濯をしてミーティングをして，干しながらミーティングをし，6時くらいに一回お開きになって，それぞれの持ち帰りというか，それぞれが担当するプログラムの企画を立てたり，報告書を作ったり，それに関係する講師だったり，柱の方に連絡をとったり，気になっている利用者さんにお電話をかけたりというのを，6時とか7時過ぎくらいまでやっていますよね．

　で，それが日常なので，それにお祭りみたいなのが入ってくると，さらに，その7時くらい，終わったあとに，お祭りの業務をするみたいなことなので．

　「ひろば」を閉めた後に，ミーティング，洗濯をはじめ，企画の立案や報告書の作成，研修会の講師への連絡などそれぞれの担当の業務も行いつつ，利用者へのフォローをするなど日々数えきれないほどの業務をこなしていることがわかる．また，メールチェックやホームページのメンテナンス等は家でもできるため，持ち帰り仕事になることも多いとPさんは語っている．

　以上みてきたように，地域子育て支援は，直接的に親子を支援する現場ワークと，それを支える膨大な非現場ワークで成り立っていることがわかる．提案書の作成・プレゼン等地域子育て支援拠点事業を受託するためのワーク，区や関係機関との定期・不定期の会議，拠点内の事業全体のマネジメント，スケジュール管理（長期・短期），スタッフ会議の運営，スタッフの配置調整，スタッフの労務管理，事務・庶務，イベントの企画運営，報告書の作成，研修会の準備，講師への依頼状・お礼状の作成，ウェブサイトの制作・運営等々，列挙しきれないほどの多様なワークを担っているのである．また，ここで見てきた非現場ワークの多くは，地域子育て支援拠点事業が制度化されたことによって生じたワークである．地域子育て支援の創設期にはなかったワーク，あるいはあっても現場ワークと未分化だったワークが，制度化したことにより出現したといえる．こうして増えた非現場ワークは，支援者たちが必ずしも望んでいるものではない．

5. 地域子育て支援の核となる非現場ワーク

1)　見えないワークを見える化するというワーク

　前節では，地域子育て支援者たちが，現場ワーク以外にも多くの非現場ワークを担っていることをみてきた．そしてその多くは，地域子育て支援が制度化されるなかで生成したものであった．一方で，地域子育て支援の創設期からあり，いまも続いている非現場ワークもある．本節では，創設期から続いている非現場ワークについてみていく．

　ところで，地域子育て支援は，子育て当事者の母親たちによる「自分たちの居場所づくり」から始まった．横浜市で最初に「子育てひろば」を立ち上げた認定 NPO 法人びーのびーののスタッフによると，彼女たちの「子育てひろば」は次のような場所である．「小さなひろばですが，みんなで子育てしていくための，知恵と工夫の集まった場所です．多様な人の多様な子育てを見て，みんなで子育てしていくなかで，一人ではない，支えられる実感が，そして支える実感が湧いてきます．びーのびーののひろばはそんな場所です」（NPO 法人びーのびーの 2003: 88）．また彼女たちは，次のようにも述べている．「子育ての当事者である会員，子どもを連れてのスタッフ，その人たちからあがってくる意見を率直に受け止めれば，時代が本当に求めている子育て支援の形を常に提示していくことができる」（NPO 法人びーのびーの 2003：99）．彼女たちは，子育て当事者としての自分たちのニーズに常に耳を傾け，それに応える形で支援のあり方を模索してきたのである．

　子育て支援労働は，保育労働や介護労働と比べ歴史が浅く，後発ケアワークであると相馬直子（2016：5）は指摘する．さらに，子育て支援というワークは子育てというケアワークとも異なるワークである．子育て支援は「親支援」と言われることもあるが，広く言えば，「子育てする人への支援」だといえる．しかし，「子育てする人への支援」がどのようなものか，具体的にどのような支援が必要なのかは明確ではない．2010 年には『地域子育て支援拠点事業における活動の指標「ガイドライン」』が作成され[2]，地域子育て支援拠点事業

の「基本的な考え方」や「支援者の役割」,「子どもの遊びと環境づくり」,「親との関係性」等についてのポイントが示されたが,具体的な支援方法について明文化されているわけではない.地域子育て支援拠点事業のなかで実施すべき基本事業は定められているものの,実際にどのような支援が必要とされており,それを誰がどのように行うか等は現場の子育て支援者の手腕に委ねられているといえるだろう.

　そうした状況のなかで,子育て支援者たちは,時代によって変化する親子のニーズに常に耳を傾けながら,地域子育て支援の仕事をつくり出している.B区の施設長Qさんは,毎年,スタッフたちが仕事の役割分担表をつくる際のことを,次のように語っている.

> これ(役割分担表)作る時,盛り上がります.これやりたい,あれやりたい,とか.で,これを増やすんだったら何かを減らそうと思ってるんだけど,お母さんたちのニーズを拾い上げていくと,これやりたい,とか.マタニティ(の方を対象にしたプログラムを)やろうって言ったら,マタニティならこれやりたいとかって持ってくるので.……こういうのを作るのが,やっぱり事務なんですよ.ひろばのスタッフは,そこまでの仕事時間がないので,こういう形を作り上げていくのに,事務がだんだんだんだん,常勤だけじゃなくて,非常勤さんの事務を3日間だけ来る人を増やしたりとか.

　この施設長Qさんの語りに見られるように,スタッフたちは「子育てひろば」を運営するために,どういう仕事が必要かを洗い出し,利用者のニーズを取り入れながら,必要な仕事があればつくり出し,それをスタッフの間で共有し,分担を決める,ということに多くの時間をかけている.これは,地域子育て支援の現場でいま何が親子に求められているのか,親子のニーズに応えるためにどのような支援があるとよいのかが明確ではないなか,つまり,何がワークになりうるかすら明らかではないなかで,見えないワークを見える化し,地域子育て支援の体系を整えていくワークである.Qさんが,「ひろばのスタッフは,そこまでの仕事時間がない」ため,「こういう形を作り上げて行く」た

めに人手がどんどん必要になっていくと語るように，見えないワークを見える化するこのワークは時間と労力のかかるワークである．Ｑさんはこうしたワークを「事務」と呼んでいるが，このワークこそ，子育て支援者たちが地域子育て支援の立ち上げ当初から大切にしてきた地域子育て支援の要となるワークなのではないだろうか．

　また，この見えないワークを見える化するワークについて，先述のＰさんは，「必要なものを見つけてしまったら，そこに目をつぶるわけにはいかない」「やるとなったら，どんどん，どんどん，いろんなことが足りない，足りない，足りないとなっていく」と語っており，「際限なく仕事がある」との認識がなされている．

2)　地域子育て支援が大切にしてきたもの

　また，地域子育て支援を担う支援者たちは，利用者のニーズに寄り添うために，創設期から，スタッフ同士のミーティングや内部研修を大切にしてきた．ミーティングや内部研修に時間をかけるのも地域子育て支援の特徴の１つである．4節のＰさんの語りにおいても，「洗濯をしてミーティングをして，干しながらミーティングをし」とあるように，ミーティングに多くの時間が当てられていることがわかる．NPO法人びーのびーのの事務局長は，「この会話の時間の積み重ねが運営を支えている根幹だと思うのです．これが無駄なような，でもそのなかに個々人の本音を出し合い，この流れが大きなうねりとなって生きている，呼吸しているひろば作りの源流だと確信しています」と述べている（NPO法人びーのびーの，2003：148）．横浜市の地域子育て支援拠点は，現在も月曜日を閉館とし，スタッフのミーティングの時間に当て，スタッフ全員で意見を述べ会う機会としているところが多い．ミーティングでは，「ひろば」でその日に起きたこと，1週間で起きたことをスタッフで共有する，そして，気になる親子についても情報を共有し，より良い支援方法をみなで知恵を出し合って考えるのである．

　もう1つ，地域子育て支援の支援者が大切にしているのは，地域とのつながりである．A区の地域子育て支援拠点では，「地域の中に溶け込んでいくには，日頃から接していないといけない」という方針のもと，地域ごとに担当者を決

め，担当の地域についてはそのスタッフが「責任を持っておつきあいをしていく」とＯさんは語っている．例えば，地域で開催している子育てサロンや子育てサークルに顔を出し，おしゃべりをすることも「業務」の１つであるという．他にも，町内会の飲み会に参加したり，地域のお祭りでお神輿を担いだり，地域の映画会に行ったりと「手広く」地域と関わっており，これらは法人のなかでは地域子育て支援拠点を運営するための重要な「業務」として位置付けられている．地域においては新参者であるNPO法人が地域で理解を得て，地域子育て支援拠点を円滑に運営するための戦略だといえよう．ただしこれらは，行政との委託契約のなかに盛り込まれているものでは決してない．

　　役所からしたら，別にそんなのやってくれって頼んでない，委託の契約じゃないから，やってくれって言っていないじゃん，という話なんですよね．頼んでいないから，なんで（地域に出向いて）行くのか意味がわからないみたいなこともあって．給料の中で，それなんでやっているんですか，みたいなやりとりになったりするときはありますよね．

　Ｐさんが語るように，行政の立場から見れば，小まめに地域に出向きコミュニケーションを取ることは，「意味がわからない」ことである．ましてや給料が出ないにもかかわらず，膨大な時間と労力を割いていることは理解に苦しむことかもしれない．しかし，地域で支援を展開しているNPO法人にとっては，地域で活動する他の団体や地域で生活する人々とコミュニケーションを図り，つながりを築くことは不可避かつ重要なワークなのである．

　ところで，Ａ区の地域子育て支援拠点で，「地域の中に溶け込んでいくには，日頃から接していないといけない」という方針をつくったのは，「痛い思いをしているから」だとＯさんは語る．「ひろば」での日々の仕事が「あまりに忙しい」ために「地域に対して目をつむっていた」時期があり，その結果，地域の人々から「理解が得られない」とか「コミュニケーションがうまくいかない」という事態が生じたそうである．この経験から，上述のような方針をつくり，時間と労力をかけて地域との関係を大切に積み上げているのである．

　本節では，地域子育て支援の創設期からあり，いまも続いている非現場ワー

クについてみてきた．それは，子育て当事者のニーズに寄り添い，常に必要な
支援を模索し作り出していくワーク，すなわち，地域子育て支援の体系を整え
ていくワークであった．また，それを可能にするために，ミーティングや内部
研修，地域とのつながりの構築に多くの時間を費やしていることをみてきた．
これらはいずれも，地域子育て支援そのものを支える要となる非現場ワークな
のである．

6.　地域子育て支援の制度化と支援者のジレンマ

　地域子育て支援の制度化とそれにともなう規模の拡大は，「子育てひろば」
自体にも変容をもたらしつつある．本節では，制度化による非現場ワークの増
大がもたらす，支援者のジレンマについてみていく．
　3節で述べたように，横浜市では「地域子育て支援拠点事業」と「親と子の
つどいの広場事業」が実施されており，いずれも厚生労働省の定める「地域子
育て支援拠点事業」に該当する．横浜市の「地域子育て支援拠点事業」は先述
の通り，区の協働型委託事業となっており，「親と子のつどいの広場事業」は
横浜市の補助事業（横浜市親と子のつどいの広場補助事業）となっている．「地
域子育て支援拠点事業」による地域子育て支援拠点（通称「拠点」）は規模が大
きく，1日の利用者数が100名を超えるところも多い．委託事業となっている
ため利用料は無料である．それに対して，「親と子のつどいの広場事業」によ
る親と子のつどいの広場（通称「広場」）は，拠点と比べて規模が小さいものが
多く，1日の利用者数も20-30名程度である．「広場」は会費制のところが多
く，利用者も常連が多い．利用者同士の関わりも密で，利用者とスタッフの距
離感も近い場合が多い．「地域子育て支援拠点事業」の開始前から運営してい
る「広場」も多く，立ち上げの頃の雰囲気を残しているものが多いと言える．
また，運営や支援内容等はNPO法人の自由裁量に任されている部分も比較的
大きい．一方，「拠点」は「地域子育て支援拠点事業」が制度化された後に誕
生したものであり，実施すべき事業内容も多い．委託事業であるため，NPO
法人の自由裁量の部分は「広場」と比較すると少ない．C区の施設長Rさん
は，地域子育て支援が制度化され，「お金がつくようになった」ことによる変

化について，「広場」と「拠点」を対比させて次のように語っている．

　　不思議だけど，お金が付いた方が動きが悪くなることがあって．なんだろ
　　う，仕事だと思うと責任をもってやるから，クオリティも上がるはずだよ
　　ねって一般的には思うじゃないですか．だけど，それって，同じものさし
　　で比べちゃいけないものなのかなって感じなんですよ．別物みたいな感じ
　　で．広場の方が，いきいきと楽しそうに，まあ求められてるものが違うと
　　も言えるんだけど，広場の方が，モチベーションが高くて．モチベーショ
　　ンが全然違うんで．楽しんでできる範囲のことをやるからって言われちゃ
　　えばそれまでなんだけど，結果として出てくるものは，取り組みそのもの
　　が，やっぱり（利用者と）近いところでやっているので，モチベーション
　　高くやってる方が，絶対楽しい，面白いんですよね．なんかほんとね，広
　　場を離れて，拠点をやるようになって，拠点よりも広場の方が全然面白そ
　　うにやってるっていうのが，どうしたらいいんだろうって思っちゃうじゃ
　　ない？

　C区の施設長のRさんは，NPO法人として「広場」の運営から活動を開始
し，数年後に，C区の委託事業として「拠点」を運営することになった経緯を
持つ．2つの地域子育て支援の場を経験してきたRさんは，「広場」のスタッ
フの方が，「拠点」のスタッフよりも「いきいきと楽しそうに」仕事をしてお
り，「モチベーションが高い」と語る．「広場」は「楽しんでできる範囲のこ
と」をやっているからという説明に加え，利用者との「近さ」を「モチベーシ
ョン高く」関われる要因として語っている．そしてRさんは，次のように続
ける．

　　やっぱり広場の方が近いですよね．（拠点も）「管理」ってならないように
　　すごく意識してやってるんですけど，一定の広さを超えちゃうと，利用す
　　る方も，施設だし，ルールっていうのを意識せざるをえないものが，やっ
　　ぱりハードの面から生まれてしまうのかな．でもそれは私たちの力量が足
　　りないからなのかな，どっちなのか分からないですよね，いまだに．そこ

は一番けっこう悩みかもしれないですね．

　制度化によって新たに生まれた「拠点」は「広場」に比べて広く，利用者数も多い．そのため，一定のルールをつくり，場を「管理」する必要が出てきている．しかし施設長は，「管理ってならないようにすごく意識してやってる」と「管理」することへの抵抗を語る．なぜ「管理」することに抵抗を感じるのだろうか．「子育てひろば」は，利用者と支援者が横並びの関係性のなかで，共につくり上げてきた場である．彼女たちが大切にしてきたものは支え・支えられる関係づくりであり，親子1人1人に丁寧に寄り添うことを通した子育て中の親子の居場所づくりである．ゆえに，支援者であるスタッフが利用者や場を「管理」せざるを得ない現在の「拠点」の状況に，支援者たちはジレンマを感じているのではないだろうか．

　Rさんのこれらの語りは，「広場」（のスタッフ）と「拠点」（のスタッフ）の単純な対比ではなく，制度化以前と以後の地域子育て支援の現場での変化についての認識として捉えることができるだろう．制度化によって，できる支援が増えた側面もあるが，4節でみてきたように，制度化によって事務処理等を含む非現場ワークが増大した．それによって支援者たちは，NPO法人が立ち上げの頃から大切にしてきた親子との距離感，じっくりと利用者の話を聴き，1人1人に丁寧に対応し，場を一緒に作り上げることに十分な時間が取れないというジレンマを抱えることとなったのではないか．

　さらにRさんは，地域子育て支援の管理業務について，次のように語っている．

　　管理業務っていう部分でも，私たちの事業なりの，管理業務の特徴っていうか，求められているものの1つに，ボランタリティとか，そういったものを，どう大事にしながら，でも，組織なり，施設なり，事業としての進化を成し遂げていけるかっていう，その独特の管理運営をする者としての難しさというか，そこなのかなと．企業とは違うかなっていう．NPOの，って言ってもいいのかもしれないですけど，特に地域子育て支援っていう分野については，そこがもうなんというか肝っていうんでしょうかね．

「ボランタリティ」をいかに大事にしながら,「組織なり, 施設なり, 事業としての進化を成し遂げていけるか」という「独特の管理運営」をする難しさがある. その管理運営の「独特」さは, 地域子育て支援という分野が持つ独特さであり, それが地域子育て支援の「肝」でもあると語る.

7. おわりに

本章では, 地域子育て支援の現場で働く支援者たちがどのようなワークを担っているのか, それは地域子育て支援の制度化以前と以後でどのように変化したのかをみてきた.

支援者たちは, 直接的に親子を支援する現場ワークのみならず, それを支える多様かつ膨大な非現場ワークを担っていることがわかった. そして, その非現場ワークの多くは, 地域子育て支援拠点事業が制度化されたことによって生じたワークであった. 地域子育て支援の創設期にはなかったワーク, あるいは, あっても現場ワークと未分化だったワークが, 制度化したことにより出現し, 支援者たちは, それに膨大な時間と労力をかけていることが明らかとなった.

一方で, 地域子育て支援の創設期からあり, いまも続いている非現場ワークがあることがわかった. それは, 地域子育て支援の要ともいえるワークである. 地域子育て支援の現場でいま親子はどのようなニーズをもっているのか, 親子のニーズに応えるためにどのような支援が必要か明確でないなか, 子育て当事者の親子のニーズに常に耳を傾けながら, 見えないワークを見える化し, 地域子育て支援の体系を整えていくワークである. さらに, 子育て親子により良い支援をするために, スタッフミーティング, 内部研修に多くの時間を割いていること, 地域で活動する他団体や地域で生活する人々との関係性を築くための地道な努力を行なっていることが明らかとなった. こうしたミーティングや地域との関係性構築のための数々の非現場ワークは, 国の地域子育て支援拠点事業のなかに明文化されているものではない. 地域子育て支援拠点事業の枠からこぼれ落ちる部分にこそ, 地域子育て支援の核心があるともいえるのではないか.

井上は, 本書の第3章で, 地域子育て支援労働の専門性について, 「第一に,

ケアをする人に寄り添い，支えようとすることから始まる．そしてその中で，親と子のニーズを読み取り，それを満たすサービスや地域資源をコーディネートすること，さらには地域のネットワークを形成し，新しい地域資源を創出していく能力であり，技術である」と定義している．こうした専門性を発揮するためには，膨大な非現場ワークが不可欠なのであり，裏を返せば，膨大な非現場ワークによって初めて，この専門性の実現が可能となるのである．

　地域子育て支援の制度化は，それまでの地域子育て支援に変容をもたらしている．1つには，制度化による非現場ワークの増大が，創設期から地域子育て支援の現場が大切にしてきた取り組みに十分な時間を費やせないという状況を生み出している．2つには，地域子育て支援の中心である「子育てひろば」自体を変容させている部分がある．制度化により規模が拡大したことによって，利用者や場を「管理」せざるをえない状況が生まれた．さらに，1人1人の利用者に丁寧に対応し，場を一緒に作り上げることに十分な時間が取れず，支援者たちはジレンマを抱えているのである．

　「ベビーカーで行ける範囲にひろばを！」というモットーのもと，「子育てひろば」づくりを進めてきた支援者たちにとって，地域子育て支援が地域子育て支援拠点事業として制度化され，全国に7000カ所以上の「子育てひろば」ができたことは，1つの「達成」とも取れる．行政との協働事業になることで委託費が支払われ，一定程度の人件費が確保できるようになったことも，支援者たちが手弁当で「子育てひろば」を運営していた頃から比べれば大きな進歩だろう．しかし，制度化によって，創設期の地域子育て支援が大切にしてきたものが変容しつつあることを見逃してはならない．介護労働の領域について森川美絵（2015）は，介護保険制度が，擬似市場に適合的な標準化されたサービス提供システムを構築するにあたり，「地域に埋め込まれた資源として，その人の地域生活の継続を支える関係性を引き受けながら介護を担うこと」への価値が切り捨てられたと指摘している（森川 2015: 304）．地域子育て支援においては，本章で見てきたように，膨大な非現場ワークによって成り立つ「ボランタリティ」に支えられた支援こそ地域子育て支援の「肝」なのであり，地域子育て支援の価値の重要な部分を占めている．われわれは，こうした地域子育て支援が生み出す価値が，制度化され地域子育て支援拠点事業として包摂されるこ

とによって削ぎ落とされてしまうことのないよう注視しつつ，地域子育て支援の現場で日々親子と関わっている支援者の取り組みから学び続けなければならない．

注

1　4節，5節で使用するのは，2011年11月にコード一覧表を作成する際に行ったA区のスタッフOさん，Pさんへのインタビュー調査（相馬直子氏，近本聡子氏とともに堀が実施）の語り，2017年8月にB区の施設長Qさんに行ったインタビュー（堀が実施）の語り，2017年9月にC区の施設長Rさんに行ったインタビュー（堀，尾曲が実施）の語りである．

2　2017年には改訂版が発行されている．

参考文献

堀聡子（2013）『子育て支援の新展開と家族の境界——「子育てひろば」をめぐる実践に関する社会学的考察』東京女子大学大学院人間科学研究科博士論文．

厚生労働省（2018）『地域子育て支援拠点事業の実施について（実施要綱）（平成30年6月27日）』（http://www.mhlw.go.jp/stf/seisakunitsuite/bunya/kodomo/kodomo_kosodate/kosodate/index.html）（最終閲覧日：2019年12月2日）．

厚生労働省（2019）『地域子育て支援拠点事業実施状況　平成30年度実施状況』（http://www.mhlw.go.jp/stf/seisakunitsuite/bunya/kodomo/kodomo_kosodate/kosodate/index.html）（最終閲覧日：2019年12月2日）．

協働の新たなステージへの環境創出事業協働体（2013）『NPOがNPOであるために（神奈川県協働の場づくりのためのモデル事業「協働の新たなステージへの環境創出事業」記録集）』．

森川美絵（2015）『介護はいかにして「労働」となったのか——制度としての承認と評価のメカニズム』ミネルヴァ書房．

NPO法人子育てひろば全国連絡協議会（2010）『地域子育て支援拠点事業における活動の指標「ガイドライン」』．

NPO法人びーのびーの編（編集代表　奥山千鶴子・大豆生田啓友）（2003）『親たちが立ち上げた！　おやこの広場びーのびーの』ミネルヴァ書房．

相馬直子（2016）「『子育て支援労働』の誕生」『生協総研レポート』80: 3–13．

内海宏・桜井悦子（2003）「協働における中間支援組織の登場と役割」『調査季報』152: 30–33．

横浜市（2019）『横浜市親と子のつどいの広場事業補助金交付要綱』（http://www.city.yokohama.lg.jp/kodomo/shien/kosodate/tsudoinohiroba.html）（最終閲覧日：2019年12月2日）．

横浜市立大学国際総合科学部ヨコハマ起業戦略コース編（2009）『横浜まちづくり市民活動の歴史と現状——未来を展望して』学文社．

第7章　子育て支援労働は地域に何をもたらすのか？
──介護保険制度の経験をふまえて

1.　子育て支援活動が生み出す価値への着目

　本章の研究課題は次の2点である．第1に，「子育て支援」というケアワークが生み出す価値とは何か，第2に，子ども・子育て支援新制度がスタートし，今後さらに制度に依拠すると考えられる中でそれらが社会に価値として認識されるための条件とは何か，この2つである．

　2015年4月から子ども・子育て支援新制度（以下，新制度と略す）がスタートし，「『子育て支援』の制度化」（相馬 2016: 3）が果たされた．しかし，介護保険制度をモデルとされる新制度は，相馬直子（2016）が指摘するように，介護分野では「介護労働」という概念が存在し，多くの研究がなされてきたのに対し，子育て支援分野では「子育て支援労働」といった概念化がなされていない．とはいえ，新制度がスタートする以前から，「地域社会では様々な支援の実践が蓄積されており」（相馬 2016: 3），「地域を実際に変革してきた『実績』」（中谷 2013: 30）を見ることができる．

　このような子育て支援が制度化されたことで，仕事として子育て支援を選択する人々が増えることが予想される．既に労働として確立している介護労働や保育労働では社会経済的評価の低さが指摘されており，人材確保が厳しい状況である．子育て支援の制度化によって「『子育て支援』の様々な『仕事』が形成」（相馬 2016: 3）されていくなかで，十分な人材を確保していくためにも，子育て支援活動が生み出す価値の把握が必要ではないだろうか．そこで，本章では子育て支援活動が生み出す価値の解明を目的に据えることにしたい．それ

はさまざまな視点から分析が可能である．ここでは，「協働」という視点から子育て支援活動が地域に何をもたらすのかを探っていくことで本章の目的である子育て支援活動の価値の解明に取り組んでいく．

　本章の構成は次の通りである．まず，本章の分析視点である「協働」について説明し，その上で「協働」という視点から問いを設定する（2節）．次に，その問いへの解を子育て支援活動を担う人々（以下，「子育て支援者」と称す．）の意識分析から導くことで子育て支援活動が地域に何をもたらすのかを明らかにする（3節）．さらに，明らかになったものが子育て支援活動の価値として認識されるための条件を，介護保険制度の経験を踏まえながら検討していく（4節）．

2. どのような方法で議論を進めていくのか？

1）「協働」という視点から考える

　本章では子育て支援活動が地域に何をもたらすのかについて「協働」という視点から解明を試みる．この「協働」という概念はいくつかの捉え方が可能であるが[1]，バーナード（Barnard, C. I 1938＝1968）の協働論で用いられた「協働」概念を援用することで議論を進めていくことにする．

　バーナードの協働論の特徴として，ここでは4つに整理する．第1に，「協働」を個人が目的を達成するための制約を克服する手段とし，協働の参加者を「人」と捉えた点である．第2に，「協働体系」「組織」という概念を定義づけた点である．「協働体系」とは「少なくとも一つの明確な目的のために二人以上の人々が協働することによって，特殊の体系的関係にある物的，生物的，社会的構成要素の複合体」である．また，「組織」とは，「二人以上の人々の意識的に調整された活動や諸力の体系」である．なお，この「組織」は，人々の用役，行為，行動，影響力によって構成される．第3に，組織の成立条件や存続条件を挙げた点である．組織の成立条件とは，①伝達，②貢献意欲・協働意欲，③共通目的の3つである．一方，組織の存続条件とは，①協働の有効性，②組織の能率の2つである．第4に，協働の結果として生じる「相互作用」を指摘した点である．すなわち，人々が協働に参加することで，避けることができな

い他の人々との接触を通じて相互作用が生じ，個人に影響を与える．

　そもそも，本章で取り上げる子育て支援活動は，子育てしやすい環境づくりを達成するために，2人以上の人々によって子育て支援団体を通して実践されているものである．こうした子育て支援団体はバーナードが定義した「組織」と位置づけられ，子育て支援活動は協働的活動として捉えられるだろう．この点から子育て支援団体を通して実践される子育て支援活動が地域にもたらすものを考察するにあたっては，子育て支援団体を構成する人々の行為や行動，意識に着目することが重要であると考える．そのため，子育て支援活動を担う人々を分析対象とし，議論を進めていくことにしたい．

2)　6つの問いからの考察

　考察にあたり，「(1) 協働的活動が実践される過程」と「(2) 協働的活動の結果・成果」の両面から次の6つの問いを設定する．「①問題意識を持った人々の集まりであるのかどうか」「②自らの能力，経験を持ち寄っているのかどうか」「③自らの問題意識を地域課題と捉え，解決しようとする意識があるのかどうか」「④課題を解決し，地域に新たな資源をつくり出そうとする意識があるのかどうか」「⑤成長実感を得ているのかどうか」「⑥地域変革を起こせるものであると認識しているのかどうか」である．なお，問い①～③は「(1) 協働的活動が実践される過程」，問い④～⑥は「(2) 協働的活動の結果・成果」に関するものである．

　これらの問いは，前掲のバーナード（1938＝1968）に加え，小島廣光（2011）を援用することで設定したものである[2]．以下，それぞれの問いと先行研究との関係を説明する．

　「①問題意識を持った人々の集まりであるのかどうか」「③自らの問題意識を地域課題と捉え，解決しようとする意識があるのかどうか」は，小島（2011）で指摘された戦略的協働のプロセス，具体的には「問題の認識・定義」「解決策の生成・特定化」という活動に着目することで設定した問いである．小島は，問題が認識・定義されるためには，まず何らかの状況が把握され，その上で，状況が不適切であると判断される必要があり，その後，状況が問題に変換，すなわち，問題が認識・定義されると指摘する．なお，本章では，このような状

況把握をした人々を「問題意識を持った人々」と総称することにする．問題意識を持った人々によって状況が問題に変換，すなわち，問題が認識・定義され，それらの問題を地域課題と捉えていくようになると考える．さらに，協働の場ではさまざまな解決策が検討され，絞り込まれる（小島 2011）．これらの点から，問い①と③を設定することができるだろう．

　「②自らの能力，経験を持ち寄っているのかどうか」は，バーナード（1938＝1968）の協働論から設定した問いである．バーナードによれば，協働への第一歩は，個人の一つ一つの才能または能力を認識することである．つまり，協働の実践には，一人ひとりの才能，能力，経験を持ち寄ることが大切であると推察できる．この点から，問い②を設定することができるだろう．

　「④課題を解決し，地域に新たな資源をつくり出そうとする意識があるのかどうか」は，小島（2011）における協働の成果に対する指摘から設定した問いである．小島は，戦略的協働のプロセスを経て実現・展開された協働の成果を「新たな社会的価値の創造」と指摘する．本章では，地域課題がそれぞれの能力，経験を集結させながら解決し，その結果として地域に新たな資源が創造されるのではないかと考える．

　「⑤成長実感を得ているのかどうか」「⑥地域変革を起こせるものであると認識しているのかどうか」は，バーナード（1938＝1968）の協働論から設定した問いである．バーナードは，協働に参加することで相互作用による個人への影響が生じる点を指摘する．本章では，この「個人への影響」を意識面から捉えられるのではないかと考える．具体的には「成長実感」及び「地域変革への認識」である．両意識を持ち合わせている点を，協働的活動の結果・成果として見出すことができるのではないかと考える．

　次節では，これらの 6 つの問いが子育て支援活動において実際に確認できるのか，子育て支援者の意識分析から考察していく．

3.　子育て支援活動の価値とは何か？

1)　用いるデータ

　子育て支援者の意識分析は，公益財団法人生協総合研究所が実施した「子育て支援者の活動形態や働き方に関する調査」（以下，「アンケート調査」と略す）の結果を用いる．具体的には「子育て支援活動に携わるきっかけ」「子育て支援活動で感じること」「子育て支援団体についての考え」「子育て支援活動の社会的意義」について問うた設問を用いる．

　以下，2 節で設定した 6 つの問いを子育て支援者の意識面から解き明かしていくことにする．

2)　子育て支援活動が生み出す 2 つの価値

　まず，「①問題意識を持った人々の集まりであるのかどうか」「②自らの能力，経験を持ち寄っているのかどうか」についてである．それらは，「子育て支援活動に携わるきっかけ」から検討することができるだろう．結果として，「子育て経験を活かしたいと思った」が 40.4% で最も多く，「資格（保育士等）を活かしたいと思った」が 33.1% で続き，「当事者として必要を感じて」は 10.8% となっている．これらの結果から，子育て支援団体が問題意識を持った人々の集合体であるとは一概には言えないだろう．一方，自らの経験や資格，能力を活かせる場として捉えていることは理解できる．それは，「子育て支援団体についての考え」からも指摘できる．「これまでの自分の子育て経験が生かせる」と思う人（「そう思う」と「どちらかといえばそう思う」の合計）が 85.7%，「これまでの自分の職業経験が生かせる」と思う人（「そう思う」と「どちらかといえばそう思う」の合計）が 66.6%，「持っている資格が活かせる」と思う人（「そう思う」と「どちらかといえばそう思う」の合計）が 59.2% であり，自らのこれまでの経験を活かせる場であると子育て支援者は認識していることがわかる．また，「役割や能力に応じた役割分担がある」と思う人（「そう思う」と「どちらかといえばそう思う」の合計）が 75.9% であることからも，自ら

139

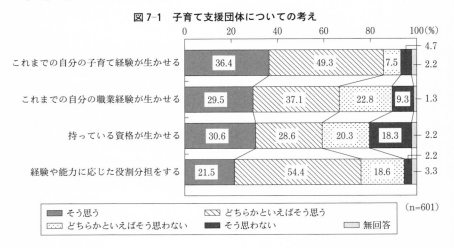

図7-1 子育て支援団体についての考え

の経験や能力が活かされていると実感する子育て支援者の存在を見ることができる.

　こうした結果から，子育て支援団体は各々の経験や能力が集積された組織と推察できる．なお，佐藤友美子他（2011）は，各々の能力が結びつけられることで化学反応が起こり，新たな価値が生み出される点を指摘する．この点から，子育て支援活動にはこうした価値創造の可能性が潜在していると思われる.

　次に，「③自らの問題意識を地域課題と捉え，解決しようとする意識があるのかどうか」についてである．問い①で明らかになったように，アンケート調査結果からは子育て支援団体が問題意識を持った人々の集合体とは一概に言うことはできないことから，個人の問題意識を地域課題に転換する子育て支援者の存在を確認することは難しい．しかしながら，先行研究では，子育て支援活動に携わる人々が「個人的な問題と思っていたことが，実は社会的な問題であると気づき」（中谷 2013: 24），その問題・課題を地域課題として捉え，「それまでバラバラであったもの同士が自発的につながり合い」（中谷 2013: 32），新たな社会資源の創出や政策への反映につなげていく存在であることを確認できる．このことから，完全に否定することはできないだろう.

　一方，アンケート調査結果から子育て支援者の地域や社会の課題を捉えようとする意識を確認することはできる．それは，「子育て支援活動で感じること」

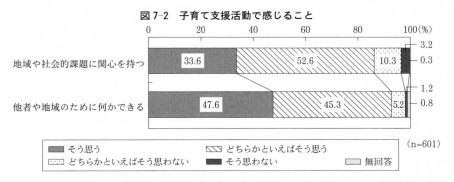

図 7-2　子育て支援活動で感じること

で質問項目として挙げられた「地域や社会的課題に関心を持つ」「他者や地域のために何かできる」のそう思う人（「そう思う」と「どちらかといえばそう思う」の合計）の結果から見ることができる．それぞれのそう思う人は「地域や社会的課題に関心を持つ」が 86.2%，「他者や地域のために何かできる」が 92.9% である．こうした意識は，日頃の子育て支援活動を通して徐々に形成されてきたと考えられる（橋本 2016a）．

続いて，「④課題を解決し，地域に新たな資源をつくり出そうとする意識があるのかどうか」についてである．この解決行為としての創造行為は，アンケート調査の「子育て支援活動の社会的意義」の質問項目「地域に必要なものを自らつくり出す」「既存の制度にはない支援をする」「子育てを通じた地域のつながりをつくり出す」の結果から見ることができる．子育て支援活動の社会的意義としてそう思う人（「そう思う」と「どちらかといえばそう思う」の合計）は，「地域に必要なものをつくり出す」が 79.9%，「既存の制度にはない支援をする」が 76.3%，「子育てを通じた地域のつながりをつくり出す」が 93.6% である．これらの結果から子育て支援者が創造行為を社会的意義として見出していることがわかる．この点，相戸晴子・越智紀子（2013）の自らの経験を活かしたいという気持ちを抱えた人々が子育て当事者のニーズを把握し，それを「地域にとって意味あることを次の活動としてつくり出していく存在」という指摘と重なるものである．したがって，子育て支援活動は地域を豊かにしていくものであり，地域づくりの根幹を担うものと言えるだろう．

そして，「⑤成長実感を得ているのかどうか」についてである．それは，「子

図7-3　子育て支援活動の社会的意義

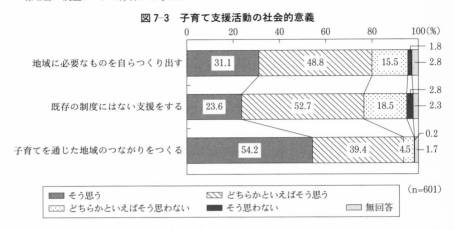

(n=601)

凡例：■ そう思う　▨ どちらかといえばそう思う　▨ どちらかといえばそう思わない　■ そう思わない　□ 無回答

育て支援活動で感じること」で質問項目として挙げられた「自分が支援者とし
て成長していると感じる」の結果から見ることができる．成長していると感じ
る人（「そう思う」と「どちらかといえばそう思う」の合計）は77.6％であること
から，子育て支援活動を通して成長実感が得られると言えるだろう．ちなみに，
同じケアワークである介護労働において，「自分が成長していると実感がある」
と回答した介護労働者は3割程度に留まっている[3]．これらを一概に比較する
ことはできないが，成長実感が得られる点は子育て支援活動の優位性として捉
えられるのではないかと推察できる．

　では，子育て支援者が成長実感を得られる背景には何があるのだろうか．ア
ンケート調査項目「子育て支援団体についての考え」で「子育て支援者として
のスキルアップする機会がある」と思う人（「そう思う」と「どちらかといえば
そう思う」の合計）は80.0％となっている．また，先行研究では，自分自身の
スキルの獲得や視野の広がり，組織運営についてのさまざまな学びを通した自
身の成長を実感する姿が指摘されている（相戸・越智 2013）．これらの点から，
成長実感が得られる背景には，スキルアップの機会にめぐまれている点が挙げ
られるだろう．

　最後に，「⑥地域変革を起こせるものであると認識しているのかどうか」に
ついてである．それは，「子育て支援活動の社会的意義」で質問項目として挙
げられた「地域や社会を変える」の結果から見ることができる．子育て支援活

動の社会的意義として地域や社会を変えられると思う人（「そう思う」と「どちらかといえばそう思う」の合計）は 70.0% である．また，先行研究では，地域を実際に変革してきた実績が指摘されている（中谷 2013）．これらの点から，子育て支援活動が地域や社会を変革していく存在であると子育て支援者自身が認識していることが窺えるだろう．

　このように，3 節では子育て支援活動が地域にもたらすものを考察するために設定した 6 つの問いの実態把握を，アンケート調査結果を用いた子育て支援者の意識分析から行った．そこで明らかになったのは次の 2 点である．第 1 に，「自らの経験，能力を持ち寄り，地域課題を認識し，その解決行為として，地域に新たな資源をつくり出そうとしている点」である．第 2 に，「子育て支援活動を通じて子育て支援者が成長実感を得ていくとともに，地域変革を引き起こすものと認識している点」である．これらの点は先行研究からも確認できる．子育てネットワーク活動を研究した中谷（2013）において 4，子育てネットワークに携わることで，問題意識を持った子育て当事者同士が自らの問題・課題を地域課題として捉え，新たな資源を作り出していく．そこには自らを成長していく力と地域を変革していく力が備わっていることを理解できる．そして，子育て支援者の意識分析から明らかになった上記の 2 点は子育て支援活動が生み出す価値として捉えることができるだろう．

　では，今後制度に依拠すると考えられる中でそれら 2 点を子育て支援活動が生み出す価値として人々が認識するためには何が必要なのだろうか．以後，介護保険制度の経験を踏まえながら検討していくことにする．

4. 価値として認識されるためには？

1)　介護保険制度が切り捨てた価値とは？

　子育て支援活動の価値として認識されるための条件を探るため，まず，介護保険制度の内部にある介護労働の特殊性と限界を検討した森川美絵（2015）が指摘した「介護保険制度が切り捨てた価値」について見ていくことにする．

　森川は，介護を労働化するにあたり「主婦化した経済評価」をすべりこませ，

疑似市場に適合的な標準化されたサービス提供のシステムを構築するにあたり，「地域に埋め込まれた資源として，その人の地域生活の継続を支える関係性を引き受けながら介護を担うこと」への価値を切り捨ててきたと指摘する．さらに，「制度が依拠してきた介護労働の意味づけの維持・強化がなされればなされるほど，そこでの介護労働は，地域の生活実感から見出された必要に応答するものとして介護を担うこととは，齟齬をきたすものとなる．同時に，地域の生活実感から見出された必要に応答する活動としての介護の価値が，『鋳直し』しきれないものとして，制度の外側で見出されていく」と指摘する．

　これらの指摘から，介護保険制度が切り捨てた価値とは，介護に関連する個別の課題・問題を，地域の中で日常生活を送れるために解決が必要な地域の課題・問題として捉え，その解決として地域資源，森川の言葉を用いるならば「地域に埋め込まれた資源」（森川 2015: 304）を創出すること，すなわち，介護を通した地域づくりが展開されていくことと解釈できるだろう．その価値は，「単位化された作業行為」「一定範囲内の作業行為」（森川 2015: 302）からなるサービス提供のシステムの構築により切り捨てられたと考えられる．

　しかし，このような介護を労働化するにあたって切り捨てた価値を介護保険制度の改正により，新たに介護保険制度に付与しようとする政策的動きが見られる．2) では，そのような政策的動きを整理していくことにする．

2)　「地域資源の創出」「介護を通した地域づくりの展開」への再注目

　2014 年の介護保険制度改正により，「『費用の抑制』と『まちづくり』の二面性」（太田 2016: 12）を持ち合わせた「地域包括ケアシステムの構築」が基本的な考え方の 1 つに掲げられた．地域包括ケアシステムとは，厚生労働省の定義によれば [5]，高齢者の尊厳の保持と自立生活の支援の目的のもとで，可能な限り住み慣れた地域で，自分らしい暮らしを人生の最期まで続けることができるような地域の包括的な支援・サービス提供体制である．具体的には住まい，医療，介護，介護予防，生活支援が一体的に提供される状態である．

　この地域包括ケアシステムの構築には，地域の自主性や主体性に基づき，地域の特性に応じて作り上げていくことが求められている [6]．同時に，「地域での助け合い・支えあいが望まれている」（橋本 2016b: 99）．

　また，地域包括ケアシステムの構築に向け，地域支援事業の充実が図られた[7]．その 1 つが地域ケア会議であり，高齢者個人に対する支援の充実と，それを支える社会基盤の整備を同時に進めていく，地域包括ケアシステムを構築するための手法として位置付けられ，地域で推進されている[8]．そこでは，個別課題の検討から地域課題を抽出し，それに応じたネットワーク形成，新たな資源開発や仕組みづくり，地域づくりへの展開，さらにその資源や仕組みを次の個別課題の解決につなげていく「サイクルの実効性」が試されている（多次勝昭 2015）．

　このような地域包括ケアシステムの構築に向けた政策が打ち出されて以降，「介護保険制度の仕組みが従来の "個人への支援" から "個人と地域への支援" に大きく変わろうと」（太田 2016: 16）する動きが見られる．

　こうした政策的動きは，「標準化されたサービス提供」（森川 2015: 304）により行われてきた「個人への支援」（太田 2016: 16）によって切り捨てられた「地域資源の創出」「介護を通した地域づくりの展開」といった価値を，新たに介護保険制度に付与しようとする動きとして捉えられるだろう．

3)　子育て支援活動の価値が認識されるためには何が必要か？

　では，子育て支援活動の価値が認識されるためには何が必要なのだろうか．

　まず，同じ子育て支援者同士の連携だけでなく，地域での他の福祉領域で活動する人々との連携が重要であると考える．制度，団体の垣根を超え，同じ地域で活動する者同士が「地域資源の創出」「地域づくり」という共通の目標を掲げ，連携し合うことで，他の福祉領域との対比を通して子育て支援活動の価値が認識されていくのではないかと考える．こうした地域での他の福祉領域の人々との連携を後押しするのが，介護保険制度が求める地域包括ケアシステムの「包括化」（宮本 2014: 38；髙橋 2015: 10）であると考える[9]．「包括化」とは，高齢者福祉に限定せず，障がい者支援，生活困窮者支援，子ども・子育て支援など，地域での「まるごと」の支援システムとして，縦割りの制度を超え，かつ地域力の醸成と活性化を目指した横断的な取組を行うことを意味する（宮本 2014；髙橋 2015）．「包括化」の潮流に乗り，他の福祉領域の人々と連携して「地域資源の創出」「地域づくりの展開」を行っていくことが，子育て支援活動

の価値の認識につながると思われる.

　次に，継続的な活動を維持していくための対策が必要であると考える. 活動が継続的に実践されてこそ，その活動の価値が人々に認識されていく. バーナードは協働論において組織の存続条件――「協働の有効性」と「組織の能率」――を取り上げ，次のように指摘する. 組織の存続は目的が適切かどうかに依存し，新しい目的をくりかえし採用する必要があるとともに，目的を成し遂げるのに必要なエネルギーの個人的貢献を確保し，維持する能力が必要であり，個人的な協働意欲をもたらすための誘因を与えることが求められる（バーナード 1938＝1968）. この点から，継続的な子育て支援活動を実現するためには，組織の目的を環境・時勢に合わせ子育て支援者同士が定期的に確認し合うことが重要であると考える. また，子育て支援者のモチベーションが下がらないよう，主体的な働き方の実現や経済的エンパワメントを高める工夫が必要であると考える.

5.　むすびにかえて

　本章では，子育て支援活動が地域に何をもたらすのかを「協働」という視点から考察することで子育て支援活動が生み出す価値の解明を試みた. それは，6 つの問いを設定し，その解を子育て支援者の意識分析から導く方法で行った. さらに，本章で明らかになった価値が認識されるための条件を介護保険制度の経験から検討した. そこで明らかになったのは，子育て支援活動が「自らの経験，能力を持ち寄り，地域課題を認識し，その解決行為として，地域に新たな資源をつくり出そうとしている」ことに加え，「子育て支援者が子育て支援活動を通じて成長実感を得ていくとともに，地域変革を引き起こすものと認識している」という実態であった. そして，それらが子育て支援活動の価値として認識されるための条件として，地域での介護分野をはじめとする他の福祉領域で活動する人々との連携の必要性とともに，継続的な活動が実現できるよう，子育て支援者同士による定期的な組織の目的確認や子育て支援者のモチベーションが下がらないための主体的な働き方の実現，経済的エンパワメントを高める工夫の必要性を指摘した.

　本章で明らかになったこうした点から，次の 3 つの点が示唆されるだろう．
第 1 に，子育て支援活動を通して，子育て支援者，地域がともにエンパワメン
トされる点である．第 2 に，「地域資源の創出」「人材育成や意識変革」という
視点を合わせて子育て支援活動の価値として社会経済的に評価されることが重
要である点である．子育て支援は「親に対する支援」「子どもに対する支援」
という視点で評価されてきた．しかし，子育て支援活動が労働として確立し，
「子育て支援労働」という概念が社会的に認識されるためには，子育て支援労
働が「地域に新たな資源を生み出す労働」や「その労働に携わる人々の成長や
意識変革を促す労働」という視点もあわせて社会経済的に評価されることが，
介護や保育に限らず福祉分野での社会経済的評価の低さが問題視されている中
で重要となってくると考える．第 3 に，従来の協働研究への貢献である．本章
は，バーナード（1938＝1968）の協働論に立脚しながら，小島（2011）の組織
間協働に関する研究（戦略的協働）と融合させることで，協働的活動が生じる
価値を明らかにした点に貢献がある．本章では，子育て支援団体をバーナード
が定義する「協働体系としての組織」と捉え，そこにおける協働的活動が実践
される過程と結果・成果という両面から実証的考察を行ったのである．

　しかしながら本章では，子育て支援を一括りで議論を進めてきた．本章が意
識分析で取り上げた子育て支援者はひろばスタッフが 7 割を超える．ひろば以
外にも「『子育て支援の制度化』のなかで，『子育て支援』の様々な『仕事』が
形成され」（相馬 2016: 3），「仕事」によって子育て支援者の意識も異なるだろ
う．それぞれの「仕事」による検討も必要であると考える．

　こうした点を踏まえ，子育て支援活動によって見出される価値のさらなる探
求を課題とし，本章を締めくくるとしたい．

注
1　小島廣光（2011）によれば，「協働」という概念は 1960 年代以降，多くの研究分
　　野で理論的・実証的研究の対象となり，その多くが組織間の関係性に着目した研究
　　である．
2　小島（2011）は，NPO，政府，企業という 3 つの異なるセクターに属する組織間
　　の「戦略的協働」を議論した研究であり，参加者を「人」と捉えた本章とは異なる
　　が，協働が実践されるプロセスを解明した研究であることから，子育て支援活動が
　　地域にもたらすものを「協働的活動が実践される過程」から考察するにあたり，援

用することは意義があると考える.

3　公益財団法人介護労働安定センターが実施した「平成27年度介護労働実態調査 介護労働者の就業実態と就業意識調査」結果を参照.

4　子育てネットワークとは,「人が集まり,小規模なグループなども含めてその背景 にさまざまな目的を持ち,子育てに関与した活動を展開している」(中谷奈津子 2013: 33) 組織であり,「子育て支援や地域の再構築という意味において,大きな 役割を期待されていく」(中谷 2008: 2) ものである. 主な研究としては,中谷 (2008), 中谷 (2013), 相戸晴子・越智紀子 (2013) などが挙げられる.

5　http://www.mhlw.go.jp/stf/seisakunitsuite/bunya/hukushi_kaigo/kaigo_ koureisha/chiiki-houkatsu/ (最終閲覧日: 2019年11月29日).

6　5) に記載の URL を参照.

7　地域支援事業とは被保険者の要介護状態等への予防とともに,要介護状態等にな った場合でも,可能な限り,地域で日常生活を営むことができるよう支援すること を目的に 2006 年度に創設された事業(厚生労働省『地域支援事業の推進(参考資 料1)』(平成28年5月25日社会保障審議会介護保険部会(第58回)資料)).

8　厚生労働省老健局振興課岡島さおり『地域ケア会議について』(平成25年9月20 日地域ケア会議推進に係る全国担当者会議資料)を参照.

9　2017年の介護保険制度改正では,地域包括ケアシステムの深化・推進を図るため の取組の一つとして地域共生社会の実現に向けた取組の推進が掲げられ,「『我が 事・丸ごと』の地域作り・包括的な支援体制の整備」が規定された(厚生労働省 『平成29年(2017年)介護保険法改正』)(https://www.mhlw.go.jp/file/06- Seisakujouhou-12300000-Roukenkyoku/k2201.pdf)(最終閲覧日: 2019年9月13 日).

参考文献

相戸晴子・越智紀子 (2013)「『子育てネットワーク』の効果と課題」中谷奈津子編 『住民主体の地域子育て支援——全国調査にみる「子育てネットワーク」』明石書房, 136–163.

Barnard, C. I. (1938) *The Functions of the Executive*, Thirtieth Anniversary Edition with an Introducion by Kenneth R. Andrews. Cambridge: Harvard University Press = (1968) 山本安次郎・田杉競・飯野春樹訳『新訳　経営者の役 割』ダイヤモンド社.

橋本りえ (2016a)「子育て支援活動による地域的エンパワメントの可能性」『生協総 研レポート』80: 49–58.

橋本りえ (2016b)「介護系ワーカーズ・コレクティブのメンバーが抱えるトリレン マ問題——NPO 法人 K の事例分析から」『協同組合研究』35 (2): 99–106.

小島廣光 (2011)「戦略的協働とは何か」小島廣光・平本健太編『戦略的協働の本質 ——NPO, 政府, 企業の価値創造』有斐閣, 3–42.

宮本太郎 (2014)「地域社会をいかに支えるのか——生活保障の再編と地域包括ケア」 宮本太郎編『地域包括ケアと生活保障の再編』明石書店, 15–44.

森川美絵 (2015)『介護はいかにして「労働」となったのか——制度としての承認と

評価のメカニズム』ミネルヴァ書房.

中谷奈津子（2008）「『子育てネットワーク』の会員増加にみる組織の発展とその要因
　　──特に当事者性，循環性，多様性に着目して」『中京女子大学研究紀要』42: 1-
　　13.

中谷奈津子（2013）「『子育てネットワーク』はどのように語られてきたか」中谷奈津
　　子編『住民主体の地域子育て支援：全国調査にみる「子育てネットワーク」』明石
　　書房，14-39.

太田貞司（2016）「これからの地域包括ケアシステム──市区町村が主体となってす
　　すめる『新しい総合支援事業』」『月刊福祉』99（8）: 12-17.

佐藤友美子・土井勉・平塚伸治（2011）『つながりのコミュニティ──人と地域が
　　「生きる」かたち』岩波書店.

相馬直子（2016）「『子育て支援労働』の誕生──『子育て支援』というケアワークの
　　社会学的実証研究へ向けて」『生協総研レポート』80: 3-12.

多次勝昭（2015）「地域ケア会議で未来をはぐくむ──1つの課題が人をつなぎ，地
　　域をつくる」『市政』64（6）: 22-24.

髙橋紘士（2015）「地域包括ケアシステムで自治体行政はどう変わるか」『市政』64
　　（6）: 10-12.

第8章　子育て支援労働者にとっての経済的自立の困難と可能性
——ワーカーズ・コレクティブにおける経済的報酬と働くことの意味をめぐって

松木洋人

1. 社会化されたケア労働と女性のアンビヴァレントな関係

　2000年代以降，介護保険制度の発足と各種の子育て支援施策の展開に象徴されるように，介護と子育てというそれまで主に女性による家内労働として行われきた依存的な他者へのケアの部分的な社会化が進行しつつある．そして，この動向は，女性が家内領域の外部において，有償化されたケア労働に携わる機会の増大をもたらしてきた（cf. 山根 2010；仁平 2011；森川 2015）．

　しかし，この社会化されたケア労働と女性の関係は両義的なものであることがしばしば指摘されてきた．たとえば，先駆的な研究としては，グレアム（Graham, H.）が，ケアをすることが，「愛情」という情緒的な側面と「労働」という物質的な側面の両方を含んでいるにもかかわらず，前者の側面に焦点化する心理学と後者の側面に焦点化する社会政策研究が分断されていることを批判しつつ，ケアを「愛の労働」として定義することを提案している（Graham 1983）．すなわち，一方で，ケアをすることは，女性がそれを通じて女性としてのアイデンティティを獲得するための重要な媒介となっている．しかし，他方では，ケアは充分に評価されない女性労働として行われており，このことは社会における女性の地位を表現するものである．ケアをするという経験を理解するためには，この両方の側面を考慮すること，つまり，ケアを「愛の労働」として捉えることが必要になるというのが彼女の主張の要点である[1]．

　ケアをめぐるこのような事態は，「女性が家庭のなかで一手に担ってきた育児や老親の介護を含んだ家事労働を地域で共同して担うという社会化の方向」

（佐藤 1996: 150）を目指すとされるワーカーズ・コレクティブ（以下，WC）において，よく見てとることができる．出資・労働・経営を一体化させ，"雇われない働きかた"という理念を掲げる WC は，専業主婦とパート労働者との間で選択を迫られる結婚・出産後の女性に，「女性の自立を目指す新しい働き方」（佐藤 1996: 150）を提供するものであり，そこで働く女性たちは，「金銭的な価値ではなく，ワーコレ労働を通じた社会貢献や自己実現を目指そうとしている」（伏見 2006: 58）と評価が与えられる．しかし，同時に，WC 労働に就く者の多くは，職業的に高い階層に位置する夫を持ち，「専業主婦の座の特権」（佐藤 1996: 89）を享受しているのであって，「主婦アイデンティティをのり越えようとしている」とともに（佐藤 1996: 88），「主婦の立場と女性の自立のディレンマ」（佐藤 1996: 97）に直面する存在でもあることが指摘されている．つまり，家庭内で無償で行われてきたケア労働が WC を通じて社会化されることによって，WC で働く女性たちが家庭内では得られないつながりや生きがいを得ているのだとしても，社会化されたケア労働に従事することは彼女たちの経済的不利益の解消には必ずしもつながらないのである[2]．

　そして，このように，ヴォランタリーな組織で行われるケア労働が相対的に富裕な層や専業主婦によって担われ，かつその賃金も概して低い水準にあるからこそ，「介護の社会化」の担い手としては，WC や NPO などの「協セクター」が「官セクター」や「民セクター」よりも相対的に優位にあるといった主張に対しては（上野 2011），WC におけるワーカーの労働条件の低さという観点から批判が行われることになる（朴 2011）．言い換えれば，経済的報酬の不充分さをどれくらい重く見るかによって，女性が WC でケア労働に携わることに対する評価も分かれることになる．

2.　ケア労働論における「愛」と「金」の二分法

　しかし，ケア労働が社会化されることによって，概して低い賃金水準ではありながらも（仁平 2011），各種のケア労働の間に専門性や資格などに基づいた新たな階層分化が生じつつある現在（山根 2011；山下 2011），様々なケア労働について，それが女性が自立するに充分な経済的報酬を保証しないという事態

を前提とするのではなく，そのような帰結がいかなる仕組みのもとで生じているのかを具体的な事例にもとづいて検討することが必要だろう．

　よく知られているように，上野千鶴子（1990: 307-308）は，家父長制の成立根拠を女性による再生産労働の搾取に求める議論を展開した後で，「なぜ人間の生命を産み育て，その死をみとるという労働（再生産労働）が，その他のすべての労働の下位におかれるのか」という問いを，「この問いが解かれるまでは，フェミニズムの課題は永遠に残る」ような「根源的な問題」として位置づけている．イングランドとファーブル（England, P. and Folbre, N.）は，男女ともにケアを行う職業に就いていると収入が少なくなると指摘したうえで，この事態を「ケア・ペナルティ」と呼んでいるが（England and Folbre 1999），この概念を借りるならば，「なぜケアにはペナルティが課されるのか？」は，フェミニズムにとって極めて重要な問いなのである．

　上野（2011: 158）自身は，後に「ケアの値段はなぜ安いか？」という問いについて，第1にケアの担い手が「崇高な奉仕」をしているという自らのプライドを保つために有償化に抵抗するから，第2にケアが感情労働であるからという説明を挙げつつも（そして，第2の説明についてはそれを退けつつも），ケアが「『女の仕事』と考えられてきたから」という「ジェンダー要因」による第3の説明を「明快」であるとする．つまり，ケアが「女なら誰でもできる非熟練労働」（上野 2011: 157）であり，「供給源が無尽蔵」（上野 2011: 158）であるというしばしば現実とは異なる前提が根強く存在していることが，ケア労働を低賃金なままに留めているという．

　ただし，このようなジェンダー一元論的な説明は重大な限界も抱えている．すなわち，ケア労働の間でも，相対的な賃金の高低や正規雇用への就きやすさなど，その価格や条件には，専門性や希少性，職業としての制度化に至る歴史的かつ偶有的なプロセスによって，それなりのヴァリエーションがある．そして，このヴァリエーションは，先述したようなケア労働の有償化と新たな階層分化のもとで，現在，変化のプロセスの中にあると考えられる．ジェンダー一元論的な説明では，このようなケア労働のヴァリエーションおよびその変容を問題化することができないのである．

　このようなジェンダー一元論的な説明とは異なり，イングランド（England,

P.）は，ケアワークを概念化するための理論枠組みを5つに整理する試みのなかで，「愛と金」（love and money）フレームワークという枠組みを提示している（England 2005）．この枠組みの特徴は，愛の領域と経済的行為の領域の間の二分法を拒絶するところにあり，"完全に商品化されると真のケアは提供できなくなる"といったように，愛の領域である家族や非営利組織と経済的行為の領域である市場とでは提供されるケアの質が異なるといった二分法が必ずしも成立しないことが主張される．上野（2011: 426）も，協セクターの相対的優位を主張するなかで，質のよいケアは「ケアワーカーの低い労働条件と過大な献身によって支えられて」おり，「『先進ケア』が『先進的』である理由は，客観的には低い労働条件に対して，主観的にはワーカーの不満が少ないことにある」と論じるとき，「愛」と「金」の二分法に依拠しているといえよう．このことは，協セクターの相対的優位という主張の整合性を危ういものにしていると考えられるが（朴 2011），「愛と金」フレームワークによれば，そもそもこのような二分法自体が問い直されねばならない．つまり，この枠組みは，ケア労働に支払われる経済的報酬が低くなる理由に一般的な解を与えようとするものではないが，具体的なケアワークの事例において，「愛」と「金」がどのような関係を結ぶことになるのかを検討する経験的探究が必要であることを示唆するものである[3]．

　本章では，この「愛と金」フレームワークの示唆を引き受けたうえで，WCにおける子育て支援労働に焦点を当てる．2000年代以降の子育て支援施策の展開は，ケアの社会的分担の再編およびケア労働の有償化の動向の一部として位置づけられる（相馬 2011）．また，WCは，先述のように，出資・労働・経営を一体化するという働きかたを理念としながら，ケア労働の社会化の一端を担っている一方で，そこでの労働は，女性にとっての両義的な性質が議論の対象とされてきた（cf. 今井 1994；佐藤 1996；伏見 2006；山根 2010；上野 2011；朴 2011）．したがって，子育て支援事業に携わるWCを考察の対象とすることによって，ケア労働の社会的再編という現代的文脈のもとで，労働の経済的報酬と「協セクター」で働くことの意味との関係がどのようなものでありうるのか，その一端を明らかにすることができるだろう．

　以下では，3つの組織で働くワーカーへのインタビュー調査にもとづいて，

彼女たちあるいはそれぞれが所属する組織において，経済的報酬や働くことの意味がどのように位置づけられているかを考察する．具体的には，まず 3 節で，主婦アイデンティティを持つワーカーが必ずしも経済的自立を目指していないことを確認したうえで，4 節では経済的自立を可能にする報酬を提供することにとって，WC としての活動の理念が障壁になりうることを指摘する．その後，5 節において，ワーカーの経済的自立に近づくような報酬が提供されている事例において，組織としての活動の理念がどのように位置づけられているのかを検討する．

3.　主婦アイデンティティと WC 労働 [4]

　まず，横浜市の WC で働く A さん（40 代後半）の事例を検討することから始めたい [5]．A さんは，出産後も育児休業を取得して一般企業で働き続けており，定年まで勤めるつもりでいた．しかし，職場が横浜市の自宅から離れた場所に移り，まだ小さな子どもがいるにもかかわらず，通勤に約 2 時間かかるようになってしまったので，「あ，やっぱり無理だ」とあきらめて退職する．それから 3 年半ほどの間，子育てに専念した後，知人に誘われて，WC で働き始めることになる．インタビュー時点では，働き始めて 8 年目であり，WC が運営する保育室で週 2 日，子育てひろばで週 1 日と，合計すると週 3 日程度，WC で仕事をしている．

　働き始めてみると，子どもたちはかわいいので楽しく仕事ができるし，お母さんたちがほっとしている様子にもやりがいを感じるという．また，東京都出身で夫の転勤をきっかけに横浜市に住むようになった A さんは，会社員時代には，「町内会の行事でさえあんまり出られないくらいの感じ」だったが，WC で働くようになってからは，同じ地域に住む「先輩のお母さん」と関わる機会ができたため，自分の住んでいる地域に目が行くようになり，PTA や町内会などでの地域活動にも積極的に参加し始める．このように，WC で働くことは A さんが自己実現や社会参加を達成するための重要な機会となっている．

　なお，A さんはこの WC での仕事を始めた理由を問われて，昔から子どもが好きだったということも挙げているが，より雄弁に語られるのは，柔軟な働

きかたができることのメリットである.

> こんなことは思わなくてもいいのかもしれないけど，（自分が会社勤めをしていた）4歳まで子どもにちょっとかわいそうな思いをさせてしまったかなというのが，たぶん根っこにあるんですよね．だから子どもに，「行ってらっしゃい」と「お帰りなさい」は言いたいなというのもありますし，授業参観は行きたいなというのもありますし，それも実現できる働きかたなので，これだったらいいかなと．もう正社員とかにはもう戻れないなというのがやっぱりありまして，ちょうどいい，主婦にとってはいい働きかたかなと．

　つまり，Aさんにとって，自分が正社員として働いていた頃とは違って，子どもが家にいるときには自分も家にいられたり，子どもの学校行事にも参加できたりするような働きかたであることが，WCでの仕事の重要な側面となっている．会社員時代には，「仕事が楽しくてもうやめられない」という経験をしており，「ずっと専業主婦でいるのもまあつまんない」，「ちょっと仕事をしたいというか，社会に出たい」という気持ちもわいてくるなかで，主婦であることと無理なく整合する働きかたとしてWC労働は捉えられている．だからこそ，WCとの出会いは，「ちょうど仕事をしようかな，どうしようかなというときにめぐり会ったので，すべてがちょうどいい感じ」だったと表現される．要するに，現在は「主婦」として自己規定するAさんにとって，WCはその主婦としてのアイデンティティと両立するような働きかたを提供するものとなっているのである．

　なお，Aさんの収入は，おおむね月6万円台であるという．その収入については，「時給も安いのでそんなに収入はないんですけど，でもやっぱり，うん，それよりは子どもの学校行事とか行きたいなっていう（笑）」というように，「色んなことを総合的に判断するともうOK」とされる．同時に，正社員のときに「あの忙しかったのがきっとトラウマになっている」と言われるように，経済的な収入の相対的な低さは，家族生活と仕事の間でバランスをとるにあたってのこの働きかたの“ちょうどよさ”によって相殺されている[6].

　A さんの事例は，WC で子育て支援に携わることを通じて得る経済的報酬が経済的自立の達成に至らない場合として位置づけることができる．ただし，注意が必要なのは，経済的自立が達成されないという結果に至るその機制である．たしかに，この WC での労働から得られる収入は，A さんが自分の生活を自分で支えるのに充分なものではない．そして，彼女自身が「時給も安い」と言うような労働の値段の低さは，子育てというケアやその支援に関わる仕事が「女の仕事」とされていることの効果でもあるだろう（cf. 上野 2011）．しかし，WC 労働を主婦アイデンティティと両立するものとして捉えている A さんは，自分の生活を自分で支えるために必要なだけの時間を労働に費やすことをそもそも望んではいない[7]．このとき，彼女の収入が労働の安さだけで説明できるものでないことは明らかである．さらに，仮に A さんがこの WC でフルタイム並みの時間を労働に費やすことを望んだとしても，彼女と同じような労働時間で働いている他のワーカーたちとの調整の必要上，その希望を叶えることはおそらく容易ではないだろう．つまり，WC 自体が WC 労働を主婦アイデンティティと両立するものとして捉えるワーカーを前提にして事業の展開と労働の配分を行っている場合には，ワーカーが自分の生活を支えるだけの収入を WC 労働から得ようとすれば，組織体制の変革が必要になる．このように，A さんの事例に限っても，経済的自立が達成されないという結果に至るまでには，①子育て支援労働の評価の低さ，②ワーカーの主婦アイデンティティ，③ワーカーが経済的自立を実現することを想定していない WC の組織体制という少なくとも 3 つの要因が区別されねばならない．

4. WC で経済的自立を提供しようとすることとその障壁

　とはいえ，ワーカーが経済的自立を望んだとしても，あるいは，WC がワーカーに経済的自立を提供しようとしても，ただちにそれが実現されるわけではない．そして，そこには，子育て支援労働の評価の低さという要因に加えて，WC あるいは非営利組織で子育て支援労働を提供することに伴う障壁が存在している．以下では，このことを同じく横浜市で子育て支援事業を行っている別の WC の事例に即して検討していく．この WC については，2010 年 11 月に，

初代理事長で当時は WC が運営する子育てひろばの責任者として働いていた B さん（50 代半ば），2 代目で当時の理事長の C さん（70 代前半）にインタビュー調査を行い，その後，2017 年 2 月に，現在の理事長の D さん（60 代前半）にも追加のインタビュー調査を行った[8].

　この WC の発端は，1990 年代後半に，地域で障害児を育てている母親が子どもを預ける場所をつくろうという運動が持ち上がったことである．チラシで参加者の募集が行われ，2 人はそれに応えるかたちで参加した．その後，採算の事も考えて，障害児に限らず子どもを預かる「子どもミニデイサービス」を始めることになり，学童保育，複数の子育てひろば，家庭保育室と様々に事業を展開して，現在に至っている．

　B さんが WC による事業の展開を「なんか人生を与えられたなっていう感じ」と表現するように，彼女たちの自己実現や社会参加が WC 労働を通じて可能になっている点は，A さんと同様である．しかし，WC の設立時に子育て期をほぼ終えていた彼女たちにとって，A さんが重視していた主婦であることと無理なく整合する柔軟な働きかたという側面は，少なくとも自身の問題としてはあまり重要ではない．実際，彼女たちはいずれも，平日はほぼ毎日働いているのに加えて，週末にも会議やイベントなどが行われる場合があり，その労働時間は主婦であることと整合的であるとは言い難い．

　この WC がワーカーに支払う報酬は，当初は「家賃を払うのがやっと」という状態で，時給も出なかったが，預かる子どもが増えたり，行政からの委託事業を受けたりすることで，時給 100 円や 200 円といった段階を経て，2010 年の時点では時給 900 円，2017 年の時点では時給 1000 円である[9]．B さんは子育てひろばの責任者として月に約 10 万円の収入を得ており，2009 年には扶養を外れた．C さんは WC が運営する学童保育の指導員をしているときには，市によって収入の下限が月 20 万円と決められていたため，自分で社会保険にも加入していた．ただし，2008 年にその仕事を外れたため，2010 年の時点では月に約 10 万円の収入であった．地域子育て支援拠点の施設長でもある D さん自身の報酬は，横浜市によって定められており，月に約 22 万円の収入を得ていた．

　これらの収入に対して，彼女たち自身は，「別に家にいても食っていける」

（B さん），あるいは，「おまけの人生をこんなに楽しませてもらって」，「お金に対しては何もない」（C さん）と満足している．しかし，設立当初から経営に中心的に関わってきた者として，他のワーカーのことを考えたとき，特に今後，WC を担っていくであろうより若い世代を迎える立場に立ったときには，自分たちの WC で提供できる収入が問題化されることになる．

　たとえば，B さんは，他のワーカーたちと議論をすると，収入もやりがいの 1 つになるのではないかという意見が出ることに触れながら，「では，いくら出したらいいんだろう，いくらならここの組織で出せるのだろうっていうところが，まだはっきりしていない」と述べている．また，C さんも，「ワーカーズだから（収入が低くても）いいのよ」という考えかたを否定しつつ，「若い人には，やっぱりちゃんと生活できるだけのものを出せるものにはしたいな」という気持ちをずっと持っているという．

　とはいえ，そのような経済的報酬への言及は，WC が子育て支援事業によってワーカーの生活を支えるだけの利益を生み出すことの難しさへの言及とセットになっている．B さんは，「子どもを養っていかなくちゃいけない，旦那いないとかっていう人が入ってきて，でもここで働きたいと言われたら，その人に生活できるだけのお金をつくるにはどうしたらいいかって，みんなで考えてあげるべき」と言う一方で，「でも本当にもうかること考えるのって難しいですよね」，「自分たちの理念に反しないでお金をもうけるっていうところでアイデアが必要になってくる」とも述べている．

　この WC では市の募集に応じて，横浜保育室を開設することを検討したこともある[10]．実際，一緒に WC を設立したメンバーが，現在は別の WC をつくって認可保育所を運営しており，他にも WC が横浜保育室を運営している例はある．そのように活動を広げれば，ワーカーの収入は大きく増えると考えられる．しかし，C さんによると，WC 内で議論をしたところ，「やりたいことができなくなる」「いつでもウェルカムの状況をつくれない」ので，自分たちは「公立で色のついたお金ではなく，認可外でやっていこう」という結論になった．また，D さんは，「在宅家庭の子育てを応援するっていうところからスタートしている」という点で，共働き家庭を対象とする保育所の運営は自分たちの活動の範囲から外れるものだということになったと，当時の議論を振り

返っている．これに対して，その後，手がけることになった小規模保育事業については，同じ保育を提供する事業ではあっても，小さな子どもが「家庭的な雰囲気」のなかで過ごすという魅力にひかれて，メンバーの総意が得られたという．ここからは，運営の自主性や関係の個別性に重きを置いたり，自分たちが支援を提供する対象を限定したりする活動の理念へのこだわりが，WC がワーカーの経済的自立のためにとりうる選択肢を条件づけている様子を見てとることができる（cf. 朴 2009）．つまり，自分たちの理念と制度化された保育所事業との間に生じると想定されるギャップが，WC がワーカーに提供できる経済的収入の不充分さを克服するうえでの障壁となっているのである[11]．

　もちろん，彼女たちが抱く懸念を杞憂であるとただ退けることはできない．WC が保育所事業を通じて活動を広げる結果として，そもそもの組織の活動理念から逸脱していくということもありうるだろう．しかし，この WC による地域子育て支援拠点事業，小規模保育事業，放課後児童クラブなどの事業も，行政からの事業委託や補助金を受けているように，非営利組織が行政などから事業委託や補助金を受けることが，ただちに活動の理念をゆがめることにつながるわけでもない（cf. 丸山・仁平・村瀬 2008）．問われるべきは，ワーカーたちにとって，保育所事業を受託することが，自分たちの活動の理念との関係で，どのような意味をもつものとして位置づけられるかということだろう．そこで，次節では，WC が保育所事業を受託している事例を取り上げて，この点に検討を加えていく．

5.　WC が保育所を運営することと活動の理念

　本節で取り上げるのは，某大学の敷地内に位置する認可外保育所である．この保育所は，地域で子育て支援事業を展開する WC の連合によって構成される NPO 法人が，大学による運営業務委託の公募に応じるかたちで，2010 年に事業所内保育所として運営が開始され，現在は認可外保育所に転換している．また，2012 年からは，保育所のスタッフだけで 1 つの WC を構成するようになっている．以下では，2011 年 3 月に，運営開始時に NPO 法人の代表と保育所の所長を務めていた E さん（50 代半ば）と，2017 年 6 月に，WC の代表で

あり2代目の所長でもあるFさん（50代半ば）に行ったインタビュー調査にもとづいて，この組織において，保育所事業の運営と活動の理念がどのように関係づけられているのかを検討する[12]．

　当初，この保育所の運営は，8つのWCの連合によって組織されるNPO法人が行っており，たとえば，保育を担当するスタッフは，それぞれのWCから保育士資格をもつワーカーを選ぶという方式がとられていた．運営スタッフと呼ばれるフルタイムで働く保育所専任のワーカーと朝番や遅番だけ担当する短時間スタッフがいるが，保育を提供する子どもの数が増えてきた結果として，2011年度には，運営スタッフに対しては月額16万円から17万円を固定給で支払うことが可能になった[13]．その後，単独のWCを構成するようになり，2017年の時点では，フルタイムのスタッフの年収は240万から250万円だという[14]．

　ここでまず注目したいのは，この保育所を運営することが，初代の所長であるEさんにとって，それまでの自分たちの活動と地続きのものと捉えられていることである．そもそも，運営団体を探している際に，大学が掲げていた「親と子もともに出会い，ともに育つ保育所」にしたいという理念は，「この町で子育てできてよかったと実感できる地域社会を作りたい」という自分たちの思いと同じものであり，「ここだけ特別なことをやっているわけではなくて，ここの場所で子育てできてよかったと思える保育所運営をしたい」と述べている．また，Eさんは，ふつうの保育所の場合，「どうしても上から目線で若い保育士さんが，『お母さん，それだめですよ』とか『（子どもに）朝食食べさせてください』」などと母親に言うようなこともあるという．しかし，これまでの子育てひろばの運営などの活動を通じて，母親が求めているのは，「横にいる人」，「『あのね』と相談できる人」であることを実感しているので，保育士も母親にとってそういう存在でありたいと考えて，この保育所では保育士を「先生」とは呼ばず，下の名前で呼んでいるという．さらに，自身が幼稚園教諭として雇われて，園長の方針のもとで働いていたときの経験と対照しつつ，自分の理念を他のメンバーとぶつけ合いながら，保育所を運営できるところに「ワーカーズでやるということ」の意義があると述べている．このように，自分たちの活動理念にもとづいて支援を提供する対象を「在宅家庭」に限定する

のではなく，むしろ，親子に寄り添うことを大事にするという保育のありかたについての理念は，WCとしての子育て支援活動のなかで培われたものであり，その理念をどのように実践していくかということも，雇われずに働く対等なワーカーどうしの議論のプロセスのなかにあるものとして位置づけられている．

　とはいえ，WCとしての理念とのつながりを維持しながら保育所を運営することには，難しい側面もある．たとえば，Fさんは，他のスタッフには，「なかなかワーカーズ組織っていうのが伝わらない」と述べている．現在，このWCのスタッフのうち，保育所事業を受託する以前からWCのワーカーだったのは，Fさんと副代表の事務スタッフの2人だけであり，それ以外のスタッフには，この保育所以外のWCで働いた経験がない．このため，保育士を募集する際には，「ワーカーズの働きかたを理解してほしい」という説明もしているものの，実際にWCで働いた経験がなければ，「ここはほんとうに保育所をやっているとこっていう，他の保育園と変わらないように思ってしまうだろうし，所長とか代表をやっているわたしの意見がものすごく強くとられてしまう」ことになる．ここでFさんが問題にしているのは，「代表が所長がトップにいてっていう図式」がすごくはっきりしているとも言われるように，他のスタッフがいわば"ふつうの保育所"という認識のもとで働いているなかで，ワーカーが対等な立場で議論したうえで意思決定するというWCの理念が，この保育所には浸透していないということである．また，近年，スタッフが厚生年金や雇用保険に加入するようになり，そのこと自体は，特に保育士の確保が困難な現状においては，「若い人たちに入ってもらうっていうことの絶対条件」ではあるものの，そのためにはFさんが「雇用主」になる必要があった．WCは"雇われない働きかた"を理念に掲げているので，このことはFさんにとっては，「すごい違和感」があり，いまだに「うまく飲み込めてない感じ」がするという．このような状況において，Fさんは，WCの理念，そして，最初に事業を受託したNPO法人を構成していたWCが子育てひろばの運営を通じて地域の親子に寄り添ってきたことが評価されたからこそ，この保育所があることをスタッフに伝えようとはしているものの，自身も「モヤモヤ感」を抱えている以上，「なかなか難しい」という．

　このように，Fさんにとって，保育所を運営するなかで，WCらしさを維持

したり，そもそもの活動の理念を共有し続けたりすることには一定の困難が伴っている．しかし，その一方で，E さんの説明からもわかるように，ある WC が WC らしいということの意味やその活動の理念は必ずしも固定的なものではなく，ある程度の“読み替え”が可能であるため，WC が保育所を運営することはそれまでの自分たちの活動と整合的に理解することもできる．さらには，「話し合いがやっぱりワーカーズの肝」だと位置づける F さんが，今後の展望を問われて，WC の理念も含めて，他のスタッフと「いろいろなことをもっとゆっくり時間取って話がしたい」と答えるということ自体に，WC が運営するこの保育所の特徴を見てとることもできるだろう．社会的企業などのサードセクターについての研究が，セクター内部に共通する独自の原理があるという同質性をしばしば前提にしていることを米澤旦（2017）が批判的に指摘しているように，特に法人格などにより特徴づけられるものではない WC については，WC とそうでないものの境界を一元的に設定することが難しい．これは組織の WC らしさが当の成員にとっての問題になりうるということであると同時に，何か 1 つの条件の欠如によって，ある組織から WC らしさがただちに失われるわけではないということでもある．ここで重要なのは，この WC がワーカーの対等性や民主的な意思決定という観点からは，WC としてのアイデンティティに揺らぎを抱えつつも，保育所の運営を通じて，ワーカーが経済的自立に近づくような報酬の提供をしながら，親子に寄り添うという活動の理念も実現していることである．

6．むすびにかえて

　本章では，3 つの WC を事例として，子育て支援労働に携わる人々にとって，経済的報酬と働くことの意味がどのような関係にあるのかを検討してきた．まず，主婦アイデンティティを持つワーカーにとって，経済的自立はそもそも目標にならない．また，ワーカーが経済的自立を望んだり，WC がワーカーに経済的自立を提供したりしようとする場合においても，自分たちの活動の理念へのこだわりが，保育所事業というワーカーを経済的自立に近づける選択肢をとるうえでの障壁となることがある．しかし，実際に保育所事業を受託している

WC の事例からは，WC らしさを維持したり，活動の理念を共有し続けたりすることに困難を抱えながらも，保育所を運営することとそれまでの活動の理念を整合的に理解できるということもわかる．

　たしかに，地域子育て支援という領域は，支援に携わることが自己実現や地域社会への参加の機会を提供すると同時に，無償あるいは報酬の不充分な労働への献身につながりやすい．言い換えれば，それは「愛」と「金」のトレードオフが非常に成立しやすい領域である．このような状況の根本には，もちろん地域子育て支援労働の評価の低さがある．ファインマン（Fineman, M. A.）が，子どもなどの必然的依存の状態にある者のケアを引き受けることで，女性が男性に対して二次的依存の状態に置かれると指摘していることはよく知られているが（Fineman 1995＝2003），二次的依存の状態にしばしば置かれる親を支援する地域子育て支援に携わることによる依存は，いわば「三次的依存」である（相馬ほか 2016）．子どもという依存者から派生する依存の連鎖は私的領域を超えて広がっており，ファインマンが依存者とそれをケアする者からなるユニットを保護の対象とする必要があると論じているように（Fineman 1995＝2003），子育てをする者とそれを支援する者からなるユニットもまた保護の対象とされる必要がある．そしてこれは，依存という状態やそれを支えるケアという営みについての社会的評価のありかたを大きく転換する必要があるということに他ならない．

　とはいえ，「愛」と「金」のトレードオフ状態は，個々の組織の活動の結果として成立しているものでもあり，イングランド（2005）が指摘しているように，「愛」と「金」の二分法が必ず成り立つわけではない．本章で焦点を当てたのは，保育所事業を受託することによって，組織としての理念を実現しつつ，経済的自立が可能になるような経済的報酬をワーカーに提供するという選択肢である．もちろん，保育所で働く保育士については，その労働条件がかなりの問題を含んでいることが指摘されており（e. g. 小林 2015），保育労働に携わることはいわば「準二次的依存」にもつながりかねない（相馬ほか 2016）．しかし，保育所を運営することによって，依存の連鎖をその末端にある三次的依存の水準から必然的依存者である子どもにケアを提供する水準へと遡ることは，地域子育て支援を提供する WC のような組織が，より良好な労働条件を提供

するための有力な方法の 1 つではあるだろう.

　むろん, 保育所事業に取り組む WC は, 現時点ではかなり例外的な存在であり, すべての WC が同じ方法を選択できるわけではないし, その必要もない. また, 3 節と 4 節では, 横浜市で活動している WC を取り上げたが, 横浜市は非営利組織による子育て支援活動が非常に活発な地域であり, 他の自治体に比べると, そのような組織の運営を経済的に支える仕組みの整備は進んでいる [15]. したがって, 特にリーダー層である B さん, C さん, D さんの子育て支援者としての収入は, 相対的には高いものである. このような意味で, 本章による検討は, "先進的な" 事例に偏ってはいるものの, WC における子育て支援労働が抱えている課題の一端とその課題を乗り越えるための 1 つの道筋を示すことはできたのではないかと考えている.

注

1　ただし, グレアム (1983) は, 私的領域において無償で行われるケアと公的領域において有償で行われるケアを一括して議論している.

2　2007 年の WNJ (ワーカーズ・コレクティブ・ネットワーク・ジャパン) による調査によれば, 約 8 割のワーカーの収入が 103 万円未満となっている (米澤 2010).

3　他の 4 つは, ケアが女性と結びつけられているという文化的バイアスを強調する「価値の切り下げ」(devaluation) フレームワーク, ケアワークを行う愛他的動機とそこから得られる内的報酬がケアワーカーに低い賃金を受け入れさせていると説明する「愛の囚人」(prisoner of love) フレームワーク, ケアは公共財であるため, ケアの直接的な受け手以外の人々もケアから効用を得ているが, これら間接的な受益者からの利益の調達が難しいことにケアの安さの理由を求める「公共財」フレームワーク, 感情労働論に代表される「感情の商品化」フレームワークである (England 2005).

4　本節と次節の議論は, 拙稿 (松木 2011) による事例記述に修正を加えたものである.

5　以下, 対象者の年齢などの属性は, いずれもインタビュー調査を行った時点のものである. A さんへのインタビュー調査は, 堀聡子さんとともに, 2010 年 10 月に実施した.

6　ただし, A さんは, これからもこの WC で働き続けることを希望しているものの, 将来, 子どもが大学に進学するなどして, さらに収入が必要になってくればどうなるかはわからないという. つまり, 子育て期には「ちょうどいい」ものであった WC 労働も, ライフステージの移行によって, 彼女が希望するような家族生活を維持するためにより経済的コストがかかるようになれば, その "ちょうどよさ" が失われ, 現在は保たれている家族生活と仕事の間のバランスも崩れていくかもし

れないと考えられている.

7　もちろん, このような A さんの希望のありかた自体, 現実的な選択肢の乏しさに制約を受けたものではあるだろう.

8　B さんと C さんへのインタビュー調査は, 近本聡子さんと堀聡子さんとともに実施した.

9　ただし, この WC の活動は, 19 名のワーカーの他に, 最低賃金で働く 75 名の「スタッフ」, 雇用契約を交わさずに 1 時間 500 円程度の謝礼を支払っている「サポーター」と無償の「ボランティア」が多数いることによって支えられている.

10　横浜保育室とは, 横浜市が独自の基準によって認可を行っている保育所のことである.

11　B さんは,「みんながお金がね, これが必要でっていうことになれば, そのかわり働けるものをつくり出すなり, そういう組織をつくってっていうことだと思うんですよ. ただ, みんなの中には, やっぱり 3 時までしか働けないよとかそういうのもあるから, じゃあ, これでいいわっていう部分もきっとあると思うんですよ」とも述べている. つまり, この WC がワーカーに経済的自立をもたらすような事業を展開するにあたって, より制度化された保育所事業への進出が自分たちの理念にそぐわないということだけではなく, 他のワーカーが A さんのような"柔軟な働きかた"への指向を持っていると想定されることもその障壁となっている.

12　E さんへのインタビュー調査は, 井上清美さん, 近本聡子さん, 橋本りえさん, 堀聡子さんとともに行った. また, E さんについては, 2010 年 9 月に井上清美さんと堀聡子さんが行ったインタビュー調査から得られた語りも参考にしている.

13　この保育所を支えている月額保育料は, 2010 年度において, 0 歳児で 69000 円, 1・2 歳児は 57000 円, 3 歳児は 42000 円, 4 歳以上は 38000 円であった (2017 年度には 0 歳児は 57000 円, 1・2 歳児は 50000 円に下がっているが, この減額を目的として大学から補助を受けているという). なお, 短時間スタッフについては, 保育に携わるスタッフには時給 750 円, 事務スタッフには時給 700 円が支払われるという.

14　連合が 2017 年のさいたま市での調査にもとづいて, 労働者が最低限の生活を営むのに必要な賃金水準 (リビングウェイジ) を試算したところによると, 単身の労働者が必要とするのは 172488 円であり, この保育所ではそれとほぼ同等の経済的報酬が提供されているということになる.

15　横浜市における子育て支援については, 第 6 章と第 9 章も参照されたい.

参考文献

England, P.（2005）"Emerging Theories of Care Work", *Annual Review of Sociology* 31: 381–399.

England, P. and Folbre, N.（1999）"The Cost of Caring", *The Annals of the American Academy of Political and Social Sciences* 561: 39–51.

Fineman, Martha Albertson, 1995, *The Neutered Mother, The Sexual Family And Other Twentieth Century Tragedies*, Routledge＝（2003）上野千鶴子監訳『家族, 積みすぎた方舟——ポスト平等主義のフェミニズム法理論』学陽書房.

伏見ゆず（2006）「ワーカーズ・コレクティブの可能性と限界——参加型自主管理労働を支える現実」『同志社社会学研究』10: 43-60.

Graham, H. (1983) "Caring: A Labour of Love" In Janet Finch and Dulcie Groves (eds.), *A Labour of Love: Women, Work and Caring*, Routledge and Kegan Paul, 13-30.

今井千恵（1994）「ワーカーズ・コレクティブ労働にみる主婦の自立の可能性」『早稲田大学教育学部学術研究（地理学・歴史学・社会科学編）』43: 11-26.

小林美希（2015）『ルポ　保育崩壊』岩波書店.

丸山真央・仁平典宏・村瀬博志（2008）「ネオリベラリズムと市民活動／社会運動——東京圏の市民社会組織とネオリベラル・ガバナンスをめぐる実証分析」『大原社会問題研究所雑誌』602: 51-68.

松木洋人（2011）「ワーカーズ・コレクティブによる「育児の社会化」の経験分析に向けて——主婦アイデンティティと経済的自立の関係をめぐって」『生協総研レポート』66: 25-31.

森川美絵（2015）『介護はいかにして「労働」となったのか——制度としての承認と評価のメカニズム』ミネルヴァ書房.

仁平典宏（2011）「揺らぐ『労働』の輪郭——賃労働・アンペイドワーク・ケア労働の再編」仁平典宏・山下順子編『労働再審5　ケア・協働・アンペイドワーク——揺らぐ労働の輪郭』大月書店, 11-44.

朴姫淑（2009）「ワーカーズ・コレクティブの持続可能性」『まちと暮らし研究』6: 20-25.

朴姫淑（2011）「『女縁』と生協の女性，そして地域福祉」千田有紀編『上野千鶴子に挑む』勁草書房, 360-376.

佐藤慶幸（1996）『女性と協同組合の社会学——生活クラブからのメッセージ』文眞堂.

相馬直子（2011）「『子育ての社会化』論の系譜と本研究プロジェクトの目的」『生協総研レポート』66: 1-16.

相馬直子・松木洋人・井上清美・橋本りえ（2016）「小特集に寄せて——子育て支援労働と女性のエンパワメントをめぐる論点」『社会政策』8（2）: 46-49.

上野千鶴子（1990）『家父長制と資本制——マルクス主義フェミニズムの地平』岩波書店.

上野千鶴子（2011）『ケアの社会学——当事者主権の福祉社会へ』太田出版.

山根純佳（2010）『なぜ女性はケア労働をするのか——性別分業の再生産を超えて』勁草書房.

山根純佳（2011）「ケア労働の分業と階層性の再編——『関係的ケア』から周辺化される労働」仁平典宏・山下順子編『労働再審5　ケア・協働・アンペイドワーク——揺らぐ労働の輪郭』大月書店, 103-126.

山下順子（2011）「介護サービス・労働市場の再編とNPO」仁平典宏・山下順子編『労働再審5　ケア・協働・アンペイドワーク——揺らぐ労働の輪郭』大月書店, 161-189.

米澤旦（2010）「ワーカーズ・コレクティブ研究の動向——90年代後半からの展開」

『生活協同組合研究』412: 28-37.

米澤旦（2017）『社会的企業への新しい見方——社会政策のなかのサードセクター』ミネルヴァ書房.

第Ⅲ部
子育て支援労働の課題

第9章　地域子育て支援労働の制度化
——1990年代以降

相馬直子

1. 本章の課題と分析視点

　地域子育て支援というケアワーク——地域子育て支援労働——は，いつ，どのように，形成されてきたのか．これは，(1) 地域子育て支援は，いつ，どのようにして生まれてきたのか？ (2) それが経済的な対価をともなう仕事に，いつ，どのようになっていったのか（ならなかったのか）？ (3) それはどういう性質の労働なのか，について考えていくことでもある．第1章では主に上記 (1) の論点を扱った．そして本書を通じて，その経済的な対価の実態や労働の性質について検討してきた．本章は，特に (2) (3) の論点について考察することを目的とする．

　生活が成り立つとは，暮らしのニーズが持続的に充足されることであり，生きていくためには，少なくとも，食料・衣料・住居をはじめとする財や，幼児期や病気や介護の時にはケアされるといったサービスを必要とする．サービスとは，一般用語では人に尽くすことや奉仕の意味で使われるが，経済用語では効用や満足を提供する無形の財を意味する．骨を折り苦心して財やサービスを作り出す活動が「労働」であり，これを利用するにはお金の流れが伴うものである．現代社会は，市場経済が一般化しており，まず，生活が成り立つためには，お金を得ることが必要である．また，子育てや介護といったケアや，地域のボランタリーな活動は，無償であっても，財やサービスを作り出している点で，有償労働と同じである（大沢 2013: 48）．本書の主題でいえば，子育て家庭はそのサポートといったサービスを必要とする．地域の子育て支援者は，日々，

親子に接しながら，サポートというサービスを作り出す活動（労働）をし，そこには公費，会費，寄付，利用料などのお金の流れが伴う．

　では，人びとが利用する財やサービスは，どう生産されるか．もっとも本源的な生産要素である労働力を商品として購入するかどうか（雇用労働かどうか），そして生産のアウトプットである財・サービスを商品化しているか否かで，財・サービスの生産関係を4つに区分できる（大沢 2013: 52）．本章の趣旨からすれば，商品は私費，非商品は公費中心によって生産されるといえる．また，公費と私費が混合した形態も実際に多い．次頁の表9-1は，財・サービスを生産する4つの関係を示している．生産された財・サービスが商品か非商品か，使用される労働力が商品化された賃金労働か商品化されていない労働力かという四象限に分けることができる．それぞれ，A型：商品労働力による非商品の生産（公務員やNGO等），B型：非商品の労働力による，非商品の生産（家事労働，ボランティア活動），C型：商品労働力による商品の生産（営利企業等），D型：非商品の労働力による，商品の生産（自営業，ワーカーズコレクティブ等）である（大沢 2013: 51-52）．ここで商品化されていない労働力とは，不完全に商品化された労働力（上野 2011: 441-442）も含んで議論する．

　生産関係の4分法によって，非営利協同組織は，非営利ながら雇用労働者を雇って財やサービスを商品として生産・販売する場合（社会的企業），みずから出資経営するメンバーが商品を生産する場合（ワーカーズ・コレクティブ），有給の専従職員がいて公共的サービスを生産する場合（環境NGOなど），生協の班活動やボランティア活動などもあり，4つの生産関係のすべてにまたがる（大沢 2013: 52）．米澤旦（2020）が整理するように，非営利協同は4分法の中心部に位置付けられる．すなわち，商品化・非商品化された労働が組み合わされ，商品化・非商品化された財・サービスが産出される場が，非営利協同であるといえる．子育てNPOの場合，有給の専従職員がいて公共的サービスを生産する（表9-1のA型）こともあれば，限りなくボランティア活動に近いもの（表9-1のB型）もあれば，地域や一般向けに出版物を生産している（表9-1のC型）など，混合的である．

　複数の生産関係のあいだの質的関連で考えると，A型のうち政府の財政支出面で公共事業の比重が大きく，ケア関連サービスを保護規制するなら，B～

表 9-1　財・サービスを生産する 4 つの関係

		使用される労働力	
		雇い・雇われる＝労働力をお金を出して商品として購入（雇用労働者）	雇い・雇われない＝非商品，あるいは不完全に商品化された労働力
生産された財・サービス	商品	C 型 営利企業，非営利団体の常勤職員による市場向け事業（例：情報誌・イベントなど） （社会的企業）	D 型 自営業・ワーカーズ・コレクティブ 自営業の市場向け生産 生産協同組合員の生産
	非商品	A 型 公共部門（常勤公務員，NGO など） 非営利団体の常勤職員による公共的サービス （保育，障がい児支援，地域子育て支援）	B 型 家族などの家事サービス 自営業の自家消費のための労働 自分のための活動，地域貢献のための活動，ボランティア活動，非常勤・非正規職員

出典：大沢（2013：52）上野（2011：441）を参考に，子育て支援の文脈に即して筆者が加筆・作成．

D 型のあり方に影響してくる．さらに，4 つの生産関係すべてにまたがる非営利協同の量的・質的なあり方については，子育て・介護・障がいといった各論や地域の取り組みも含めて異なっている．本章では，子育て支援という労働の性質について，上記のマトリクスで考えていく．

2.　地域子育て支援労働の誕生

A 型：非商品 × 雇い・雇われる

　まずは，表 9-1 の A 型（非商品 × 雇い・雇われる）の典型として，公立保育所が行っている子育て支援事業（図 9-1 で示した保育所が行っている地域子育て支援拠点事業＝センター型）が位置づけられる．

　また，保育所以外で A 型（非商品 × 雇い・雇われる）の典型として，1992年に開所した武蔵野市立 0123 吉祥寺の事業が挙げられる．1987 年私立巴幼稚園の廃園が決定し，武蔵野市が跡地を買収した．1989 年 4 月武蔵野市第二期長期計画第二次調整計画にて，幼稚園にも保育園にも通園していない乳幼児への行政サービスの強化が求められた．そこで，巴幼稚園跡地利用構想策定委員会の答申をへて，1991 年武蔵野市立 0123 吉祥寺が着工された．1992 年，武蔵野市子ども協会が発足するとともに，0123 吉祥寺が開所した．武蔵野市子ど

表 9-2　【国レベル】地域子育て支援事業の変遷

1987 年	保育所機能強化費の予算措置
1989 年	保育所地域活動事業の創設
1993 年	保育所地域子育てモデル事業の創設
1995 年	地域子育て支援センター事業に名称変更
2002 年	つどいの広場事業の創設
2004 年	つどいの広場全国連絡協議会（任意団体）
2005 年	四つ葉プロジェクト発足
2007 年	NPO 法人子育てひろば全国連絡協議会法人設立
	地域子育て支援事業の創設
2008 年	児童福祉法と社会福祉法の改正
	・地域子育て支援拠点事業の法定化
	・第二種社会福祉事業に規定
2009 年	にっぽん子育て応援団結成
2013 年	地域子育て支援拠点事業を再編.
	・ひろば型，センター型⇒一般型
	・児童館型⇒連携型
	・利用者支援・地域支援を行う地域機能強化型の創設
2014 年	利用者支援事業の創設
2015 年	子ども・子育て支援新制度スタート
2017 年	利用者支援事業で，基本型，特定型に加え母子保健型も設置

図 9-1　【国レベル】地域子育て支援センター事業から地域子育て支援拠点事業への移行

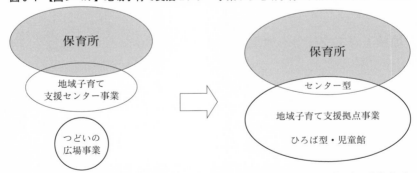

出典：日本保育協会（https://www.nippo.or.jp/Portals/0/images/research/kenkyu/h21sien3. pdf）最終閲覧日：2019 年 12 月 1 日.

も協会が 0123 吉祥寺の管理運営を委託される形で運営がはじまった．さらに第二の 0123 建設の議論が高まり，2001 年武蔵野市立 0123 はらっぱ事業が開始されたとともに，0123 吉祥寺と同様，武蔵野市子ども協会が 0123 はらっぱ事業の管理運営を委託された．2005 年には武蔵野市より武蔵野市子ども協会

が武蔵野市立 0123 施設の指定管理者に指定される[1].

　1992 年にはじまった 0123 事業は, 市の直営に近い子育て支援施設として大きな注目をあびた. 表 9-2 には国レベルの地域子育て支援事業の変遷を示した. 国の地域子育て支援センター事業は 1993 年がモデル事業, 1995 年が事業化だったことをふまえると, 武蔵野市の動きは国に先行した, 先進的な取り組みであり, 大きな注目を浴びた. 木をふんだんに使った, 子どもの遊びが広がり親もゆったりできる空間やその内容を学びに, 全国から視察が殺到した. 国よりも先行し, 先進的な施設・内容面であったがゆえに, 図 9-1 に示したような, 国レベルの地域子育て支援センター事業（1993 年）の枠組みにも, その後のつどいの広場事業（2002 年）の枠組みにもあてはまらない事業でもあり, 自治体独自で運営をしてきた.

　また武蔵野市では, 1996 年に保育サービス「ひまわりママ」が設立された. きっかけは, 1996 年の労働省の保育サービス講習会で, 講習会修了からわずか 5 ヶ月後に 23 名のスタッフによってひまわりママが設立された. サービスを利用する人と協力する人との相互会員制での運営であった. 1998 年特定非営利活動法人の認定を取得. 2000 年には武蔵野市から旧登記所跡の建物を無償で提供され, 安定した事務所での運営が可能となった. 1998 年には親子のひろば「ひまわりルーム」を開設. 1999 年には「こどもテンミリオンハウスあおば」を開所した. 現在, NPO 法人保育サービスひまわりママは, 武蔵野市緊急待機児童対策の保育室 2 か所, 武蔵野市ファミリーサポートセンター運営受託, 認可保育所開園（2018 年）と事業を拡大している（直近の経常収益は約 2.5 億）.

　なお, ひまわりママ初代理事長（1999 年～2002 年）の土屋美恵子氏は, 2003 年に武蔵野市議に初当選（現在は 5 期）. 東京都で子ども部門の NPO 第一号の同法人は, 子育て支援分野で長期にわたる市議が輩出され, 政治的エンパワメントの典型例でもある.

B 型：非商品 × 雇い・雇われない

　一方で, 第 1 章で論じた大阪府貝塚市の貝塚子育てネットワークの会は, 表 9-1 の B 型（非商品 × 雇い・雇われない）の象限に位置付けられる. 1988 年に

設立した同ネットワークは，貝塚市立中央公民館職員（村田和子氏（現　和歌山大学教授））のサポートも受けながら，子育てネットワークの形成を広げる．貝塚子育てネットワークの会は，子育て中の親が，中央公民館と一緒に講座開催や親子のレクリエーション，子どものあそび場づくり（貝塚プレイパーク）などを，仲間とともに学びながら子育てをしている会である．乳幼児部会（4つの乳幼児サークル），幼稚園部会，小学生部会，中高生部会の4部会を軸に，親が日々活動している．2018年10月に30周年を迎えた．貝塚子育てネットワークの会のメンバーの中で社会教育関連の採用試験を受け，公民館職員になったスタッフもいる（貝塚子育てネットワークの会編 2009: 139）．初代代表の梅原直子氏は，のちに『こころの子育てインターねっと関西』代表となり，全国各地のネットワークの実践交流にも尽力している（原田 2011: 127–130）．しかし，以下で見るような子育て支援労働の混合形態にはならなかった事例と位置づけられる．

C 型：有限会社・株式会社化

　第1章で紹介した，「子づれ DE CHA・CHA・CHA」を発行した濱砂圭子氏らは，子育てサークルのポニークラブを有限会社化し，その後，株式会社化した．1998年に濱砂氏は政府の「少子化への対応を考える有識者会議」働き方分科会メンバーとなる．政府の会議体に子育て団体のリーダーが参画していく，いわば，さきがけともいえる．出版・情報提供・イベント事業と，福岡を子育てしやすい街へという企業理念をもとに，社会的企業としての成長をとげた．当初は社員数名，ボランティアスタッフを組織化して運営した．会社の成長につれ，出産前にバリバリ働いていたキャリア志向のママたちが就職してくるようになり，男性社員も雇用している．事業は「子育て支援・女性の活躍支援」の名のもと多様に展開．子育ても妊娠・出産，乳幼児育て，幼稚園・保育園選び，産婦人科選び・病院選び，塾やおけいこ，小・中・高校受験など，子どもの成長とともに出てくる悩みを解決する出版物を発行する形で支援を行っている．また，女性たちをエンパワーメントする研修事業も展開している．国土交通省九州地方整備局・女性技術者研修，福岡県農林水産業女性経営者研修，女性起業支援セミナーなど，当然，子育てしながらの両立支援や再就職支援も

含まれている.

　現在も，マミーズサミットという全国ネットワークをつくり，子育て支援を単なるボランティアにとどめず，企業との連携や活動の持続可能性を高めるようなネットワークづくりも活発に行っている. 少子化・高齢化が同時進行するなかで，育児をしながら介護するダブルケア世帯への支援をする団体も，マミーズサミットの登録団体に出ており（横浜市の NPO 法人シャーロックホームズ，香川の NPO 法人わははネット等），時代に対応した新しいニーズへの対応と持続可能な事業，そして良質な雇用の創出というミッションを追求している.

3. 地域子育て支援労働の混合形態—1：東京都世田谷区

大きな 3 つのうねり

　まず，子育て支援労働の混合形態として，B 型から出発し，いまは，A・B・C 型が混合した，世田谷区の子育て団体の活動を挙げることができる.

　第 1 章には 1990 年代初頭までを論じたが，3 つのうねりが合流し，発展していくのが 1990 年代である[2]. 子育て支援に対して政府としても徐々に関心が生まれてきたのも，1990 年代である. インターネットやメールで情報を共有・発信するスタイルが一般的になる時期とも軌を一にしている. 世田谷区では大きな 3 つのうねりが生まれ，それが相互に影響しあっていく.

　まず 1 つ目のうねりとして，1990 年代に入ると，男女共同参画の講座で集まった女性たちがネットワークを主体的に生み出していく. 1990 年代なかばから活動が活発化した，「せたがやサポートクラブ」[3] と「ママチャリねっと」への展開である. 同クラブは 1996 年 6 月に「らぷらす」（世田谷区男女共同参画センター）で実施された講座「ウィメンズカレッジ」の卒業生小林ゆかり氏ら 5 人が集まって活動を開始した. 働いていると子育て情報をなかなか得られないこと，そして，子育て中の母親が密室育児に悩み，あるいは仕事と育児の両立に悩む母親達が多いことを知り，子育てのつらい現状をなんとかできないかと考えていた. そんな時，5 人は講座で出会い，講師（三沢直子氏）と出会う. 三沢氏は，地域の人たちがもっと子育てを助ければ母親も子どもも救われると，ファミリー・サポート・センターの設立を推進する活動をしていた. こ

の時期は，労働省（当時）がファミリーサポート事業を開始し，東京都内の他区ではすでにはじまっていた．せたがやサポートクラブでもヒアリングを実施したり，自治体，区議会議員にその設立を要請するなど地道な活動を行い，区のファミリーサポート事業がはじまる原動力となった．1997年には公益信託世田谷まちづくりファンド「はじめの一歩」部門4での助成を受け，同年11月に全2回講座「みんなの手がある街づくり──手と手をつなぐ安心子育て」を実施した．ついに2001年に世田谷区社会福祉協議会により，「地域支えあい活動・子育てサロン」と，社会福祉協議会に登録した会員による預かり支援等を行う「ふれあい子育て支援事業」とがスタートした．厚生労働省の補助金を受けずに，世田谷区社会福祉協議会の自主財源と世田谷区の補助金によって，相互預け合いの事業がはじまった．

　第1章で論じた大阪府貝塚市の貝塚子育てネットワークの会の場合は，公民館（社会教育施設）が全面的にバックアップしたが，この東京都世田谷区の場合は，まちづくりの要素も入り，世田谷区社会福祉協議会の事業化へと当事者のアイディアが吸収された事例ともいえる．

　また，せたがやサポートクラブは，1999年4月の「ママチャリねっと」の立ち上げに参加した．世田谷で活動している子育てグループが，お互いに情報を交換し，時には助け合い，ネットワークすることによって，それぞれのグループがパワーアップしよう，という発想のもとに知り合い，3つの子育てグループで発足したものである．メールを活用し，かつ，地域密着ですぐ会える関係のもとでネットワーク活動が展開されていく．この「ママチャリねっと」に参加して地域の子育て団体とネットワークを組んでいた小林ゆかり氏は，2人目の妊娠をきっかけに，「おへそコネクション」としてウェブサイトを通じた産前産後や子育て情報の交換を行っている．所属していた会社（㈱キャラバン）が地域密着のインターネット利用に力を入れ，「せたがやネット」5を立ち上げた時と重なる．また2002年から，元保育ママの自宅で「おへそサロン」をスタートさせ，2003年からは多言語で遊ぶ活動へと発展させた．

　2つ目のうねりは，北沢地区で2001年，子育て支援グループ「amigo」（アミーゴ）が生まれたことである．amigo設立の2001年当時，既存の育児支援策の限界も感じていた．妊娠中から乳児，幼児，学童と，子どもの成長に従っ

て悩みや必要な情報も刻々と変化する．自治体や民間によるさまざまな形の育児支援が事業化されているが，当時の少子化対策は保育所の拡充などハード面が中心で，密室育児のストレスによる「虐待予備軍」のニーズを拾いあげるような事業にはまだ手が回っていないといった感があった．親たちは，ともに子育てする仲間や，保健所などの「育児相談」に行くまでもない小さな迷いを受け止めてくれる気軽な「たまり場」を求めているのではないかと感じていたという．このような気持ちから，松田妙子氏は，夫の転勤が終わって東京へ戻った後，出産を経て，2001年，子育て支援グループ amigo を立ち上げ，東京でも地域社会における子育て支援活動を継続している．活動をはじめた後に，世田谷区社会福祉協議会の地域支え合い活動の一つである「子育てサロン」[6] がスタートして，最初に助成を受けた．

　amigo は，「地域で支えあう子育て（community based "ikuji"）」を理念に様々な活動を展開してきた．特に焦点をあてているのが，産前産後支援である．「ひろばの前段である産前産後からスタートしたいと思った」と松田氏は回想する．「大変だから助けてもらう」という受身になるではなく，お互いに小さなことから助けあえる仲間づくりを目指し，世代間交流を含めた「育ち，育てられる関係」を重視して，参加者が「すべてやってもらう」という依存的な関係にならないよう留意している．「ふらっとサロン」という名称には，スタッフも子育て経験を踏まえて「指導」するのではなく，ありのままを受け止めて同じ立場にたって考える「フラット」な交流を，という意味もこめられている．この amigo がすべてではなく，自分がやりやすい範囲の活動を自分で行うことも大事であるというメッセージを参加者の方に意識的に発信してきた．実際，amigo の参加者の中から，後述するような新たな展開を見せはじめている．

　3つ目のうねりは，「ママパパぶりっじ」の展開である．上述した地域密着のインターネットサポート（キャラバン）をベースに，1998年に「ぶりっじ世田谷」がスタートした．「ぶりっじ世田谷」とは，地域の問題を共有し，より豊かな地域社会にしていくためのしくみづくりを考える市民のプロジェクトである．市民・事業者・自治体などが，各々の枠組みを超えて「ぶりっじ」（架け橋）しながら，協働して「新しい公共」の実現を目指すものである．2001年には，「ママパパぶりっじ」が誕生し，施設や商店の子育てに関連する情報

や，子育て支援団体主催に関する情報の継続的収集，提供，意見交換に「カキこまっぷ」を使い，区内の子育て層や子育て支援団体をつなぎ，子育てに関する情報の収集と提供，インターネット上での情報交換などを目的として活動をスタートする．

　これら大きな３つのうねりが合流し，21世紀には，新しい段階に入る．同じネットワークグループの「ママチャリねっと」とともに，2003年に「せたがや子育てネット」を設立した[7]．2004年にはNPO法人となり，「子育てしながらまちにでよう！」という理念のもとで，多様な活動を行っている．子育てサロンamigoの元代表・松田妙子氏が代表で，砧地区で最初に子育てサロンをはじめた明石眞弓氏，小林ゆかり氏ら豊富な子育て支援活動の従事者，市川徹氏らまちづくり関係者が中心メンバーとなっている．

　現在のせたがや子育てネットの活動は，乳幼児とその親を対象とした活動を中心に，主に次の事業から構成されている．（1）インターネット活用事業，（2）子育てイベント事業，（3）子育て情報提供事業（子育てライフ発行，メルマガ発信），（4）活動相談・支援事業，（5）コーディネート・派遣事業（産前産後セルフケア，若者支援大学連携スーパーバイザー・利用者支援事業，区民版子ども子育て会議など），（6）子育てに関する居場所づくり事業（おでかけひろば２か所，若者の居場所），（7）子育てを支える人材育成・研修事業（保育サポーター研修など）である．毎年地域別懇談会という場を設定し，各地域での子育て支援をめぐる実態や課題の共有化，グループのネットワーキングの継続的活動を重ねてきたが，これが区民版子ども・子育て会議のベースになっている．

　2006年９月には，下北沢に「コミュニティカフェ"ぶりっじ"@shimokita」を開設した．（財）世田谷区産業振興公社の「商店街ステーション事業」（補助限度額は月20万円，３年間．補助率2/3）や，東京都の「新元気を出せ商店街事業」等の補助金を活用した．このコミュニティカフェを拠点に，様々な親子向けプログラムの実施，区内の子育て支援グループのネットワーク化，商店街やまちづくり活動との協働，人材育成を行った．ところが家賃が高く補助金も限界があり，2010年３月で終了．事務所機能も経堂へ移転．事務所＋コミュニティスペースである「コミュニティカフェぶりっじ@kyodo」運営を開始し，「キッズスペースぶりっじ@roka」立ち上げにつながる．

　また，子育てグループのネットワーキング，子育てを応援する場づくりの代表的なものに「世田谷子育てメッセ」があるが，これは，2003年の「第一回世田谷子育てミニメッセ」がはじまりである．主催した「世田谷子育てミニメッセを考える会」は，子育て支援活動を豊かにすることで子育て環境の質を向上させることをめざした．市民の子育て活動が企業や自治体と協働することで，世田谷で子育てミニメッセを自主的に開催できるようなしくみを考えることを目的に，最初の主なメンバーとして，矢郷恵子氏，小林ゆかり氏，松田妙子氏，市川徹氏，片桐常雄氏，千葉晋也氏ら，「子育てネット」とほぼ同じメンバーによって結成された．自治体と市民との協働という体制で企画運営され，首都圏でも例のない試みであった[8]．2006年から「子育てメッセ」に改称し，第5回はNPO法人せたがや子育てネット主催（共催：世田谷区）で，第6回以降は世田谷区の主催となった．

　2007年からは，世田谷区の委託事業として，「産後のセルフケア講座」（区委託事業，2011年より「産前産後のセルフケア講座」），集団保育委託事業（世田谷区スポーツ振興財団委託），保育サポーター養成講座を現在まで開催している．また，東京都の委託事業や隣接区の委託事業も担ってきた．2008年からは子育て応援とうきょう会議NPOイベントブース企画運営を委託事業として担い，2012年度まで子育て応援とうきょう会議NPOネットワーク形成事業（委託事業）に関わる．また，杉並区子育て応援券事業者研修受託など隣接区の事業も受託していく．

　2000年代末から現在にかけては事業を拡大し，2010年には「コミュニティカフェぶりっじ@shimokita」プロジェクトが終了し，事務所機能を経堂へ移転する．事務所とコミュニティスペースである「コミュニティカフェぶりっじ@kyodo」を運営開始するとともに，URと組んで芦花公園に「キッズスペースぶりっじ@roka」を立ち上げる．さらに2014年は，ぶりっじ@rokaにて補助金の受託を開始し，世田谷区おでかけひろばぶりっじ@rokaをオープンした．また，従来の地域別懇談会を，区民版子ども子育て会議として発展させ，区民のニーズを見える化し，行政の子ども子育て会議につなぐ役割も担う．2015年以降は，世田谷区ひろば型地域子育て支援コーディネーター（5ヶ所），中間支援センター，区民版子ども子育て会議の継続実施，子ども子育て楽

（学）会の設立・開催，若者の居場所づくりスーパーバイズ事業受託，2017年おでかけひろばまーぶるを瀬田2丁目にオープン，地域交流のための食堂（「ろかめし」「せためし」開始）赤ちゃんふれあい授業，地域や子育て世代の視点での防災訓練など，区内のコミュニティワークをいっそう深化させている（最新の経常収益は約3,500万円）．

子ども・子育てコミュニティワークから育った人材

　こうした多様なネットワーク活動が進行し，子育て支援と男女共同参画が実質的にリンクした，女性の再チャレンジ支援を担う人材も育っていった．

　第一に，2006年には前述のコミュニティカフェ「ぷりっじ」で第1回チャレンジウィークが実施された．創業や起業に興味のある人に対して，同じ思いを持つ仲間と一緒に考える場を設けることで，はじめの一歩を踏み出すことを支援した．第2回は（財）世田谷区産業振興公社が主催（協力NPO法人せたがや子育てネット“Baby Step”女性のための創業支援プロジェクト）で，市川望美氏らを中心に，世田谷区内で起業・創業を考えている女性，始めて間もない女性を対象に，創業へ向けた交流，情報交換，仲間探しや，融資の相談，具体的な出展，自分のビジネスプランの発表やアイディアの実践の場が設定された．さらに2007年には，（財）21世紀職業財団東京事務所・（財）世田谷区産業振興公社・世田谷区（生活文化部・子ども部）主催，NPO法人せたがや子育てネットの協力で「女性のための再就職バックアップセミナー」が開催された．子育てから一歩踏み出し，子育てと就業とのバランスを当事者自身が探っていく貴重な場づくりであった．2009年文部科学省委託事業「女性のライフプランニング支援」（ポーラースタープロジェクト）も受託した．

　この活動は東京都調布をベースとした，2012年2月に，市川望美氏・大槻昌美氏・山本弥和氏を中心とした，非営利型株式会社Polarisの設立（資本金140万円）へとつながっていく．前述の世田谷区における子育て支援のNPOでの活動に関わってきた市川望美氏らが，子育て支援，まちづくりの視点から，母となった女性のキャリアやはたらき方に軸足を移す形で創業し，自分たちの想いを起点に社会とつながり，社会全体に問いかけていくという「当事者性」を軸とした事業構築を目指している．「セタガヤ庶務部」や「co-ba chofu」事

業により，「未来におけるあたりまえのはたらき方を創る」ことをミッション
に，身近な地域から新しいはたらきかたを生み出す仕組みづくりと，地域をは
たらき方で面白くしていくことを目指している．

　第二に，前述の amigo は，2014 年に NPO 法人子育て支援グループ amigo
へと法人化する．現在は石山恭子氏が理事長となり，"一緒に楽しく子育てし
ようよ！"を合言葉に，助産師や保育士と連携しながら，生まれてくる子ども
たちとその親が，地域の温かい人間関係の中で支えられ，すこやかに成長して
いくことができるよう，出産・育児の支援を行っている．事業としては，①情
報・交流の拠点としての「おでかけひろば@あみーご」，②出産・子育てに関
する企画，イベント，③地域と子育てのネットワークづくり，④マザリング・
ベル（産中・産褥期の育児支援活動・会員制），に加え，2018 年からは⑤『space
ULALA（ウララ）』をスタートした．「おでかけひろば ULALA」ほか，コワー
キングオフィス，コミュニティキッチン，アトリエ・スタジオ機能がある．乳
幼児から大人までが，自分らしく暮らし，地域とゆるやかに繋がるための"ス
ペース"として新展開．障がいにかかわらず地域の中でともに子育てするため
の活動や出張ひろばでの外遊びも大切にしている．

制度環境：民間委託した在宅子育て支援の拠点と保育

　この子育て支援労働の混合形態を生み出した世田谷区の制度環境は，後述の
横浜市とは大きく異なる．第一に，世田谷区は株式会社などと連携した在宅子
育て支援の多機能化を進め，駅前に子育てステーションを5地区に展開してき
た（表9-3）．区内5地区に子育てステーションが設置され，その供給主体は，
民間営利（（株）小田急ライフアソシエから（株）木下の保育園に変更，（株）京王
子育てサポート，（株）ポピンズ），民間非営利（NPO 昭和（昭和女子大）），社会
福祉法人とに分かれる．事業内容としては多機能型であり，遊び，相談，預か
り，保育を行っている．政策課題に即していえば，在宅子育て支援（ひろば事
業，一時保育），待機児解消（認証保育），児童虐待対策（育児相談），発達支援
（療育）を，民間活用という切り口で，多機能的に課題対応を行ったのが世田
谷区行政のアプローチの特徴である．第二に，もともと財政的なゆとりもあり，
世田谷区や区の社会福祉協議会がまちづくりや地域づくりに他の自治体と比べ

表 9-3　世田谷区の多機能的子育て支援拠点（子育てステーション）

	（委託運営団体）	事業	場所
子育てステーション 成城	（株）小田急ライフ アソシエから（株） 木下の保育園に変更	ほっとステイ おでかけひろば 認証保育所	小田急線成城学園前 駅すぐ
子育てステーション 世田谷	特定非営利活動法人 NPO 昭和 特定非営利活動法人 　NPO 昭和チャイ ルド＆ファミリー センター	ほっとステイ おでかけひろば 発達相談 認可保育園	東急田園都市線三軒 茶屋駅南口より徒歩 4 分
子育てステーション 烏山	（株）京王子育てサ ポート	ほっとステイ おでかけひろば 発達相談・療育 認可保育所 病後児保育室	京王線千歳烏山駅南 口より徒歩 2 分
子育てステーション 桜新町	（株）ポピンズ	ほっとステイ おでかけひろば 発達相談 認証保育所	東急田園都市線桜新 町駅北口すぐ
子育てステーション 梅丘	社会福祉法人　至誠 学舎　立川	ほっとステイ おでかけひろば 発達相談 認可保育園分園（成 育しせい保育園梅丘 分園）	小田急線梅ヶ丘駅北 口右手すぐ

てコミットしていた．また，民間企業の活用も「新しい公共」という区の改革基調の中ですすみ，多元的な主体が在宅子育て支援に関わっていた．逆に，それだからこそ，非営利セクターの子育て支援事業の規模は，5,000 万円以下に抑えられている．第三に，区は認可保育所の民営化に長らく慎重で，東京都の認証保育所による待機児童対策が続いた．加えて保育室，保育ママ事業と世田谷区独自の保育体系があった．よって，非営利セクターが保育事業に参入する余地や機会が，後述の横浜より少なかったといえる．第四に，後述の横浜市の場合は児童館がないために地域子育て支援拠点の重要性が高まった一方で，世田谷の場合は児童館・外遊び・プレーパークと地域の子育て支援の資源も全国のなかでも多元的であった．自主保育グループ支援，社会福祉協議会の団体助成，子ども基金の団体助成はあるものの，事業高 1 億円を超える子育て団体は

育たなかったことの制度的要因は，民営が担った子育てステーションの多機能的展開の影響，コミュニティワークや連携機能の中間支援組織的に位置づけて財源措置しなかったことによると考える．ただ，区内の人材育成，区議の輩出，調布への伝播，全国の活動支援という，人材育成の価値は計り知れない．

4.　地域子育て支援労働の混合形態—2：横浜市

　同様に，B型から出発し，いまは，A・B・C型の混合形態の子育て支援労働として，横浜市の子育て団体の活動を挙げることができる．横浜市の子育て支援団体として，横浜市港北区認定NPO法人びーのびーの（理事長・奥山千鶴子氏）の成り立ちは，奥山・大豆生田（2003）に詳しい（最新の経常収益は約1.8億円）．

　さて，認定NPO法人さくらんぼは，横浜市瀬谷区で活動している法人で，1章でその成り立ちを論じてきたように，1997年に横浜保育室という20名規模の保育園を立ち上げたことから始まり，地域のニーズに応えながら事業を拡大している．現在は，保育園，学童保育，地域子育て支援拠点，児童家庭支援センター，ヘルパー派遣事業など10種類の事業を瀬谷区内で運営．障がいを持つ方やシングルマザーなど多様なバックグラウンドのある方を含めて，地域の人の働き場でもある．最新の経常収益は約6.1億円．ミッション「参加障害のない街づくり」を掲げ，瀬谷区内での子育て家庭のセーフティネット構築の重要な役割を担ってきた．

　6億近い事業高の中心は保育事業である．1990年代前半当時，一時預かりもなく，保育園は「保育に欠ける」親だけが利用できない制度自体にメンバーが疑問をもっていた．必要なときに保育園を使えるよう，理由を問わない一時預かりを，制度化前から行ってきた．一時保育事業の先駆けである．伊藤氏は以下のように当時を回想する[9]．

　　育児に疲れたとか，今日はどうしても子どもの顔を見たくないとか，理由は問わずに受け入れるの．それで何年度に何人利用してどんなだったっていう事実を集めて『一時預かりを横浜じゅうに提供できたら，子育ての問

題の半分は解決できる』とずっと声をあげてきた．ちなみに今横浜市は一時預かり保育をやっていて，1時間300円で預けられる．今はさくらんぼだからできる事業じゃなくて，きちんと制度化された，みんなが使える仕組みになっているの．

　また，2005年から子育てなんくる応援団という，家庭に直接出向いて子どもの一時預かりや送迎，家事補助などを行う派遣サポート事業をスタートしている．「なんくる」とは，沖縄の「なんくるないさあ」（＝なんてことないよ，の意味）からきており，さくらんぼスタッフによる新規事業企画発表会によって考案された事業である．保育園中心の事業だけでは解決できないニーズがある．ならば，直接家庭へ出向いて，そのニーズに対応していこうとの想いで事業化された．2018年度の総活動時間は3,997時間，月に40件前後，月平均で約300時間の稼働を約20人の登録ヘルパーが支える．「なんくる」は，妊産婦や子育て中の親子を対象とし，幅広いニーズに応えてきた「独自事業」と，行政からの「委託事業」とで運営している．新規申込者が利用登録をする前にはスタッフが家庭訪問し，詳しいニーズの聞き取りを行う事前コーディネートがあり，細やかに困りごとを把握できる体制がとられている．

　事業責任者の松井孝子氏はこう振り返る．2007年頃から産前産後のサポート依頼が急増し，行政の委託事業として引き受ければ，利用者の料金負担も減らせるため，2008年に横浜市産前産後ヘルパー派遣事業受託団体となった．その後，ひとり親家庭等日常生活支援事業，育児支援ヘルパー派遣事業，養育支援ヘルパー派遣事業の受託も開始した．一方で委託事業だけでは利用者の本当のニーズに応えられない場合も多く，委託事業をやればやるほど，「なんくる」が独自事業を持っていることの強み（柔軟な送迎対応等）を実感することが多いという．

　創業世代から新しい世代へと交代のため，創業メンバーは，属人的な組織の改革に着手．経営会議の導入，総合コースと経営コースと人材のキャリアアップのコース設定，給与体系の見直しと処遇改善など，数年かけて準備を行った．2018年には認可保育園の受託や医療的ケアの必要な児童の受け入れなど，事業面としても大きな拡充があった．そして2019年6月の総会にて，伊藤保子

表 9-4　横浜市瀬谷区 NPO 法人さくらんぼの沿革

1990 年前半・生活クラブ生協での創業者たちの出会い．議論を重ねる（1 章参照）
1997 年・ワーカーズコレクティブさくらんぼ設立．**横浜保育室「ネスト」開園**
1998 年・横浜保育室「ネスト瀬谷」開園
2000 年・保育園から幼稚園に通園するサービス「ネストキッズ」開設（2016 年まで） 　　　・親子で保育園体験ができるプログラム「親子ルーム」を開設
2001 年・どろんこ遊び教室「プレイルームポップ」を開始（2017 年まで）
2002 年・特定非営利活動法人の認証を受け，NPO 法人さくらんぼ，となる
2003 年・横浜保育室「ネスト瀬谷」移転
2005 年・横浜保育室「ネスト」移転 　　　・「ひろばネスト」開設 　　　・派遣事業「子育てなんくる応援団」事業開始
2008 年・「ネストキッズ学童」開設
2010 年・家庭的保育室「はぐ@ねすと」開園 　　　・一時預かり専門保育室「保育ルームばおばぶ」事業開始
2011 年・地域子育て支援拠点「にこてらす」事業開始 　　　・横浜保育室「ネストぽぽ」開園
2012 年・一時預かり専門保育室「保育ルームばおばぶ」移転 　　　・家庭的保育室「てぃんく 2 @ねすと」「ネストうーたん」開園
2015 年・家庭的保育室「はぐ@ネスト」「ネストぽぽ」「てぃんく 2 @ねすと」を小規模保育園に移行
2016 年・「阿久和小学校キッズクラブ」事業開始 　　　・「ひろばネスト」移転 　　　・児童家庭支援センター「うぃず」開設
2017 年・家庭的保育室「ネストうーたん」を小規模保育園に移行 　　　・親や親戚を頼ることが難しい女子学生のための下宿「下宿や With」開設
2018 年・「ネスト瀬谷」を横浜保育室から認可保育園に移行 　　　**・認定 NPO の認証を受ける**
2019 年・「ネストうーたん」に併設型の一時預かり専門保育室「保育ルームくくる」開設

出典：認定 NPO さくらんぼホームページ（https://www.sakuranbo.or.jp/about-history.php）最終閲覧日：2019 年 10 月 1 日．

氏が理事長を退き，新しく宮本早苗理事長が就任．創業時メンバーは大部分が退任した．宮本氏は保育士のキャリアをさくらんぼでスタートさせ，さくらんぼの事業拡大を保育事業の中で見てきた人物であり，新しい法人経営のかじ取りが大きく期待されている．

　また，第 1 章で言及した横浜市戸塚区のドリームハイツの支え合いは，1999 年「子育てネットワークゆめ」の設立，2002 年「ぽっぽの家」が 2002 年に親と子のつどいのひろば事業受託を経て，2003 年 NPO 法人子育てネットワークゆめとして認可．2008 年に戸塚区地域子育て支援拠点とっとの芽の法人受託を決め，現在は 3 期目の法人受託に入る（表 9-5）．2019 年の予算は 8,500 万円

表 9-5　横浜市戸塚区ネットワークゆめの沿革

1972 年〜1974 年	戸塚区高層分譲住宅ドリームハイツ入居開始. 子育て環境をよくするため住民が立ち上がる
1974 年	自主運営保育「たけのこ会」3 歳児クラスを設立
1975 年	自主運営保育「すぎのこ会」4・5 歳児クラスを設立
1986 年	0 歳〜3 歳児の親子の遊び場「ありんこ」を設立
1999 年	**上記 3 団体がネットワークをくみ「子育てネットワークゆめ」を設立.**
2002 年 4 月	「ぽっぽの家」の開設（2004 年に移転）
8 月	法人化に向けて法人設立総会を実施
11 月	横浜市社会福祉協議会より「親と子のつどいのひろば事業」を受託
2003 年 1 月	**NPO 法人認可**
2003 年	戸塚区からの呼びかけで「とつか子育て応援隊」に参加
2004 年 4 月	「ぽっぽの家」移転
2007 年 4 月	「戸塚区地域子育て支援拠点をつくろう会」に参画
12 月	「戸塚区地域子育て支援拠点をつくろう会」の参加者（子育て支援者・子育て当事者）で「拠点準備会」を設立. 公募に向けて申請書作成の活動を行う.
2008 年 7 月	戸塚区地域子育て支援拠点運営法人受託
2009 年 3 月	**「戸塚区地域子育て支援拠点とっとの芽」開所**
2011 年 9 月	「戸塚区子育て情報メールマガジン」の配信開始
10 月	「ぽっぽの家」10 周年記念事業. 記念誌『ともに歩む』発行. 祝う会開催
2012 年 12 月	「とっとの芽」2 期目の運営法人受託
2013 年 4 月	「とつかの子育て応援ルームとことこ」開設
2017 年 12 月	「とっとの芽」3 期目の運営法人受託
2019 年 3 月	「とっとの芽サテライト」開設

出典：NPO 法人子育てネットワークゆめ（http://www.kosodate-yume.org/）最終閲覧日：2019 年
10 月 1 日.

である. きめ細やかな地域ネットワークの構築には定評があり, 戸塚区内の他団体のネットワーク化に尽力してきた. 2018 年 3 月にとっとの芽の施設長が髙村美智子氏（NPO 法人子育てネットワークゆめ理事長）から, 次世代に交代. 分園にあたる「とっとの芽サテライト」も開設され, より地域に根付いた活動が大きく期待されている.

制度環境：協働の実際

　横浜市の場合, 市民セクターを中心とした, 協働から生まれた地域子育て支援事業である点が特徴的である（表 9-6）. 地域子育て支援拠点の事業費も 3,000 万〜5,000 万円台の委託事業であり, 全国でも群を抜いている. それは, 前田正子前副市長の回想によると, 地域の子育て当事者の声をもとにした, 市民主体の子育て支援という大きなミッションが制度形成当時からあった（前田

2008)．また，第 1 章でも論じたように，もともと横浜市では急な都市化で施策が追いついておらず，また，生協など市民ネットワークの素地があり，そこに行政が市民事業としての地域子育て支援行政を行ってきた．

　では，横浜市では，大阪府貝塚市のような社会教育の動きは大きくなかったのだろうか．教育委員会主導での，家庭教育支援の動きは 1970 年代からあった．子育て中の母親が相互に学び合う社会教育事業としては，「ぱんぷきん」という活動がある．また，フォーラム横浜などの女性センターは，全国でも先進的な男女共同参画系の社会教育施設で，戦後の婦人会館を改修したフォーラム横浜北（南太田）をはじめとして，子育て中の女性が学び合う講座が充実していた．ところが，文部科学省系の家庭教育事業は縮小し，男女共同参画事業の予算も減少していき，社会教育系や男女共同参画系の事業がより発展していくよりはむしろ，国の少子化対策，地域子育て支援の事業化の波が，2006 年こども青少年局発足の後押しとなった．子育て支援や保育事業など子ども系の事業はこども青少年局という大きな官僚機構の所管となった．

　筆者らは，2017 年にこども青少年局の地域子育て支援の所管の担当者に対し，地域子育て支援事業の多機能化と委託料や補助金の現状についてヒアリングを行った．担当者は，子育て支援拠点事業化当初からあまり委託料や補助金の見直しがされておらず，地域子育て支援事業の役割が拡充するとともにその見直しが必要である，という認識を示した．そもそも国のひろば事業の経済的評価の低さも指摘された．さらに，「地域子育て支援の効果が見えにくい．財政部局に説得する材料やデータが乏しく，地域子育て支援事業への予算措置拡充を説得しにくい」との課題も言及された．

　横浜市の制度状況や現場の詳細については，認定 NPO びーのびーの事務局長・原美紀（2019）が必見であるが，市民の声を集める「よこはま一万人フォーラム」（2003 年〜），子育て支援現場の連帯の仕組みとして，よこはま地域子育て支援拠点ネットワーク（2014 年〜）がつくられた．後者のネットワークを中心に，地域子育て支援事業の「見える化」のプロジェクトがはじまり，地域子育て支援事業の利用による「地域社会性」の効果検証が行われている（生協総合研究所 2019）．行政との協働関係のなかで，これからの地域子育て支援をどうしていくか，育児休業で復帰する親たちの短期利用が多くなった地域子育

表 9-6　横浜の地域子育て支援の広がり（1990 年代後半以降）

横浜市の施策		地域子育て拠点数	つどいの広場数	市民・NPO の活動
「子育て支援者事業」開始	1996			
「保育所子育てひろば事業」開始	1997			
	2001			「一万人子育て提言」プロジェクト実行委員会発足．約 7,000 通の意見が集まる．
「親と子のつどいの広場」事業開始 ①居場所，②相談，③情報収集・提供，④学びの機会の 4 機能	2002		3	「横浜市ゆめはま 2010 プラン 5 カ年計画」へ「市民提言書」提出．
「横浜市子育て支援事業本部」発足 「私立幼稚園等はまっ子広場」事業開始	2003		6	プロジェクト実行委員会を母体として発足した「よこはま一万人子育てフォーラム」が調査報告書『よこはま子育て支援のツボ！』発行 ※親子の居場所や子育て支援コーディネーターの必要性を提言．
「横浜市青少年プラン」施行（～2010）			9	
「地域子育て支援拠点」事業モデル実施（港北区） 横浜市次世代育成支援行動計画（前期計画） 「かがやけ横浜こども青少年プラン」施行	2005	1	12	
「子ども青少年局」発足 「地域子育て支援拠点」事業開始． ←	2006			地域子育て支援拠点は，①居場所，②相談，③情報収集・提供，④ネットワーク，⑤人材育成の 5 機能を持った民間協働型施設として設置．
親と子のつどいの広場での一時預かり事業開始 横浜市次世代育成支援行動計画（後期計画） 「かがやけ横浜こども青少年プラン」施行	2010			
全区への地域子育て支援拠点設置完了． 各区拠点へ「横浜子どもサポートシステム区支部」の移管開始．	2011			⑥横浜サポートシステムの機能が追加
	2013	18	47	
	2014			利用者支援事業のあり方を考えるフォーラム開催．「よこはま地域子育て支援拠点ネットワーク」設立．
「地域子育て支援拠点サテライト」整備開始． 「利用者支援事業基本型」を全国の地域子育て支援拠点で開始し，「横浜子育てパートナー」を配置． 「横浜市子ども・子育て支援事業計画」施行． 第 1 回横浜市地域子育て支援フォーラム開催．	2015			
第 2 回横浜市地域子育て支援フォーラム開催．「利用者支援事業基本型」を拠点サテライトで開始．	2017	21	63	横浜市 18 区 3 歳児検診時に「子育てについてのアンケート」実施．回収率 81.1%．
	2018			横浜市地域子育て支援フォーラム実行委員融資による事後企画「おしゃべりタイム」4 回開催
	2019			地域子育て支援ネットワーク主催フォーラム「これからの地域の子育て支援を Re: デザインする」開催．

出典：よこはま地域子育て支援ネットワーク（2019）「これからの地域の子育て支援を Re デザインする——『子育て支援の効果の見える化と可能性』調査報告書概要版」より引用．

て支援の現場を再デザインする試みがはじまっている.

　加えて,横浜市の保育対策が,自治体独自の横浜保育室,積極的な民営化という制度環境も大きく影響していると考える.前述した世田谷区は,保育の民営化に慎重であった一方で,横浜市は小規模保育の拡充や保育民営化に積極的であった.こうした横浜市の保育行政は,全国でも川崎市とともに,営利法人が認可保育所を担う割合が高い状況を生み出した(池本 2017).一方で,市民セクターが保育事業を受託する制度環境を用意する結果にもつながった.保育行政と地域子育て支援行政の連関は,今後精査されるべき研究課題である.

　また,育休復帰による利用の短期化など子育て家庭のニーズの変化で,現場では地域子育て支援の本質を問い直し,再デザインの探求がはじまっている.2019 年 4 月「これからの地域の子育て支援を Re・デザインする」(主催地域子育て支援ネットワーク・258 名参加)にて,荒木田百合副市長の挨拶のあと,現場の支援事例や効果に関する発表が行われた.ひろば事業を担う団体のリーダーへの,筆者によるヒアリングによれば,「結局は,団体の経営力次第になっている.団体に経営力があれば,小規模のひろば事業や地域子育て支援の諸活動にも団体内でお金がまわることになる.経営力のない団体は,ボランティアでやるしかない.」と,子育て支援事業を担う団体内で,子育て支援労働を担う人々への再配分が行われていることが示唆される.団体の力をつけていくためにも,管理費の引き上げが課題となる.また,子育て領域にとどまらず,介護保険制度の事業など,多角的な福祉経営を行う団体(NPO 法人ぴっぷ・親子サポートネット(横浜市青葉区))も横浜市の地域事業を先導する役割を果たしている.現在,地域子育て支援拠点の機能,各地域のひろば事業との役割を問い直し,地域全体のケアを支えるネットワークの深化への挑戦が続いている.

5. 地域子育て支援労働の混合形態—3: 共生社会づくり,企業との連携,政治参画

共生社会づくり

　また,香川県善通寺市の NPO 法人子育てネットくすくすは,共生社会づくり,障がいにかかわらず地域の中でともに子育てしようという理念のもと,ひ

ろば事業，利用者支援事業，放課後デイと地域密着の子育て支援事業を展開してきた（経常収益約8,000千万円）．初代理事長の渡辺顕一郎氏に次ぎ，二代目理事長の草薙めぐみ氏は，四国学院大学の学生が新卒就職したり，中途で採用した男性・女性スタッフに対する給与体系を，外部の会計士や社会保険労務士に相談しながら働く環境を整えてきた．草薙氏への筆者によるヒアリングによれば，現場では圧倒的な人材不足が深刻となっており，質の高い子育て支援労働の整備，特に労務管理の部分は，組織を長期的に継続させるための要だと強調する．

企業との連携

　さらに，B型から出発し，いまは，A・B・C型の混合形態の子育て支援労働として，中でも，企業との連携に力を入れている団体として，NPO法人わははネット（香川県），NPO法人新座子育てネットワークを挙げることができる．わはは（輪母）は子育てサークルからひろば事業を担い，子育てタクシー事業など，企業との連携にも当初から積極的で，今や事業高1.4億円を超えている．新座子育てネットワークは，大阪の貝塚子育て支援ネットワークの会のように公民館の講座で出会ったメンバーが事業を拡大させていった．わははネットの理事長・中橋恵美子氏と，新座子育てネットワーク理事長の坂本純子氏は，対談の中で，①企業との連携を積極的に進めることで持続可能性が高まること，②事業経営を意識してコスト感覚・マネジメントを強化してきたこと，③IT化や夜間ひろばやダブルケア支援など時代の新しいニーズに対応した事業化にチャレンジし続けていることを強調している（坂本 2019）．

　　　行政だけじゃなくて企業から見たときに，私たちの活動は企業が応援したくなるというか，何に使われるかわからない税金払うぐらいだったら，ここに投資したほうが間違いなくいいことに使ってくれる，という選択肢になっている（坂本 2019: 54での中橋氏発言）．

　社会的課題に取り組むNPOとして，投資されるような存在になるべく，社会的企業へと進む，子育て支援労働の混合形態のありようだと言える．

政治参画

　さらに，大阪府富田林市のふらっとスペース金剛の岡本聡子氏は，昨年，市長選挙に出馬した．振り返れば，公民館で企画されたジェンダーについて考える講座のタイトル「殻をやぶって街に出よう！」その強いメッセージに触発され，子どもを託児に預けて講座を受講し，母親だからこうあるべきという思い込みの殻を破ったと，岡本聡子氏（ふらっとスペース金剛　初代代表）は回想する．「女性問題アドバイザー養成講座」で，ふらっとを立ち上げるメンバーと出会い，労務の体系化，社会保険の整備など，スタッフの離婚やライフステージの変化に伴って，子育て支援労働の組織体制を整えていった軌跡がある（NPO法人ふらっとスペース金剛編 2018）．

　子育て支援団体の中枢にいた人材が地方議会で活躍するケースは多くはない．子育て支援労働の現場に精通する人材が，社会的に，経済的に，そして政治的にエンパワメントされ，現場の代弁者として地方議会や国政に進出することは，子育て支援労働におけるディセント・ワーク実現のために重要だと考える．

6. おわりに

　近年，2011年より家庭教育支援の推進に関する検討委員会が重ねられ，自民党を中心に，「家庭教育支援法」制定の請願が衆議院で出ている．文部科学省が家庭教育支援チームのガイドラインを出し，熊本や長崎などで家庭教育支援の実践が進んでおり，その親の責任の強調，保守的なイデオロギー性，憲法24条改正との関連への危惧などの研究が蓄積されてきた（本田・伊藤編 2017，木村 2017 等）．

　第1章や本章で見てきたことは，現場の当事者や関係者が，新しい地域社会，市民社会，民主社会をつくっていこうという軌跡であり，男女共同参画系・社会教育系・子育て支援系・まちづくり系などの系が交差した，子育て支援労働の現在であった．家庭教育をめぐって，誰が主導で，何の目的で，何をどのように学ぶのかが問われなければならない．第1章では自分で考え，自分の言葉で語り，他者と話し合い，自分が生きた証を残す，それが子育て支援労働の創出につながっていることをみた．その価値が，社会経済的にどう評価されてき

たか．最初は子育て中の女性の地域貢献的な事業から，地域の信用ある地域事業へと発展していく軌跡でもあった．前述の濱砂圭子氏や，2012 年に逝去された杉山千佳氏（杉山 2005; 2009）は，「少子化への対応を考える有識者会議」（1998 年）など，1990 年代末より政府の会議体で当事者や現場の声を届ける道を拓いた．厚生労働官僚も現場の声を聞きながら，子育てひろば全国連絡協議会の設立も含め，地域子育て支援の制度化がはかられていった．四つ葉プロジェクトや，村木厚子氏らも参画した，にっぽん子ども・子育て応援団など，政策形成と現場の声をつなぐネットワークが形成された（相馬 2013）．奥山千鶴子氏（認定 NPO 法人びーのびーの理事長）や中橋恵美子氏（NPO 法人わははネット理事長）をはじめとした子育て支援現場のリーダーや榊原智子氏（読売新聞社）など現場を熟知した人々が，中央政府・地方政府レベルの政策形成に現場の声を届ける役割を果たしている．

　子育て支援の事業立ち上げから発展を整理すると次のように言える．第一に，立ち上げ期である．資金は，貯金，コミュニティバンク，助成金のいずれかで，ほとんどは貯金や持ち寄りの資金であった．事業は，保育園・一時保育・ひろば．産前産後ケア，コミュニティワーク，出版など多様であった．NPO 法人さくらんぼはコミュニティバンクからの融資を受けて保育事業をスタートさせ，安定的な事業基盤を構築した．第二に，継続期である．資金としては，助成金，企業との連携，自主事業，会費収入などである．保育園や障がい児支援など児童福祉領域の事業は安定的な事業基盤の構築につながる．一方で，つどいの広場事業など新しい事業領域は補助金も少なく，事業基盤の安定化を築くには不足している．認可保育の事業が財務的に中心的な位置を占め，一時保育，ひろば，地域子育て支援といった子育て支援労働の再分配が団体内で行われている．子育て支援をめぐる地域ケア経済圏が形成されている．ケアをめぐるひとつの公共事業から生み出された，地元のケア中小企業が生まれてきたともいえる．土建国家は地元に公共事業をおとして地域の中小企業を守ってきた．サービス産業化と女性の社会参画がいっそう進んだ現在，福祉国家は，安上がりな準公共事業のような位置づけで，追いかけるように遅れて低賃金のワークとして地域子育て支援労働を制度化してきた．

　地域の子育て支援事業を通じて，社会的・経済的・政治的に女性たちがエン

パワメントされてきた（相馬・堀 2016）．これは，地域のケア社会圏・経済圏・政治圏を創ることでもある．福祉・保育・地域子育て支援と全体でこの領域の労働を底上げすることは，この3つの連関性を高め，ケア民主主義（Tronto 2013）の達成につながる営みである．市民主体の地域子育て支援労働の社会経済的価値を高めることは，ケア民主主義の達成に直結している．

注

1　この部分は柏木・森下（2007），武蔵野市子ども協会のウェブサイト（http://mu-kodomo.kids.coocan.jp/）や視察をもとにしている．2010年には一般財団法人武蔵野市子ども協会が設立し，武蔵野市子ども協会は解散，一般財団法人武蔵野市子ども協会に移管・継承された（2011年公益財団法人武蔵野市子ども協会に名称変更）．

　武蔵野市子ども協会は，1992年に武蔵野市が任意団体として設立し，0〜3歳児とその親を対象とした子育て支援施設0123吉祥寺・はらっぱの管理運営団体として活動を行ってきた．指定管理者制度導入後は，両施設の指定管理者となり，武蔵野市の子育てひろば事業を担ってきた．その後，0123吉祥寺・はらっぱ以外にも，子育て支援施設「おもちゃのぐるりん」の業務を受託，公益財団法人化とともに，武蔵野市から千川保育園と北町保育園の移管を受け，認可保育園2園の運営を開始．さらに武蔵野市から3園の移管とこども園の開設，地域子ども館事業の委託を受け，事業を拡大している．

2　3節は相馬（2007）をもとに近年の動きを加えて整理している．90年代に入ると，国は新しい主体として地域や企業の役割を強調してきた．実際の地方自治体においては，90年代半ばからは，区民・事業者・行政が「パートナーシップ」で協働する「新しい公共」の創造と，保健福祉の「総合化」の方向で，保健福祉施策の組み直しの必要性が強調されているのが特徴的である．行政の詳細は，相馬（2005）参照．

3　http://www.caravan.net/xiaolin/enjoymom/katsudo.htm　（最終閲覧日：2020年1月14日）

4　「世田谷まちづくりファンド」は，区民の創意と工夫にあふれたまちづくりを促進し，だれもが安心して暮らせる人間性豊かで魅力的なまちを創造することを目的として，1992年に設立された．

5　2003年設立．1997年から前身の「世田谷ネットプロジェクト」は活動を始め，インターネットに関するリソースや技術により，地域活動団体への支援や，後述する「ぶりっじ世田谷」といったまちづくりのプロジェクトへの協力を行ってきた．

6　当時，社会福祉協議会は，（1）はじめる際の相談や参加者への呼びかけ（チラシの作成等），（2）活動保険の登録，加入（保険料は無料），（3）交流会や研修会の開催，（4）関係機関や施設との連絡調整，専門職員の協力依頼，（5）活動費の補助（1回につき1,000円）や活動情報の提供，（6）会場の紹介や会場の利用調整，（7）レクリエーション物品の貸し出しといった支援を行っていた．

7　http://www.setagaya-kosodate.net/（最終閲覧日：2020 年 1 月 14 日）

8　子育てミニメッセを考える会『世田谷子育てミニメッセ　参加募集要項』（2002 年 8 月 11 日）

9　以下，伊藤氏へのヒアリングと http://kodomonokatati.org/interview/015-3/4/ より（最終閲覧日：2019 年 10 月 1 日），伊藤氏の語りを引用・整理している.

参考文献

原田正文（2011）『子育て支援と NPO――親を運転席に！支援職は助手席に！』朱鷺書房.

原美紀（2019）「よこはま地域子育て支援拠点ネットワーク（通称：拠点ネット）と調査に至るまでの経緯，そしてこれから」『生協総研レポート』89: 31-40.

本田由紀・伊藤公雄編（2017）『国家がなぜ家族に干渉するのか――法案・政策の背後にあるもの』青弓社.

池本美香（2017）「保育所の種類および経営主体多様化の現状と課題」『都市問題』108（2）: 53-62.

柏木恵子・森下久美子編（1997）『子育て広場武蔵野市立 0123 吉祥寺――地域子育て支援への挑戦』ミネルヴァ書房.

柏女霊峰（2019）『平成期の子ども家庭福祉――政策立案の内側からの証言』生活書院.

木村涼子（2017）『家庭教育は誰のもの？――家庭教育支援法はなぜ問題か』岩波書店.

前田正子（2008）『福祉がいまできること――横浜市副市長の経験から』岩波書店.

NPO 法人ふらっとスペース金剛編（2018）『ママたちを支援する．ママたちが支援する．――「フラットスペース金剛」を立ち上げた女性たち』せせらぎ出版.

奥山千鶴子・大豆生田啓友編（2003）『おやこの広場びーのびーの』ミネルヴァ書房.

大沢真理（2013）『生活保障のガバナンス――ジェンダーとお金の流れで読み解く』有斐閣.

榊原智子（2019）『「孤独な育児」のない社会へ』岩波新書.

坂本純子（2019）『20 歳になった子育てネットワーク――子育て支援を前身させた NPO の軌跡』幻冬舎.

生協総合研究所編（2019）『子育て支援の効果の見える化と可能性――横浜市 3 歳児健診における養育者調査及びインタビュー調査報告書』生協総合研究所.

相馬直子（2005）「少子・高齢化と都市生活」植田和弘編『岩波講座　都市の再生を考える 8　グローバル化時代の都市』岩波書店，101-136.

相馬直子（2007）「子育てからワーク・ライフ・バランスを問い直す――世田谷区の子育て支援から生まれる社会関係資本の特質」『自治総研』33（12）: 37-56.

相馬直子（2013）「子育て支援と家族政策――家族主義的福祉レジームのゆくえ」庄司洋子編『親密性の福祉社会学――ケアが織りなす関係』東京大学出版会，43-67.

相馬直子・堀聡子（2016）「子育て支援労働をつうじた女性の主体化――社会的・経済的・政策的エンパワーメントの諸相」『社会政策』8（2）: 50-67.

杉山千佳（2005）『子育て支援でシャカイが変わる』日本評論社.

杉山千佳（2009）『はじめよう！子育て支援・次世代育成支援』日本評論社.

Tronto J. C.（2013）*Caring Democracy: Markets, Equality, and Justice*, NYU Press.

上野千鶴子（2011）『ケアの社会学——当事者主権の福祉社会へ』太田出版.

よこはま地域子育て支援ネットワーク（2019）「これからの地域の子育て支援を Re デザインする——『子育て支援の効果の見える化と可能性』調査報告書概要版」

米澤旦（2020）「非営利協同とジェンダー分析」大沢真理・金井郁・中村尚史編『グローバル・インクルージョンへの日本と社会科学の課題』東京大学社会科学研究所研究シリーズ　No.68.

終　章　地域子育て支援労働研究のさらなる展開をめざして

松木洋人・相馬直子

1.　本書の達成

　本書の主なねらいは,「子育て支援労働」という新たな概念を提起することによって, いくらかの研究の蓄積がある「保育労働」のみならず, それと車の両輪となって日本社会における子育て支援を構成している「地域子育て支援」の実践を労働として捉える視点を提示することにあった. 序章で相馬が述べている通り, このように労働という視点から地域子育て支援を論じる書籍は本書が初めてである. そこでこの終章では, これまでの各章による議論を踏まえて, 本書の達成をいくつかのトピックごとに整理するとともに, 地域子育て支援労働を対象とした研究がさらに展開するうえでは, どのようなことが求められるのかを検討しておきたい.

　各章の議論は, 地域子育て支援労働について論じる際にはいくつかのポイントが特に重要になることを明らかにしている. 以下では, まず, この点について確認することを通じて, 本書による達成の輪郭を浮かび上がらせることにしよう.

　第1に, あらためて確認しておくべきは, 本書が地域子育て支援を労働として概念化することによって, これまで労働としての実態がほとんど不明であった地域子育て支援について, 労働時間や賃金水準などの働き方とそれをどのような要因が左右するのかを明らかにすることを試みている点である. 第4章で中村亮介は, 子育て支援労働者の労働時間, 学歴・資格・訓練の機会, 賃金がどのような要因に影響されるかを検討しているし, 第5章で中村由香は, 無償

で行われやすい業務を担う支援者の特性を分析している．そして，第6章で堀と尾曲が，直接的に親子を支援する現場ワークとそれを支える多様な非現場ワークとの分業に注目していることや，第8章で松木が，労働者の自立が可能になる収入をもたらす方途を模索していることも，地域子育て支援を労働として概念化することによって可能になったものである．

　また，第7章で橋本は，介護保険制度のもとで介護労働に生じたことと比較しながら，地域子育て支援労働がもたらす価値について検討しているが，地域子育て支援労働を介護労働のようなケアに関わる労働の一種として捉えたうえで比較検討する視点が得られるということも，労働として概念化することによる重要な利得の一つだろう．さらに，本書の各章の著者の多くは，社会学や社会政策を学問的なバックボーンとしているが，第4章では中村亮介が労働経済学的な視点から，地域子育て支援労働について分析している．地域子育て支援は，これまで児童福祉や保育学の領域で論じられることが多かったが，それを労働として捉えることは，社会学や社会政策の視点によって可能になるとともに，労働をめぐる議論を蓄積してきた他の学問領域との協働を要請するものでもあったということである．

　第2に，本書のいくつかの章は，地域子育て支援労働が背負っている歴史的文脈を描き出している．第1章と第9章において，そのタイトルにそれぞれ「源泉」「制度化」とある通り，相馬がこの労働の歴史的な成立のプロセスを描いているのはもちろんのことだが，第2章で近本が，当事者が価値を創造するところから生まれた地域子育て支援の領域が，行政によって制度化されるに伴って，当初の当事者性を失うことを懸念しているのも，この労働がもっている独特の歴史的文脈に注意を促すものだろう．同様の懸念は，制度化による非現場ワークの増大が，創設期から地域子育て支援の現場が大切にしてきた取り組みに十分な時間を費やせないという状況を生み出ししていることを第6章で堀と尾曲が指摘するときにも示されている．子育て支援労働のありかたについて議論するうえでは，地域社会で子育て経験の当事者たる主婦たちによって担われてきたという歴史的文脈を踏まえることは，不可欠であると言ってよい．

　他方で，この文脈を踏まえるなら，今後，未婚化や有配偶女性の労働力率の上昇がさらに進行すれば，地域子育て支援労働の担い手を確保することは，し

だいに難しくなるとも考えられる．今後の地域子育て支援労働の進むべき道筋
をどのように構想するかは，第8章で松木が描くような労働者の自立を可能に
するための模索の是非をどのように捉えるかも含めて，それが歴史的に背負っ
てきた当事者性や主婦性をどう評価するかにかかっているところが大きいだろ
う．また，第6章の堀・尾曲や，第9章の相馬が言及したように，委託費や補
助金のあり方，団体の経営力の向上も重要な論点である．

　なお，最新の保育関係予算の概要（2019（令和元）年度補正予算案・2020
（令和2年）年度予算案）では，地域子ども・子育て支援事業の2020年度予算
案における「充実」事項として，子ども・子育て支援交付金1,453億円（前年
度1,304億円）の内容が示されている．すなわち，①利用者支援事業（保育コ
ンシェルジュ等），②延長保育事業，③一時預かり事業の3項目である．本書
の主題と特に関わるのは，③一時預かり事業の処遇改善である．利用児童数
900人未満の施設の職員2人分の人件費と事業費等基本分単価として設定され
るなど，利用児童数に応じた補助基準額の見直しの内容である．また，一時預
かり事業の「充実」として，保育所以外の施設について事務経費が措置され，
賃借料や，予約，利用料徴収等の事務の為の非常勤職員等事務経費（案：1日
あたり1,630円／日）が追加される見通しである．さらに，次世代育成支援対
策施設整備交付金として，一時預かり事業を新設する場合の補助制度が創設さ
れ，いつでも気兼ねなく集まり，交流できる場において一時預かり事業が実施
できるような形になる見込みである．業務のICT化もはかられ，空き状況の
見える化や予約・キャンセル等のICTのシステム導入費用の一部補助も計上
されている．一時預かり事業の処遇改善にとどまらず，本書で明らかになった，
地域子育て支援の多機能化の労働実態に即した処遇改善がさらに求められる．

　第3のポイントは，地域子育て支援労働の専門性である．第3章で井上は，
保育労働と地域子育て支援労働の境界線が曖昧になりつつあることを指摘する．
そのうえで，井上が注目するのは，地域子育て支援に携わる者が，地域子育て
支援労働の専門性を保育労働とは異なるものとして，そして，保育の専門性を
地域子育て支援の遂行を妨げるものとして語る場合があるということである．
「子育て支援員」のカリキュラムに見られるように，保育士の業務を補助する
という意味あいで地域子育て支援が捉えられることもあるものの，親子に寄り

添い支えるという地域子育て支援の営み自体の価値を社会的に承認するとともに，その専門性を評価することが必要であるという主張である．

　また，第6章で堀と尾曲は，地域子育て支援に携わる者が専門性を発揮するためには，膨大な非現場ワークが不可欠であり，裏を返せば，膨大な非現場ワークによって初めて，この専門性の実現が可能となると論じている．中村由香も第5章で，子育て支援以外の業務を担い続けることで蓄積される専門性を可視化する必要性があると述べている．これらの議論は，地域子育て支援における専門性の範囲を親子を支援する営みを越えて拡張しようとするものだろう．

　これらの議論は，第4章で中村亮介が，子育て支援労働者の賃金に何が影響を与えているかを検討するなかで，10年以上勤続すると有償労働時間当たりの賃金は高くなるが，学歴や資格，保育所や幼稚園での勤務経験は賃金に影響を与えていないことを明らかにしたうえで，専門性が経済的報酬においても評価されることが重要であると主張していることとも関わってくる．つまり，今後は労働者の専門性を経済的に評価することが必要であると考えられるが，その評価の際に，地域子育て支援の現場で働いた経験，保育や幼児教育の現場で働いた経験，地域子育て支援に特化した各種の資格，地域子育て支援と関連はするが，それに特化したものではない保育士や幼稚園教諭などの資格の有無を，それぞれどのように地域子育て支援労働の専門性として評価するのかが，重要な検討課題になるはずである．

　もちろん，以上のような概観は，本書の内容を網羅するものではまったくないので，読者にはぜひ各章の議論を直接，検討していただきたいが，本書による達成を大まかに総括するなら，地域子育て支援を労働として捉える視点から導かれる働き方への注目，他のケアに関わる労働との比較，財政学をはじめ複数の学問領域の協働，そして，地域子育て支援の歴史的文脈への注目，専門性の存在とその評価のありかたに対する問題提起にあると言うことができるだろう．

2.　本書の限界と課題

　他方で，本書による議論があくまで端緒に過ぎず，今後，地域子育て支援労

働の研究がさらに展開するにあたっては，多くの課題が残されていることも明らかである．以下では，いくつかの観点から，本書の限界を確認したうえで，これからどのような研究の展開が期待されるのかに言及しておく．

　まず，本書の多くの章が依拠している「子育て支援者の活動形態や働き方に関する調査」の設計に由来する限界がある．この調査の対象は，本書の各章の執筆者，特に相馬および近本とかねてから交流がある組織で働く人々に限られている．そのため，この調査にもとづく知見を子育て支援労働者全体に一般化することは難しい．もちろん，地域子育て支援に携わる人々の賃金水準やその他の労働環境の適切性についての議論の端緒となったという点でその意義は大きいと考えているが，知見の一般化が可能な調査設計で収集されたデータの分析が，今後は極めて重要だろう．たとえば，三菱 UFJ リサーチ＆コンサルティング（2018）は，全国の地域子育て支援拠点を運営する事業者を対象に調査を実施しており，このような全国規模の調査が継続的に労働者単位で実施されて，それにもとづいた実証分析や現場への反映が行われることが求められる．また，堀と尾曲による第6章，松木による第8章，相馬による第1章や第9章のような事例研究が，地域子育て支援に携わる他の多様な組織を事例としてさらに蓄積されることの重要性も言うまでもない．本書では，ひろば事業や一時保育事業を中心とした「地域子育て支援労働」を対象とした一方で，子どもオンブズなど子どもの権利保障に関わる団体・ひとり親支援団体・子どもの貧困対策に関わる支援団体などは，実態調査の対象外であった．今後は，子ども・子育て支援にかかわる多様な組織の事例分析や労働実態の分析が課題である．

　ところで，地域子育て支援が労働として適切な評価を受けるうえでは，その価値が認められることが不可欠である（cf. Macdonald and Merrill 2002）．しかし，その価値を適切に判断する基準をどのように設定するのか，つまり地域子育て支援労働のディセント・ワークの基準ということについては，本書では充分な議論を行うことができなかった．これが第2の限界および課題である．言い換えれば，本書の各章は，子育て支援労働者に支払われる報酬の水準やそれをめぐる諸要因などについていくつかのことを明らかにしたものの，子育て支援労働に対する適切な経済的報酬の水準を何らかの根拠をもって提示することはできなかった．このような分析，さらには，そもそも本書を世に問おうとす

る問題意識の背後には，現在の報酬の水準が「低い」という前提があるものの，だとすれば，どのような労働にどれくらい支払われれば，その報酬が「適切である」と言いうるのかが不明確だということである．たとえば，第8章で松木は経済的自立が可能な報酬であるかどうかを判断する一つの基準としてリビングウェイジを援用しているが，平均的なフルタイムの労働者と同じように働いても経済的自立が可能な報酬でないとすれば，それは「低い」と言いうる十分条件ではあろうが，その一方で，リビングウェイジを上回っていることは「適切である」と判断するためのあくまで必要条件に過ぎないだろう．

　森川美絵（2015）による介護労働の経済的評価の枠組みについての整理を借りれば，本書では「労働者の保護および社会的市民権の保障」「労働力再生産が可能な対価設定」という枠組みの中では，地域子育て支援労働の評価が必ずしも充分ではないことを明らかにできたとは言えよう．しかし，単位化された「活動のパフォーマンスに対する適切な評価設定」という枠組みによる議論，つまり，「具体的にどのような単位，基準，手法により活動を測定するか，どの程度の報酬水準を設定するか」（森川 2015: 173）という問題に答えを出すには至らなかった．さらに，この労働を独特の専門性をもちうるものと捉えるなら，その専門性をどのように評価し，経済的報酬に反映させるかをめぐって，この評価の問題はさらに複雑化することになる．

　第3の課題は，労働，財政，政治，政策など，多様な学問領域の視点をリンクさせ，保育労働・介護労働をはじめとする福祉労働内部の比較や，サービス産業化における多様な労働との比較なども課題となる．本書にも，労働経済学を専門とする研究者の参加を得ていることは先述の通りであるが，各章の知見は必ずしも充分に関連づけられているわけではなく，さらに，それぞれの領域が労働について蓄積してきた議論には，まだまだ相互に活用する余地があると考えられる．たとえば，小尾晴美（2016）は2000年代以降，公立保育所の運営費の市町村に対する国庫負担金が廃止され，一般財源化されたことなどによって非正規化が進んだという公的保育制度の再編が，公立保育所における保育士の職場環境や労働条件にどのようなインパクトをもたらしたのかを，特定の自治体を事例として検討している．さらに，この自治体では非正規保育士と正規保育士が職務内容や勤務時間などにおいては同様であることを詳細に記述し

たうえで，インタビュー調査によるデータも組み合わせながら，非正規雇用化が非正規保育士の意欲の低下や保育の質の低下を招きかねないことにも注意を促している．今後は地域子育て支援労働についても，このような政策や制度の変化と具体的な労働環境の関係に焦点を当てる調査研究が求められるが，そのためには，社会政策，経済学のみならず政治学による視点をリンクすることが必要だろう．

3.　地域子育て支援労働の社会学に向けて

とはいえ，本書の執筆者の多くが社会学を専門としており，地域子育て支援労働の社会学的研究に，これからなしうることが少なくないのも確かである．

たとえば，本書で「子育て支援者の活動形態や働き方に関する調査」のデータを用いて行われている分析の多くは，記述的なものである．今後は，仮説検証型の研究をさらに蓄積することによって，その知見を体系化していくことが望ましいだろう．むろん，そのためには，前述した通り，一般化可能な設計による調査が実施される必要がある．

また，井口高志（2017）は，ケアの社会学の経験的研究による発見に価値を付加するうえでの方向性を，社会構想に関する議論と接続することと実践の記述を精緻化すること，そして，両者の議論を結びつけることに見出している．このことは，地域子育て支援労働の研究にも当てはまるだろう．

地域子育て支援労働をめぐる社会構想については，本書では，ファインマン（Fineman, M.）の議論を援用しながら（Fineman 1995＝2003），地域子育て支援に携わることが「三次的依存」をもたらしており，子育てをする者とそれを支援する者からなるユニットを保護の対象とする必要があるという議論に井上が第3章で，松木が第8章で言及するなど（cf. 相馬ほか 2016），断片的なものにとどまっている．今後は，より包括的なかたちで，地域子育て支援労働およびそれを支える社会のあるべき姿やディセント・ワーク実現のための道筋を提示することが求められるが，そのためには，「ケアする権利」（森川 2008）の社会的保障や財政的観点など，社会学以外の領域からの議論の摂取がやはりここでも必要になるだろう．

　他方で，実践の記述を精緻化する方向性としては，戸江哲理（2018）が会話分析の方法を用いて，子育てひろばで行われる母親どうしや母親とスタッフのコミュニケーションの仕組みを詳細に記述している．この研究は地域子育て支援の労働としての側面に焦点を当てたものではないが，地域子育て支援労働の研究においても，スタッフによる支援の実践が「労働」であることやそれに対する自他による評価のありようが，どのようなかたちで支援の現場に現れているのかを，コミュニケーションの微細ななりたちの水準で明らかにすることが行われてもよいはずである．このような極めて社会学的な視点からの研究は，労働に対する評価が支援の質とどのように関連しているかを明らかにすることにもつながりうるだろう．

　さらに，地域子育て支援という対象を離れるなら，実践の精緻な社会学的記述を通じて，労働条件にアプローチする研究も既に行われている．松永伸太朗（2017）は，低賃金かつ長時間労働であることが知られているアニメーターへのインタビュー調査にもとづいて，アニメーターが共有している職業規範が低い労働条件の受容をもたらしていることを明らかにしている．すなわち，アニメーターの職業規範においては，毎日，抱えている仕事を確実にこなしていくというキャリアの継続がキャリアアップよりも優先されるため，賃金の獲得を主な目的にすることは不適切となり，その結果として，低い労働条件が受容されているという．職業規範が低い労働条件の受容をもたらすことは労働研究ではしばしば指摘されてきたものの，労働者がどのように職業規範を自らの労働についての説明に用いるのかに焦点を当てたところにこの研究の一つの貢献がある．子育て支援のようなケアや福祉に関わる領域でも，賃金目的でそれに携わることは不適切だとされやすいことを踏まえるなら（cf. 上野 2011），職業規範の用法に注目することは，労働者の視点から地域子育て支援労働における労働問題を理解するうえで有効だろう．

　そして，具体的な実践の記述に支えられていない社会構想が脆弱なものであり，労働実践の記述がその労働を支える社会構想への関心にもとづいてなされている限り，この2つの方向性は自然と交差するはずのものだろう．

　以上，概観してきたように，本書が積み残した課題は少なくないが，それは多くの研究成果が今後に期待されるということでもある．あとは本書に後続す

るかたちで，地域子育て支援労働の研究がさらに展開することを願うばかりである．むろん，これは本書の執筆者たちにとっての課題でもあるが，さらに多くの研究者の参画を期待している．

参考文献

Fineman, Martha A.（1995）*The Neutered Mother: The Sexual Family and Other Twentieth Century Tragedies*, Routledge.（＝速水葉子・穐田信子訳『家族，積みすぎた方舟──ポスト平等主義のフェミニズム法理論』学陽書房，2003 年）.

井口高志（2017）「ケアの社会学と家族研究」藤崎宏子・池岡義孝編『現代日本の家族社会学を問う──多様化のなかの対話』ミネルヴァ書房，57-84.

Macdonald, C. L. and Merrill, D. A.（2002）"It Shouldn't Have to be a Trade: Recognition and Redistribution in Care Work Advocacy", *Hypatia* 17（2）: 67-83.

松永伸太朗（2017）『アニメーターの社会学──職業規範と労働問題』三重大学出版会.

三菱 UFJ リサーチ＆コンサルティング（2018）『地域子育て支援拠点事業の経営状況等に関する調査報告書』.

森川美絵（2008）「ケアする権利／ケアしない権利」上野千鶴子・大熊由紀子・大沢真理・神野直彦・副田義也編『ケア　その思想と実践 4　家族のケア　家族へのケア』岩波書店，37-54.

森川美絵（2015）『介護はいかにして「労働」となったのか──制度としての承認と評価のメカニズム』ミネルヴァ書房.

小尾晴美（2016）「フォーマルなケア供給体制の変化とケア労働への影響──保育士の非正規雇用化に揺れる公立保育所の職場集団」『大原社会問題研究所雑誌』695・696: 35-52.

相馬直子・松木洋人・井上清美・橋本りえ（2016）「小特集に寄せて──子育て支援労働と女性のエンパワメントをめぐる論点」『社会政策』8（2）: 46-49.

戸江哲理（2018）『和みを紡ぐ──子育てひろばの会話分析』勁草書房.

上野千鶴子（2011）『ケアの社会学──当事者主権の福祉社会へ』太田出版.

あとがき

　本書の企画の発端は，公益財団法人生協総合研究所において，「子育て期女性のエンパワメント研究会」という常設研究会が 2010 年 4 月からスタートしたことにある．この研究会には，座長の相馬をはじめ，井上，近本，橋本（当時・横浜国立大学大学院），堀（当時・東京女子大学大学院），松木（当時・東京福祉大学短期大学部）と，子育てなどのケアの社会的協同に関心をもつ研究者が集まっていた．

　当初の関心は，ワーカーズ・コレクティブにおけるケア労働を通じて女性がどのようにエンパワメントされるかということにあり，研究会の主な活動は，子育て支援や介護支援事業を行っている日本各地のワーカーズ・コレクティブを対象としたヒアリング調査であった．その成果は，2011 年 6 月に刊行された『生協総研レポート』66 号にまとめられている．

　このヒアリング調査を通じて，地域子育て支援に従事する女性たちの働き方が抱えている問題が浮かび上がってくることになり，彼女たちの働き方の実態を定量的に把握する必要性がしだいにメンバー間で共有されるようになった．このような問題意識にもとづいて，研究会活動の次のステップとして，「子育て支援者の活動形態や働き方に関する調査」を企画し，2012 年 11 月から 2013 年 3 月にかけて実施した．常設研究会としてのオフィシャルな活動は 2013 年 3 月に終了したものの，その後も，研究会のメンバーは断続的に会合をもちつつ，調査で得られたデータの分析などを続けていた．なお，この過程で，子育て支援を研究テーマとしている尾曲，中村由香の 2 人が新たにメンバーに加わっている．これらの成果は，まずは 2016 年 3 月に『生協総研レポート』80 号において，ついで 2016 年 10 月に，社会政策学会の学会誌である『社会政策』

8巻2号の小特集「子育て支援労働と女性のエンパワメント」において公刊することができた.

　これらの研究成果の発表が一段落するのと前後して，編者の2人は，子育て支援，特に地域子育て支援を労働として捉えるという視点の重要性を考えれば，これまでの研究で得られたデータをさらに掘り下げて分析して，その成果を書籍のかたちで刊行することによって，様々な分野の研究者や実際に現場で子育て支援に関わっている人々にも届けたいと考えるようになる．労働経済学の視点からのデータ分析を担当している中村亮介には，この出版企画の段階から加わっていただいた．そして，幸いにして2017年9月には，勁草書房に出版を引き受けてもらうことができた．その後，実際に本書が刊行されるのが2020年になってしまった責任は，むろん編者の2人にある.

　他方で，2010年4月から現在に至るまでの約10年という長い時間は，本書に結実する研究プロジェクトが多くの方々によって育まれる時間であったことも間違いない．全てのかたのお名前を挙げることはできないが，まず執筆陣のなかでも，近本さんが研究会を生協総合研究所で企画することがなければ，本書は生まれることがなかった．また，当初から研究会に出席されていた大津荘一さん（元・生協総合研究所），何度か研究会での議論に加わって執筆陣に刺激を与えてくださった朴姫淑さん（旭川大学），「子育て支援者の活動形態や働き方に関する調査」のデータ整備にご協力くださった吉田俊文さん（慶応義塾大学大学院）のご助力がなければ，本書がいまあるようなかたちで完成することはなかった．研究会で国広陽子先生（当時・武蔵大学），藤井敦史先生（立教大学），藤木千草さん（ワーカーズ・コレクティブネットワークジャパン）の貴重なお話から多くを学んだ．さらに，勁草書房の橋本晶子さんは，執筆陣の原稿を辛抱強く待ち続けてくださった．記して深く感謝を申し上げます.

　そして最後に，執筆陣によるヒアリング調査や「子育て支援者の活動形態や働き方に関する調査」にご協力くださった現場で子育て支援に携わる方々の多大なご好意がなければ，本書のような研究が不可能であることは言うまでもない．本書が，彼女たちによる日々の子育て支援労働の価値やそれが置かれた条件についての読者の認識を多少なりとも変えるきっかけになることを心から願っている.

付録1 「子育て支援者の活動形態や働き方に関する調査」について

本調査は，本書の執筆者のうち，公益財団法人生協総合研究所が主宰する「子育て期女性のエンパワメント研究会」のメンバーであった相馬（座長），井上，近本，橋本，堀，松木によって設計された．調査が行われた時期は2012年11月から2013年3月である．

調査票は，子育て支援者の働き方やそれに関する意識などについて問うA票，典型的だと思われる1日の生活時間を記入するB票，複数の団体でのかけもちの実態を把握するための「かけもちシート」の3種類からなる．

調査票の配布・回収は，上述したメンバーがこれまでフィールドとしてきた各種の子育て支援団体で働く人々を対象に，スノーボール方式で行われた（団体の一覧は表1を参照）．ランダム・サンプリングが行われているわけではなく，正確な回収率も算出できないため，合計601名による回答の結果は，子育て支援者たちの働き方の一端を示すものになっている一方で，分析結果から過剰な一般化を行うことは避けねばならない．

表1 調査対象となった地域別の団体数と運営主体

自治体	運営主体	実施団体数
北海道	NPO法人	2
宮城県	NPO法人	1
埼玉県	NPO法人	2
	生活協同組合	1
東京都世田谷区	NPO法人	3
	株式会社	3
	社会福祉法人	1
	生活協同組合	1
	自治体直営	2
東京都練馬区	NPO法人	1
神奈川県横浜市	NPO法人	5
福井県	NPO法人	1
	生活協同組合	1
愛知県名古屋市	NPO法人	1
香川県	NPO法人	11
	社会福祉法人	1

付録2　子育て支援者の活動形態や働き方に関する調査票

Ⅰ．まず、現在の働き方について伺います。

問1-A：現在団体での活動形態について、以下の中から1つ○をつけてください。

①	常勤スタッフ	②	非常勤スタッフ
③	ボランティア	④	その他（　　　　　　　　　）

問1-B：現団体に関わる活動時間を教えてください
（自宅での作業や通勤以外の移動も含みます）。

平均して全体で週 [　　] 時間くらい　うち有償の時間は週 [　　] 時間くらい

問1-C：現団体との雇用契約をしていますか。

①	あり	②	なし

問1-D：現在の活動内容について、あてはまるものすべてに○をつけてください。

子育て支援	①	ひろばスタッフ	②	保育所の保育
	③	ファミリー・サポート	④	一時保育
	⑤	学童保育・クラブ		
	⑥	産前産後支援（家庭訪問）	⑦	相談
	⑧	その他（具体的に）		
子育て支援以外の業務	⑨	会計（請求事務、帳票管理など）		
	⑩	渉外（広報、クレーム対応、交渉、相談など）		
	⑪	コーディネート（予定表作成、シフト調整、取材・見学対応など）		
	⑫	情報発信（通信の作成、ウェブサイトの編集など）		
	⑬	ネットワーク活動（地域の集い等への参加、地域住民の理解・協力の推進）		
	⑭	対外的な講師や報告者	⑮	事務・庶務
	⑯	その他（具体的に）		

問2：あなたが「子育て支援活動」に関わった時期について伺います。

問2-A：あなたは現在の団体の立ち上げ時から関わっていますか。

①	はい	②	いいえ

問2-B-1：利用者として関わったことがありますか。

①	はい	②	いいえ

関わりのあった（ある）期間は

①	半年未満	②	1年前後	③	2〜3年
④	4〜5年	⑤	5年以上 ➡	[　]年[　]か月位	

開始時のおよその末子年齢

①	子どもはいない	②	妊娠中	③	0歳
④	1歳	⑤	2歳	⑥	3歳から小学校前
⑦	小学校低学年	⑧	小学校高学年	⑨	中学生以上

問2-B-2：ボランティアとして関わったことがありますか。

①	はい	②	いいえ

関わりのあった（ある）期間は

①	半年未満	②	1年前後	③	2〜3年
④	4〜5年	⑤	5年以上 ➡	[　]年[　]か月位	

開始時のおよその末子年齢

①	子どもはいない	②	妊娠中	③	0歳
④	1歳	⑤	2歳	⑥	3歳から小学校前
⑦	小学校低学年	⑧	小学校高学年	⑨	中学生以上

問2-B-3：スタッフとして関わったことがありますか。

①	はい	②	いいえ

関わりのあった（ある）期間は

①	半年未満	②	1年前後	③	2〜3年
④	4〜5年	⑤	5年以上 ➡	[　]年[　]か月位	

開始時のおよその末子年齢

①	子どもはいない	②	妊娠中	③	0歳
④	1歳	⑤	2歳	⑥	3歳から小学校前
⑦	小学校低学年	⑧	小学校高学年	⑨	中学生以上

問2-C：子育て支援活動以外のボランティア、社会活動歴

合計　約 [　　] 年間くらい

問3：現在の子育て支援活動にボランティア・スタッフとしてたずさわるきっかけについて、あてはまるものすべてに○をして下さい。

①	子育て支援の利用者だった
②	当事者として必要を感じて
③	友だちに誘われて
④	地域の講座や研修を受けて
⑤	新しい働き方を作りたくて
⑥	広報誌やインターネットを見て
⑦	子育て経験を活かしたいと思った
⑧	資格（保育士等）を活かしたいと思った
⑨	活動目的やミッション（使命）に共感した
⑩	自分が支えてもらった恩返しをしたいと思った
⑪	その他（具体的に）

問4：現在の子育て支援活動にたずさわる以前に、どのような分野でお仕事をされた経験がありますか。以下の中から経験されたものすべてに○をつけてください。

①	保育・幼稚園関係（保育士、幼稚園教諭、ベビーシッター、幼児教室講師等）
②	上記①以外の子育て支援関連（ひろばスタッフ、相談員等）
③	介護職
④	介護、保育以外の社会福祉職（社会福祉士、ケースワーカー、臨床心理士等）
⑤	小学校以上の教育関連（教諭、塾講師等）
⑥	保健・医療職（医師、看護師、保健師等）
⑦	事務職
⑧	サービス（販売、調理、接客、テレワーク等）
⑨	営業職（内勤、外勤）
⑩	新聞・報道、出版、編集関連
⑪	ファッション、インテリア、デザイン・イラスト関連
⑫	ＩＴ・情報処理
⑬	その他専門職（研究開発、技能職、設計・製造技術等）
⑭	フリーランス
⑮	専業主婦
⑯	その他（具体的に）

団体コード：

問5-A：あなたは現在、現団体での子育て支援活動以外で、
　　　　経済的報酬のある仕事をされていますか。

① している	② していない

問5-B：上記Aで「①している」と答えた方へ　それは、子育て支援の分野ですか？

① はい	② いいえ

全員の方に伺います

問6：現在お持ちの資格と、これから取得したい資格について、
　　　それぞれ、該当するもの1つずつに○をつけて下さい。

資格名	持っている	学習中含む（取得したい）	関心がない
A　保育士	①	②	③
B　幼稚園教諭	①	②	③
C　社会福祉士	①	②	③
D　社会福祉主事	①	②	③
E　介護福祉士	①	②	③
F　看護師	①	②	③
G　保健師	①	②	③
H　小学校教諭	①	②	③
I　中学校教諭	①	②	③
J　高校教諭	①	②	③
K　児童福祉司	①	②	③
L　臨床心理士	①	②	③
M　栄養士	①	②	③
N　調理師	①	②	③

Ⅱ．活動内容や活動環境について伺います。

問7：ご自分の子育て支援活動に関する満足度について、
　　　それぞれ該当するもの1つずつに○をつけて下さい。

	満足	どちらかといえば満足	どちらかといえば不満	不満
1　活動の形態（常勤・非常勤、ボランティア等）	①	②	③	④
2　自身の活動内容・役割	①	②	③	④
3　活動にあてたいと考える時間と、実際に活動にあてている時間とのバランス（理想的な活動時間と、実質的な活動時間のバランス）	①	②	③	④
4　研修の機会や自分の能力の向上	①	②	③	④
5　団体内の人間関係	①	②	③	④
6　活動と家庭の両立のしやすさ	①	②	③	④

現団体で収入を得ている方に伺います

問8-A：あなたは現在、仕事時間を短く調整して働いていますか。

① 調整している	② 調整していない	③ わからない

問8-B：上記Aで「①調整している」と答えた方にうかがいます。
　　　　活動時間の調整をしている理由について、あてはまるもの
　　　　すべてに○をつけてください。

①	配偶者の被保険者から外れるから
②	配偶者控除がなくなるから
③	配偶者の事業所の配偶者手当から外れるから
④	年金の支給基準額内に調整したいから
⑤	団体内で他の人に仕事を振り分ける必要があるから
⑥	自分の子育てや介護の時間を減らしたくないから
⑦	活動時間を増やすと配偶者や家族に迷惑がかかりそうだから
⑧	活動時間を増やしたいが配偶者や家族の理解が得られないから
⑨	趣味や生活を充実させたいから
⑩	その他（具体的に）

全員の方に伺います

問9：現在の子育て支援活動の中で、あなたは何を感じながら、日々
　　　従事されていますか。ご自身が日々感じる意義について、
　　　ご自身の考えに近いものにそれぞれ1つ○をしてください。

	そう思う	どちらかといえばそう思う	どちらかといえばそう思わない	そう思わない
1　利用者（親子）から元気をもらう	①	②	③	④
2　他者や地域のために何かできる	①	②	③	④
3　自分自身の居場所だと感じる	①	②	③	④
4　同じ目的に向かって活動する同志がいる	①	②	③	④
5　様々な人と出会える	①	②	③	④
6　経済的に報酬が得られる	①	②	③	④
7　営利を目的としない事業に携わるノウハウが学べる	①	②	③	④
8　地域や社会的課題に関心を持つ	①	②	③	④
9　活動にやりがいがある	①	②	③	④
10　自分が支援者として成長していると感じる	①	②	③	④
11　社会とつながっている	①	②	③	④
12　組織運営に参加できる	①	②	③	④
13　政策担当者に当事者のニーズを伝える	①	②	③	④
14　政治が身近になる	①	②	③	④
15　自治体と協働できる	①	②	③	④
16　子どもが生き生きと育つ手助けができる	①	②	③	④

裏面に続きます

1

■ A票

問10：現在あなたが活動している子育て支援団体についてうかがいます。
それぞれについて、ご自身の考えに近いものに〇をつけてください。

	そう思う	そといういえばそうか	どちらともいえない	そう思わない
1　困ったときに相談できる雰囲気である	①	②	③	④
2　活動仲間には意欲のある人が多い	①	②	③	④
3　自分の意見が組織運営に反映される	①	②	③	④
4　話し合いや会議の時間が十分にある	①	②	③	④
5　仕事上「目標」「理想」にしたい人がいる	①	②	③	④
6　責任や役割が明確である	①	②	③	④
7　これまでの自分の子育て経験が生かせる	①	②	③	④
8　これまでの自分の職業経験が生かせる	①	②	③	④
9　持っている資格を生かせる	①	②	③	④
10　常に新しい技術・技能・知識の習得が必要	①	②	③	④
11　経験や能力に応じた役割分担をする	①	②	③	④
12　この活動を知人にすすめたい	①	②	③	④
13　自分が受け取っている経済的報酬は活動に見合っている	①	②	③	④
14　活動目的やミッション(使命)を大事にしている	①	②	③	④
15　子育て支援者としてスキルアップの機会がある	①	②	③	④

問11：子育て支援活動の社会的意義はどのようなものだとあなたはお考えですか。それぞれについて、ご自身の考えに近いものに〇をつけてください。

	そう思う	そといういえばそうか	どちらともいえない	そう思わない
1　地域に必要なものを自らつくり出す	①	②	③	④
2　既存の制度にはない支援をする	①	②	③	④
3　当事者視点を活かした支援をする	①	②	③	④
4　営利目的ではない	①	②	③	④
5　地域や社会を変える	①	②	③	④
6　多世代交流の場をつくる	①	②	③	④
7　子育てを通じた地域のつながりをつくる	①	②	③	④
8　子育て中の親の孤立を防止する	①	②	③	④
9　仕事と子育ての両立を支援する	①	②	③	④
10　男性の子育て参画を支援する	①	②	③	④
11　子どもの育ちを支える	①	②	③	④
12　市民の声を行政に届ける	①	②	③	④
13　新しい仕事を創出する	①	②	③	④
14　少子化対策になる	①	②	③	④
15　子育てそのものの社会的評価を高める	①	②	③	④
16　子育てそのものの経済的評価を高める	①	②	③	④

問12：子育て支援活動に関わる中でのあなたの変化について、あてはまるものすべてに〇をつけてください。

①	一利用者から、スタッフやボランティアになった
②	地域でPTAの役員を引き受けたことがある
③	PTA以外の地域活動に従事したことがある
④	PTA以外の地域の委員や役割を担ったことがある
⑤	習い事や資格取得のための勉強など新たに始めたことがある
⑥	政治に関心が高まった
⑦	地域の人との関係が広がった
⑧	経済的報酬を意識するようになった
⑨	その他(具体的に)

問13：現在の活動時間と経済的報酬について、ご自身の考えに近いものにそれぞれ1つ〇をつけてください。(現在、経済的報酬のない方も、希望をお答えください。)

	増やしたい	少し増やしたい	現在のままでよい	少し減らしたい	減らしたい
活動時間	①	②	③	④	⑤
経済的報酬	①	②	③	④	⑤

問14：あなたの今後の希望について、ご自身の考えにもっとも近いものひとつに〇をつけてください。

①	特別な事情がない限り、現団体で活動を続けたい
②	現団体から独立した子育て支援の団体・グループを作りたい
③	子育て支援以外の分野で、団体・グループを作りたい
④	自分の子育てや介護に専念したい
⑤	活動を休んで(あるいはやめて)趣味を充実させたい
⑥	同じ子育て支援の分野で、他により条件・処遇の仕事をしたい
⑦	子育て支援以外の分野で、他により条件・処遇の仕事をしたい
⑧	今後の希望は特にない
⑨	その他(具体的に)

問15：あなたは現在のご自分の子育て支援活動を総合的にみて、どう思いますか。

①	満足	②	どちらかといえば満足
③	どちらかといえば不満	④	不満

問16：あなたが従事している子育て支援活動において、今後より支援が必要と思われる対象(層)について、ご自身の考えに近いものすべてに〇をつけてください。

①	専業主婦の母親支援	②	父親支援
③	就労中(フルタイム、パート、派遣等)の支援	④	子ども支援
⑤	低所得・貧困層支援	⑥	外国籍の家族支援
⑦	ひとり親家庭支援	⑧	障がい児支援
⑨	活動歴が浅い子育て支援団体への支援	⑩	若者支援
⑪	再就職の支援		
⑫	その他(具体的に)		

問17：子育て支援活動に対する社会的評価や報酬についてお感じになることを自由にご記入下さい。

Ⅲ．あなたご自身について伺います。

問18： あなたの性別と現在の年齢、現在の活動場所への
自宅からの距離等を教えてください。

1. 性別　①　女　　②　男　　2. 年齢 ☐☐ 歳

3. 現在お住まいの地域の居住年数 ☐☐ 年

4. 自宅から活動場所までの移動時間 ☐☐ 分

5. 現在の活動場所までのアクセス（全てに○）

① 徒歩　② 自転車　③ バス　④ 電車　⑤ 車

6. 転居経験がある方にお尋ねします。
転居前にも子育て支援の活動をしていましたか？

① はい　　② いいえ

問19： 次のような意見について、あなたはどのように思いますか。
ご自身の考えに近いものに**それぞれ1つ**○をつけてください。

		そう思う	どちらかといえばそう思う	どちらかといえばそう思わない	そう思わない
1	結婚後は、夫は外で働き、妻は主婦業に専念すべきだ	①	②	③	④
2	専業主婦という仕事は、社会的に大変意義がある	①	②	③	④

問20： 家族人数と子どもの構成をお答え下さい（あなた自身を含みます）。

A. 現在、住居と生計をともにしている
家族はあなたを含めて ☐☐ 人

A'. 現在、生計をともにしているが
住居はともにしていない家族は ☐☐ 人

B. 養育中のお子さんはいらっしゃいますか

① はい　　② いいえ

何人いらっしゃいますか ☐☐ 人

お子さんの年齢（すべて）

第一子 ☐☐ 歳　第二子 ☐☐ 歳　第三子 ☐☐ 歳

第四子以降で一番小さい方 ☐☐ 歳

C. 同居のお孫さんはいらっしゃいますか

① はい　　② いいえ

D. あなたは配偶者がいらっしゃいますか

① はい　　② いいえ

問21： 家族の構成は次のうちどれにあたりますか。
「夫婦」はご自身の世代を指します。

①	夫婦のみの家族	②	夫婦と子どもからなる家族
③	3世代家族	④	母子・父子家族
⑤	単身（親と同居含む）	⑥	夫婦と親からなる家族
⑦	その他（具体的に）		

問22-A： 1年間（2012年1月～12月）の子育て支援活動による
報酬（税込み）は、どのくらいになりますか（ご自身で
受給している年金、他の仕事による収入は含みません）。

①	もらっていない	②	5万円未満
③	5万円～10万円未満	④	10万円以上～20万円未満
⑤	20万円～30万円未満	⑥	30万円以上～40万円未満
⑦	40万円～50万円未満	⑧	50万円～60万円未満
⑨	60万円～70万円未満	⑩	70万円～80万円未満
⑪	80万円～90万円未満	⑫	90万円～103万円未満
⑬	103万円以上～130万円未満	⑭	130万円以上～150万円未満
⑮	150万円以上～200万円未満	⑯	200万円以上～250万円未満
⑰	250万円以上～300万円未満	⑱	300万円以上

問22-B-A： 上記の報酬の額について、どう思いますか。

①	多い	②	少ない	③	ちょうどよい

問22-B-B： では、どのくらいの額がちょうどよいと思いますか？

①	もらわない	②	5万円未満
③	5万円～10万円未満	④	10万円以上～20万円未満
⑤	20万円～30万円未満	⑥	30万円以上～40万円未満
⑦	40万円～50万円未満	⑧	50万円～60万円未満
⑨	60万円～70万円未満	⑩	70万円～80万円未満
⑪	80万円～90万円未満	⑫	90万円～103万円未満
⑬	103万円以上～130万円未満	⑭	130万円以上～150万円未満
⑮	150万円以上～200万円未満	⑯	200万円以上～250万円未満
⑰	250万円以上～300万円未満	⑱	300万円以上

問22-C： 1年間（2012年1月～12月）の子育て支援活動以外の
報酬（税込み）は、どのくらいになりますか。

①	もらわない	②	5万円未満
③	5万円～10万円未満	④	10万円以上～20万円未満
⑤	20万円～30万円未満	⑥	30万円以上～40万円未満
⑦	40万円～50万円未満	⑧	50万円～60万円未満
⑨	60万円～70万円未満	⑩	70万円～80万円未満
⑪	80万円～90万円未満	⑫	90万円～103万円未満
⑬	103万円以上～130万円未満	⑭	130万円以上～150万円未満
⑮	150万円以上～200万円未満	⑯	200万円以上～250万円未満
⑰	250万円以上～300万円未満	⑱	300万円以上

問23： 1年間（2012年1月～12月）の世帯年収（税込み）はどのくらいになりますか。

①	200万円未満	②	200万円以上～400万円未満
③	400万円以上～600万円未満	④	600万円以上～800万円未満
⑤	800万円以上～1000万円未満	⑥	1000万円以上～1200万円未満
⑦	1200万円以上～1400万円未満	⑧	1400万円以上

問24： あなたの学校歴はどれにあたりますか。

①	中学・高等学校まで	②	短期大学・専門学校まで
③	4年制大学まで	④	大学院まで

以上です。お手数ですが、B票の記入もご協力お願いします。

2

■ 付録 3　子育て支援者の活動時間調査

B票

（西暦）　[　] 年 [　] 月 [　] 日　曜日 [　]　団体コード：[　]

もっとも多いパターンだと思われる31日を選んで実情をご記入ください。
各活動時間について、コード一覧表をご参照の上、15分単位で線を引いてください。

【記入方法】
黒鉛筆で点線の上に
線を引いてください。

		15 30 45
すべて		
うち有償		

15 30

5:00～22:00の活動時間

続き（22時以降）は下段にご記入ください。

コード	活動の内容		5:00	6:00	7:00	8:00	9:00	10:00	11:00	12:00	13:00	14:00	15:00	16:00	17:00	18:00	19:00	20:00	21:00	22:00
1	現場ワーク（ひろば関連）	すべて																		
		うち有償																		
2	現場ワーク（保育関連）	すべて																		
		うち有償																		
3	現場ワーク（ひろば・保育以外）	すべて																		
		うち有償																		
4	管理ワーク	すべて																		
		うち有償																		
5	組織運営ワーク	すべて																		
		うち有償																		
6	研修・学習	すべて																		
		うち有償																		
7	社会活動ネットワーク活動コミュニティ活動	すべて																		
		うち有償																		
8	情報発信	すべて																		
		うち有償																		
9	休憩時間	すべて																		
		うち有償																		
10	移動時間	すべて																		
		うち有償																		
11	その他	すべて																		
		うち有償																		

【コード一覧表（子育て支援）】

コード	活動の内容	内容例示	具体例
1	現場のワーク（ひろば関連）	親のお迎い・ファシリテート／情報提供作成、掲示／周辺の清掃・片付け／装飾づくり、装飾／その他	受付、迎え入れ、声かけなど／玄関、居室、庭の掃除、おもちゃの清潔など／ピアノを弾く、歌を歌う、紙芝居をするなど
2	現場のワーク（保育関連）	利用者の心のフォロー／一時保育／保育所保育／その他	気になる利用者に電話をするなど／ひろばの預かり、ファミリー・サポートなど
3	現場のワーク（ひろば・保育以外）	産前産後ヘルパー／アウトリーチ型支援／その他	個別相談など
4	管理ワーク	会計／事務、庶務／その他	請求書、領収書作成など／データ入力、パソコンの打ち込み、給料管理、郵便物の整理、備品の購入、交通費の処理、メールチェックなど
5	組織運営ワーク	現場ワークに伴う記録事務など／コーディネート業務	記録簿作成など／予定表作成、スタッフのシフト調整、取材・見学対応、学生ボランティア・インターンの受け入れ、コーディネーターなど
6	組織運営会議	内部会議／上記以外の折衝・相談・打合せ	定例会、運営会議、理事会・役員会、コーディネート会議、担当者会議など／内部でのちょっとした打合せ、制作、スタッフ間の伝達・報告、管理費の支払など
7	研修・学習	内部研修／他団体などの外部研修	手作り、学習など
8	社会活動、ネットワーク活動、コミュニティ活動	コミュニティ活動／他団体などとの外部会議／ネットワーク活動／その他	子育て支援するサークル活動など／地域協議・他団体との会議、ひろば全体の会議、行政会議を含む／ネットワーク会議など
9	情報発信	広報誌／ウェブサイトの運営／その他	広報誌の編集・制作・運営など／ウェブサイトの編集、運営など
10	休憩時間	通信の発行／出版	地域のお祭り、地域の集い、バザーなどイベントへの参加・企画・準備、講座の企画など／出版物の執筆、編集、発送など
11	移動時間／その他	体験時間／その他	その他・自由記述欄に具体的な活動内容を記入

22:00〜5:00の活動時間

活動の内容	コード		22:00	23:00	00:00	1:00	2:00	3:00	4:00	5:00	自由記述欄
現場ワーク（ひろば関連）	1	すべて／うち有償									
現場ワーク（保育関連）	2	すべて／うち有償									
現場ワーク（ひろば・保育以外）	3	すべて／うち有償									
管理ワーク	4	すべて／うち有償									
組織運営ワーク	5	すべて／うち有償									
研修・学習	6	すべて／うち有償									
社会活動 ネットワーク活動 コミュニティ活動	7	すべて／うち有償									
情報発信	8	すべて／うち有償									
休憩時間	9	すべて／うち有償									
移動時間	10	すべて／うち有償									
その他	11	すべて／うち有償									

（各時間帯は 15・30・45 で区分）

以上です。ご協力ありがとうございました。

付録 4　「子育て支援活動や他の活動のかけもち」について

多くの方が現団体での活動以外の多様な活動に従事されておられることから、
活動のかけもちの実態について、簡単におたずねします。

1.　現在、<u>この団体内（このアンケートを受け取った団体内）</u>で、次の 1 から
　　7 の活動のうち、何種類の活動をされていますか。（　　　　　）種類
　　⇒従事されている（従事されていた）活動の活動歴と頻度を教えてください。

	活動経験の有無	活動歴	頻度
1.　ひろば事業	過去に有・現在有・無	約（　）年（　）ヶ月	(1年・1ヶ月・1週間) に約（　）回
2.　保育事業	過去に有・現在有・無	約（　）年（　）ヶ月	(1年・1ヶ月・1週間) に約（　）回
3.　家庭訪問型の子育て支援事業	過去に有・現在有・無	約（　）年（　）ヶ月	(1年・1ヶ月・1週間) に約（　）回
4.　介護事業	過去に有・現在有・無	約（　）年（　）ヶ月	(1年・1ヶ月・1週間) に約（　）回
5.　団体の運営事務	過去に有・現在有・無	約（　）年（　）ヶ月	(1年・1ヶ月・1週間) に約（　）回
6.　情報発信（編集・出版等）	過去に有・現在有・無	約（　）年（　）ヶ月	(1年・1ヶ月・1週間) に約（　）回
7.　その他（　　　　　　　）	過去に有・現在有・無	約（　）年（　）ヶ月	(1年・1ヶ月・1週間) に約（　）回

※保育事業には、保育所保育、一時保育、学童保育、ファミリーサポートなどが入ります。

2.　現在、<u>この団体以外</u>で、子育て支援活動、介護支援活動、その他のコミュ
　　ニティ活動をされていますか。

　　　　（　　はい　　・　　いいえ　　）

　　⇒「はい」とお答えの方、全部で何種類の活動をされていますか。（　　　　　）種類
　　⇒「はい」とお答えの方は、具体的な活動内容・活動歴・頻度を教えてください。

活動内容	活動歴	頻度
例（ひろば全協の事務　　　　　　）	約（2）年（6）ヶ月	(1年・1ヶ月・1週間) に約（1）回
例（登下校時の見守りパトロール活動）	約（　）年（8）ヶ月	(1年・1ヶ月・1週間) に約（2）回
例（保育園バザーのボランティア　）	約（5）年（　）ヶ月	(1年・1ヶ月・1週間) に約（1）回
1.（　　　　　　　　　　　）	約（　）年（　）ヶ月	(1年・1ヶ月・1週間) に約（　）回
2.（　　　　　　　　　　　）	約（　）年（　）ヶ月	(1年・1ヶ月・1週間) に約（　）回
3.（　　　　　　　　　　　）	約（　）年（　）ヶ月	(1年・1ヶ月・1週間) に約（　）回
4.（　　　　　　　　　　　）	約（　）年（　）ヶ月	(1年・1ヶ月・1週間) に約（　）回
5.（　　　　　　　　　　　）	約（　）年（　）ヶ月	(1年・1ヶ月・1週間) に約（　）回

※6種類以上の活動に従事されている方は、そのうちメインとなる活動5つをお書きください。

3.　複数の活動をかけもちすることで、どのようなメリットがあるとお考えで
　　すか。あてはまるものすべてに○を付けてください。

1.　人脈ができることで現団体での活動がやりやすくなる
2.　子育て支援活動の裾野が広がっていく（地域に根付きやすくなる）
3.　子育て中の親子のニーズを発見しやすくなる
4.　地域のさまざまな情報を得る機会が増える
5.　多様な人々と協力することで、行政への提言がしやすくなる
6.　多様な人々に出会うことで、自分自身の活動の幅が広がる
7.　その他（具体的に：　　　　　　　　　　　　　　　　　　　）

　　　　　　　　　　　　　　　　　　ご協力ありがとうございました。

事 項 索 引

ら 行

人 名 索 引

【執筆者一覧】

近本聡子（第 2 章）
1988 年　早稲田大学大学院文学研究科博士課程単位取得退学
現　在　生協総合研究所研究員
主　著　「子育て支援と生活の協同──福井県民生協の取り組みから」『社会科学研究』65（1），2014.
　　　池本美香編『親が参画する保育をつくる──国際比較調査をふまえて』（勁草書房，2014）.
　　　佐藤一子・千葉悦子・宮城道子編『〈食といのち〉をひらく女性たち──戦後史・現代，そして世界』（農山漁村文化協会，2018）.

井上清美（第 3 章）
2007 年　お茶の水女子大学大学院人間文化研究科博士課程修了
現　在　川口短期大学教授
主　著　『現代日本の母親規範と自己アイデンティティ』（風間書房，2013）.
　　　梅澤実・岡崎友典編『乳幼児の保育・教育』（放送大学教育振興会，2015）.

中村亮介（第 4 章）
2013 年　慶應義塾大学大学院経済学研究科後期博士課程単位取得退学
現　在　福岡大学経済学部講師
主　著　Akabayashi, Hideo and Ryosuke Nakamura, "Can Small Class Policy Close the Gap? An Empirical Analysis of Class Size Effects in Japan", *The Japanese Economic Review*, 65（3），2014.
　　　Akabayashi, Hideo, Ryosuke Nakamura, Michio Naoi and Chizuru Shikishima, "Toward an International Comparison of Economic and Educational Mobility: Recent Findings from the Japan Child Panel Survey", *Educational Studies in Japan: International Yearbook,* 10, 2016.

中村由香（第 5 章）
2019 年　東京大学大学院教育学研究科博士課程単位取得退学
現　在　生協総合研究所研究員

主　著　「生協の購買額が高い人はどのような人か？」『生活協同組合研究』483，
　　　　2016.
　　　　「子育て支援者の収入アスピレーションを規定するものは何か？」『生協総研
　　　　レポート』80，2016.
　　　　岩崎久美子編『社会的セーフティネットの構築——アメリカ・フランス・イ
　　　　ギリス・日本』（日本青年館，2019）.

堀　聡子（第 6 章）
2013 年　東京女子大学大学院人間科学研究科博士後期課程修了
現　在　東京福祉大学短期大学部講師
主　著　「『子育てひろば』における母親たちの社交——横浜市港北区の事例から」
　　　　『年報社会学論集』26，2013.
　　　　「『子育てひろば』における男子学生ボランティアの関わり——ケアのアクタ
　　　　ーとしての位置の獲得プロセスに着目して」『福祉社会学研究』11，2014.

尾曲美香（第 6 章）
2014 年　お茶の水女子大学大学院人間文化創成科学研究科博士前期課程修了
現　在　お茶の水女子大学大学院人間文化創成科学研究科博士後期課程在学中
主　著　「子育て支援者の労働実態と経済的保障」『社会政策』8（2），2016.
　　　　「育児・介護の社会化と家庭管理」『季刊　家計経済研究』114，2017.
　　　　「育児休業取得による父親の変化——職業生活と家庭生活に着目して」『生活
　　　　社会科学研究』26，2019.

橋本りえ（第 7 章）
2014 年　横浜国立大学大学院国際社会科学研究科博士課程後期修了（学術博士）
現　在　NPO 法人地域サポートマリン理事長
主　著　「介護保険制度で揺らぐワーカーズ・コレクティブ内の意識構造——NPO 法
　　　　人 K にみるメンバー間の意識の『ズレ』」『協同組合研究』32（2），2013.
　　　　「介護系ワーカーズ・コレクティブのメンバーが抱えるトリレンマ問題——
　　　　NPO 法人 K の事例分析から」『協同組合研究』35（2），2016.
　　　　「子育て支援活動による地域的エンパワメントの可能性」『生協総研レポー
　　　　ト』80，2016.

編著者略歴

相馬直子

1973年生

2005年　東京大学大学院総合文化研究科博士課程単位取得退学

現　在　横浜国立大学大学院国際社会科学研究院教授

主　著　『親密性の福祉社会学——ケアが織りなす関係』（庄司洋子編，東京大学出版会，2013年）『社会が現れるとき』（若林幹夫・立岩真也・佐藤俊樹編，東京大学出版会，2018年）『ゼロからはじめる経済入門——経済学への招待』（横浜国立大学経済学部テキスト・プロジェクトチーム編，有斐閣，2019年）．

松木洋人

1978年生

2005年　慶応義塾大学大学院社会学研究科後期博士課程単位取得退学

現　在　大阪市立大学大学院生活科学研究科准教授

主　著　『子育て支援の社会学——社会化のジレンマと家族の変容』（新泉社，2013年）『〈ハイブリッドな親子〉の社会学——血縁・家族へのこだわりを解きほぐす』（野辺陽子・松木洋人・日比野由利・和泉広恵・土屋敦，青弓社，2016年）『入門　家族社会学』（永田夏来・松木洋人編，新泉社，2017年）．

子育て支援を労働として考える

2020年2月20日　第1版第1刷発行

編著者　相馬直子
　　　　松木洋人

発行者　井村寿人

発行所　株式会社　勁草書房

112-0005　東京都文京区水道 2-1-1　振替 00150-2-175253
（編集）電話 03-3815-5277／FAX 03-3814-6968
（営業）電話 03-3814-6861／FAX 03-3814-6854
理想社・松岳社

*表示価格は 2020 年 2 月現在。消費税は含まれておりません。
†はオンデマンド版です